JN311194

考古学リーダー23

熊谷市前中西遺跡を語る
~弥生時代の大規模集落~

関東弥生文化研究会 編
埼玉弥生土器観会

六一書房

はじめに

　埼玉県北部、特に熊谷市周辺には池上・小敷田遺跡、北島遺跡などこれまでに多くの方面で注目された遺跡が多く所在しています。その中でここ数年来注目されてきた遺跡として前中西遺跡があります。その内容は『資料集』に松田哲氏が、その複雑さ、内容の豊かさをまとめて、大規模な集落であることを明らかにしています。そして何よりも信州方面との深い繋がりから、その交流の姿も関心の的となりました。

　そのような複雑さのゆえに、私たちは大きな関心をもって数回の研究会を開き土器群を中心とした勉強会を行ってきました。しかし、土器だけではなく集落・墓地・遺物・遺跡立地など問題が多岐に渉ることも明らかになってきたことから、これらを少しでも解明したいとシンポジウムを開催することになりました。その内容は本書の第Ⅱ部に記録されているとおりですが、必ずしも所期の目的に十分叶うものとなっておらず、問題点の提起という性格をもつものでした。そのため、本書の第Ⅲ部・第Ⅳ部で述べられているように、多くの方に、その関心にあわせた研究を開陳してもらい、簡単ではない前中西遺跡研究を進めたいと本書を企画しました。

　本書の発刊については幸いにも多くの方々の賛同によって纏めることができました。すべての問題が解明されているわけはありませんが、前中西遺跡研究の第2弾としてさらなる進展を願うものです。ここにご賛同いただいた方々や、資料探査に多大なご協力をいただいた熊谷市教育委員会の皆さんに厚くお礼申し上げ発刊の挨拶とします。

埼玉弥生土器観会

例　言

1　本書は平成25年9月29日に明治大学リバティタワー12階1123教室で開催した「シンポジウム熊谷市前中西遺跡を語る」の記録と、新たに執筆した論考集である。
2　本書の編集は埼玉弥生土器観会が行った。
3　本書の執筆者の所属は巻末に示した。
4　本書の利用にあたっては下記文献を併せて利用願いたい。
　　埼玉考古学会2003『北島式土器とその時代』埼玉考古学会シンポジウム
　　関東弥生文化研究会・埼玉弥生土器観会2013『シンポジウム熊谷市前中西遺跡を語る　発表要旨・資料集』

目　　次

はじめに……………………………………………………………………… i
例　言………………………………………………………………………… iii

第Ⅰ部　総　　論………………………………石川日出志・松田　哲　3

第Ⅱ部　「シンポジウム」討論記録……………………………………… 37

第Ⅲ部　シンポジウム後の補足研究
　前中西遺跡の周辺をめぐる課題………………………………柿沼　幹夫　67
　シンポジウムの補遺と若干の考察……………………………宅間　清公　91
　所謂『栗林式』有文壺群の変遷………………………………鈴木　正博　99
　　―ペトリーのSD法（「稠密順序の動的生成法」）に学ぶ―
　　附『資料集　鈴木レジュメ・図版』の解説と理論的なポイント

第Ⅳ部　前中西遺跡の研究
　熊谷市前中西遺跡を訪ねて（やませ吹くとき）………………菊池　健一　133
　前中西遺跡の弥生石器について…………………………………杉山　浩平　141
　前中西遺跡と地域間交流…………………………………………轟　　直行　163
　　―宮ノ台式期の南関東地方との交流について―
　前中西遺跡の栗林式系甕の検討…………………………………大木紳一郎　179
　「北島式」の再考―重三角文とフラスコ形文の系譜と
　　「前中西式」の成立をめぐって―……………………………吉田　　稔　187
　大宮台地南端における弥生時代中期の遺跡……………………小坂　延仁　203
　荒川扇状地における弥生集落……………………………………白石　哲也　215
　南関東から見た弥生中期妻沼低地集落群の特質………………杉山　祐一　229

下総から前中西遺跡を考える（予察）……………………小林　　嵩　253
  佐久地域北部の弥生集落の変遷……………………………小山　岳夫　263
　　―主として栗林期～箱清水期―
  信州から前中西遺跡を見る…………………………………馬場伸一郎　279

おわりに……………………………………………………………………　289
執筆者一覧…………………………………………………………………　290

第Ⅰ部 総　　論

総　　論

石川日出志・松田　哲

1. はじめに

　埼玉県熊谷市前中西遺跡は、1996年からの調査により、弥生時代中期中葉から後期前葉まで継続して営まれた、総面積約32haを測る関東屈指の大規模集落であることが判明した。

　本遺跡は、埼玉県域北部の在来伝統と中部高地や南関東に由来する外来系文化要素を合わせ持っている。当地域が個性的な地域社会を形成していることをよく示しており、その魅力や重要性を周知し、さまざまな難題を共有すべきだとの思いから、今回シンポジウムを開催するに至った訳である（関東弥生文化研究会ほか2013）。本稿では、総論として前中西遺跡がどのような遺跡なのか、その要点を述べる。

2. 関東地方の弥生時代

　各地で多様な地域社会が形成される弥生時代において、関東地方の弥生時代は、中期前葉以前と以後とでは大きく様相が異なる。前期から中期初頭までは、集落の規模・構造、石器組成、墓制などから縄文時代晩期末以来の伝統を受け継ぐ状況が明瞭である。集落は、包含層としての検出が一般的であるが、群馬県高崎市神保植松遺跡（第1図、谷藤1997）をはじめ、丘陵縁辺に立地する遺跡から竪穴住居跡や貯蔵穴が検出されており、1時期住居1～数軒からなる小規模集落が基本形とみられる。石器は、打製石斧（土掘り具）や打製石鏃が検出されており、石器組成が生業を一定程度反映すると考えると、縄文時代晩期以来の植物質食料の獲得にアワ・キビなどの雑穀栽培と試験的な稲作が組み合わさった状況が推測される。墓制は壺再葬墓が一般的で

第Ⅰ部 総 論

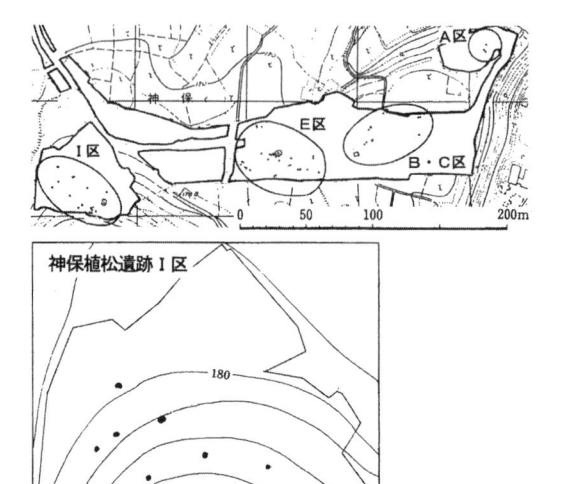

第1図 群馬県高崎市神保植松遺跡の前期～中期初頭の集落を復元

(谷藤1997より石川作成)

第2図 神奈川県小田原市中里遺跡（戸田2000より石川作成）

ある。

　ところが、中期前葉～中葉になると、平野部に立地する本格的な農耕集落が出現し、集落構造や墓制などが一変する。神奈川県小田原市中里遺跡（第2図、戸田2000）では、調査区北西側に直線的な区画溝で囲まれた大規模な集落域（竪穴住居跡、独立棟持柱建物跡など）が形成され、南東側に方形周溝墓群からなる墓域が広がる。遺跡の立地や規模、そして木製農具や太形蛤刃石斧などの磨製石斧の存在から稲作に比重を置く生業形態であったことが窺える。また千葉県君津市常代遺跡（甲斐ほか1996）では、自然堤防上に営まれた方形周溝墓群の間を流れる河川から北西側に広がる水田域（推定）への取水用灌漑施設が検出されており、中里遺跡と同様、稲作に比重を置く生業であったと考えられる。中期後葉になると、中里遺跡は終息するが、神奈川県横浜市大塚遺跡（岡本ほか1991・1994）を代表とする環濠を伴う集落を核とする遺跡群が各地に出現する。拠点的集落に環濠を巡らす点は、同時期の駿豆地域から近畿地方までと共通し、河川流域や台地ごとに集落群、すなわち地域社会が形成されるようになる。しかし、後期になると、東京湾東岸など一部の地域で中期後葉から後期へと継続する集落がみられるものの、全般的に集落規模の著しい縮小が認められ、中期後葉の地域社会が壊滅状態に陥ったと考えられる。

3. 熊谷市周辺の地形と弥生時代の遺跡

　関東地方における弥生時代の遺跡分布を見ると、前中西遺跡の所在する埼玉県熊谷市周辺は密集地域の1つと言える（第3図）。熊谷市は、関東地方北西部に位置し、北側は群馬県との境を利根川、南側は荒川が西から南東方向へ流れており、両河川が最も近接する地域にある。地形は、西側に櫛引台地、荒川を挟んで南側に江南台地と比企丘陵、北及び東側に荒川の乱流により形成された新扇状地と妻沼低地が広がる。熊谷市周辺では、前期から後期までの遺跡が確認されているが、特に中期が多数確認されている。後期以外の遺跡の多くは、荒川新扇状地扇端付近の沖積地に立地しており、南関東地方の遺跡が更新世台地縁辺に立地する点とは大きく異なる。

5

第Ⅰ部　総　論

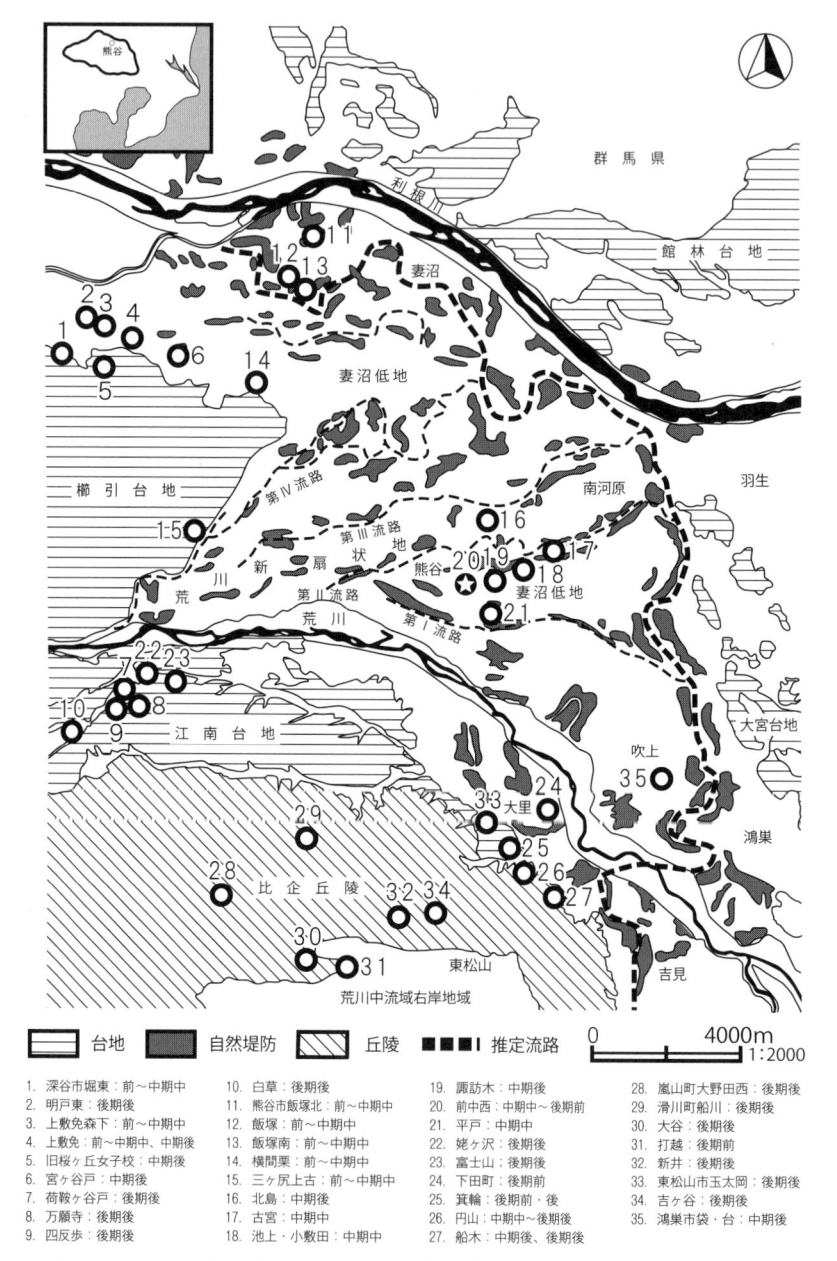

第3図　熊谷市周辺の地形と弥生時代の遺跡（考古専門部会2011より松田作成）

1. 深谷市堀東：前～中期中
2. 明戸東：後期後
3. 上敷免森下：前～中期中
4. 上敷免：前～中期中、中期後
5. 旧桜ヶ丘女子校：後期後
6. 宮ヶ谷戸：中期後
7. 荷鞍ヶ谷戸：後期後
8. 万願寺：後期後
9. 四反歩：後期後
10. 白草：後期後
11. 熊谷市飯塚北：前～中期中
12. 飯塚：前～中期中
13. 飯塚南：前～中期中
14. 横間栗：前～中期中
15. 三ヶ尻上古：前～中期中
16. 北島：後期後
17. 古宮：中期後
18. 池上・小敷田：中期後
19. 諏訪木：中期後
20. 前中西：中期中～後期前
21. 平戸：中期後
22. 姥ヶ沢：後期後
23. 富士山：後期前
24. 下田町：後期前
25. 箕輪：後期前・後
26. 円山：中期中～後期後
27. 船木：中期後、後期後
28. 嵐山町大野西：後期後
29. 滑川町船川：後期後
30. 大谷：後期後
31. 打越：後期前
32. 新井：後期後
33. 東松山市玉太岡：後期後
34. 吉ヶ谷：後期後
35. 鴻巣市袋・台：中期後

総　　論

　初期段階となる前期末から中期前葉にかけての遺跡は、妻沼低地北部に多く認められるが、唯一櫛引台地上に立地する三ヶ尻（上古）遺跡も含め、そのほとんどが再葬墓である。

　しかし、中期中葉になると、先の中里遺跡や常代遺跡と同様、池上・小敷田遺跡（中島ほか1982、吉田1991）など本格的な農耕集落が荒川新扇状地縁辺から妻沼低地にかけて出現し、南関東地方と連動した社会変革が伺える。ただし、前中西遺跡及び比企丘陵に立地する円山遺跡だけがそれ以降も継続するが、南関東地方と同様、そのほとんどがこの段階で終息する。

　前中西遺跡から東約1.5kmの距離にある池上遺跡と小敷田遺跡（第4図）は、行政上別の遺跡となっているが、時間的・空間的に連続する同一遺跡（池上・小敷田遺跡）とみるのが妥当である。池上地区では、蛇行する河川脇の微高地に竪穴住居跡が分布し、直線的な溝で居住域が区画される点は中里遺跡と共通する。隣接する小敷田地区は、池上地区に後続する段階であるが、西から東へと流れる河川脇の微高地に竪穴住居跡や方形周溝墓が分布する。池上地区段階（池上式古段階）の墓制は不明であるが、小敷田地区段階（池上式新段階）は四隅土橋形の方形周溝墓であり、南関東地方に由来する墓制が定着している。生業については、あくまでも石器組成からの推測となるが、少数の太形蛤刃石斧などの磨製石斧の他に大形の打製石斧（土掘り具）が多いことから稲作と並行して雑穀栽培が行われていた可能性を考えたい。

　中期後葉は、荒川新扇状地縁辺に大規模集落である北島遺跡が出現し、櫛引台地、妻沼低地北部及び大宮台地に近い妻沼低地、比企丘陵など広範囲にわたって集落が出現する。しかし、前段階と同様、前中西遺跡及び円山遺跡のみ以降も継続するが、そのほとんどが一時期で終息する。

　北島遺跡は、前中西遺跡と約2kmの距離にあり、南関東地方宮ノ台式前半（安藤1990のSiⅢ期）併行の状況を知る基準資料が第19地点（第5図、吉田2003a）で検出されている。居住域の北側を蛇行して流れる河川に堰を設け、そこから直線的な水路が微高地中央を横断して居住域を東西に二分する。その西側集落の北部には独立棟持柱建物跡があり、中里遺跡の事例との類似性が指摘されている。墓制は、乳幼児用の土器棺墓が屋内外で確認されている

7

第Ⅰ部　総　論

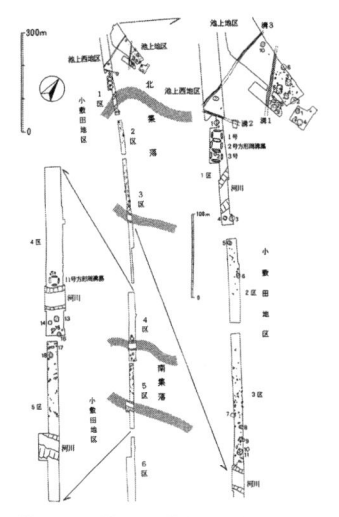

第4図　埼玉県熊谷市池上・
　　　　行田市小敷田遺跡
　　　（石川2001に石川加筆）

第5図　埼玉県熊谷市北島遺跡
　　　（吉田2003a）

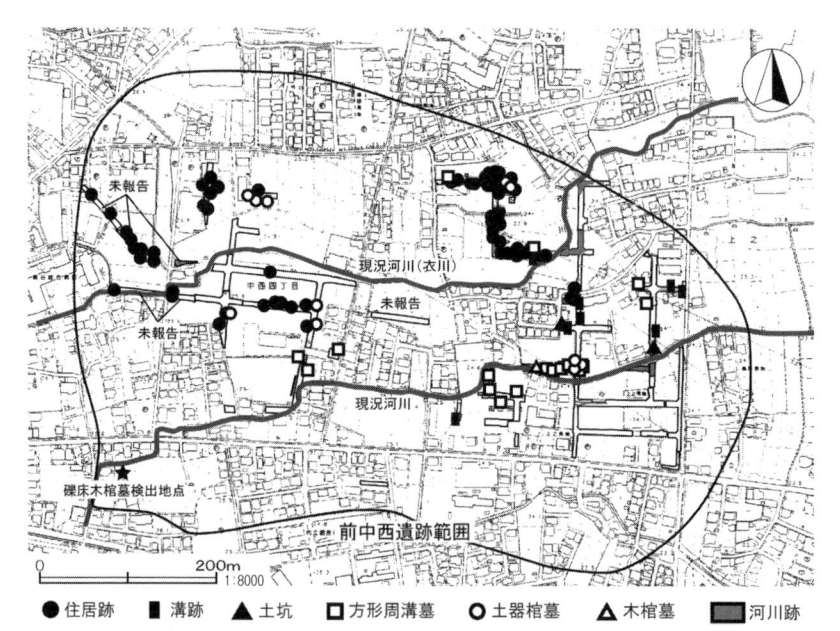

第6図　埼玉県熊谷市前中西遺跡弥生時代遺構分布図（松田作成）

●住居跡　■溝跡　▲土坑　□方形周溝墓　○土器棺墓　▲木棺墓　▨河川跡

8

が、成人用は不明である。集落域南側の後背湿地では水田跡が検出されており、河道に堰を設けて取水し、微高地を横断して水田域に給水する状況は、常代遺跡の事例と同じである。生業については、石器組成を参考にすると、池上・小敷田遺跡に比べて木工具である磨製石斧の比率が増加するものの、依然として土掘り具である打製石斧が目立つ。レプリカ法による種子類圧痕の分析成果[1]と併せ考えると、北島遺跡も稲作と並行して雑穀栽培が行われたと考えられる。

なお、前中西遺跡東側に隣接する諏訪木遺跡では、散在するものの、中期後葉の遺構・遺物が確認されている。前中西遺跡と諏訪木遺跡の遺構検出地点はやや距離があるが、弥生時代に関しては、池上・小敷田遺跡と同様、ひとつの遺跡とみた方がよいかもしれない。

後期になると、妻沼低地では前中西など2遺跡以外に集落の検出例がなく、これまで希薄であった江南台地や比企丘陵で増加するが、先に述べたとおり、集落規模は縮小傾向にある。後期は遺跡の立地が低地から台地・丘陵に移り、低地上で遺跡がふたたび確認されるのは、古墳時代以降となる。

4. 前中西遺跡の概要

前中西遺跡は、埼玉県熊谷市上之に所在し、JR熊谷駅から北東約1.5kmに位置する。遺跡一帯は荒川新扇状地扇端部の湧水を起点とするいくつかの小河川によって開析を受けた複雑な地形にあり、現在はほぼ平坦な地形となっているが、北西から南東に向かって緩やかに低くなる。標高は24m前後を測る。

発掘調査は、熊谷市教育委員会が区画整理事業に伴って実施し、街路造成部分を1996年以降継続して行っている。また区画整理事業の進捗に付随する各種開発などに伴う緊急調査も随時行っている。調査成果については、これまでに計8冊の報告書を刊行している（吉野2002・2003、松田2009・2010・2011・2012・2013、森田ほか2013）。

前中西遺跡は、弥生時代の遺構がもっとも多いが、古墳時代、奈良・平安時代、中・近世まで続く複合遺跡である。これまでに報告された弥生時代の

第Ⅰ部　総　　論

遺構数は、住居跡59軒、竪穴状遺構3基、溝跡29条、土坑14基、方形周溝墓18基、土器棺墓12基、木棺墓1基である。調査箇所は、街路部分が主体となることからマス目状を呈している。遺跡の範囲は東西約700m、南北約500mに及び、遺跡の北部に集落（居住）域、南部に方形周溝墓による墓域が広がる（第6図）。

集落は、中期中葉から後期前葉まで継続する。住居跡は時期不明も含めて計59軒が検出されているが、未報告分も含めると、約80軒にのぼる。分布状況からいくつかのグループに分かれるが、特に北東部に密集する。

墓域を構成する方形周溝墓は、すべて四隅土橋形と思われる。中期中葉〜後葉から後期前葉まで計19基が検出されているが、調査区の都合から単独の溝跡として報告したなかにも方形周溝墓の可能性が高いものがあることから、実際にはもう少し多いとみてよい。

墓は、方形周溝墓以外に乳幼児用土器棺墓と木棺墓があり、2013年度に遺跡範囲南西端で実施した調査では、新たに礫床木棺墓が検出された。土器棺墓は集落内外で確認されており、中期後葉〜末は集落域、後期初頭は墓域から検出されている。集落域に分布する土器棺墓は、屋内に設けられたものと屋外のものとがある。木棺墓は、遺跡範囲南東部に所在する後期の方形周溝墓群に接して1基のみ検出された。出土遺物は管玉のみである。礫床木棺墓は、現在、整理・報告書作成中のため詳細不明であるが、中期後葉の方形周溝墓数基に隣接して4基検出されている。

遺跡範囲のほぼ中央では、西から東に蛇行して流れる旧河川跡が検出されており、現況河川と流路がほぼ一致する。弥生時代から中世までの遺物が混在し、弥生時代後期後葉の吉ヶ谷式土器の破片も数点検出されている。旧河川跡は現況河川の前身と思われ、弥生時代の集落域と墓域の設営を大きく制約していたと思われる。なお、水田跡などの生産域は未確認であるが、地形的により低い東側もしくは南側に広がっている可能性が高い。

5. 出土遺物

前中西遺跡の弥生集落をより詳しく分析するためには、出土土器の編年と

総　論

系統を検討することが必須である。したがって、まず土器を取り上げ、石器もこの地域の特色を知る上で重要なので、のちほど7．生業で述べる。また土器・石器以外にも興味深い遺物が検出されており、これらも本遺跡の歴史的な魅力を物語るものであるので触れておきたい。

　a　土　器

　前中西遺跡出土の弥生土器は、中期中葉から後期前葉までの幅があり、もっとも出土量が多いのは、中期後葉の北島式土器（吉田2003b）の仲間である。

　北島式土器は、中期中葉池上式（古・新）土器の後継型式であり、①ハケメ整形を採用しない、②壺は重三角・重四角・フラスコ形の構図を描く一群と横位の直線と波状・鋸歯状沈線束を配する一群があり、ともに頸部周辺に鋸歯形の構図を多用する、③筒形土器の残存、④甕は縄文施文がほとんどで、横羽状文も少数残存する、⑤壺や筒形は広義の磨消縄文手法が徹底している、⑥壺胴上部に段を設ける、などの特徴をもつ。これらの特徴は池上式の伝統を継承するものであり、②は池上式の構図の簡素化、⑤は池上式では筒形土器など一部の器種に限られていたものが全器種に徹底されたものである。

　前中西遺跡出土の中期後葉の土器には、上記の北島式土器の特徴をもつ一群と類似するものの、若干異なる一群（第7図）が存在する。これらの土器群の特徴は、壺に限定されるが、①口頸間に配置される鋸歯文が北島では上向きなのが、前中西では下向きになる（1）、また鋸歯文の構図が大振りであったり（1）、波状化する（3～6）、②北島では胴上部に設けられる段が消失する、③胴部文様の横帯化（4～8・10・11）や簡素化・無文化が進行する（9～11）、などが挙げられる。

　こうした特徴を持つ土器群は、北島式に後続するものとして〔北島遺跡→前中西遺跡〕という傾向を見出すことは可能であるが、明確な線引きは難しく、一型式として成立するか否かは、更なる検討を要する。むしろ北島式土器に先行する資料である深谷市上敷免・宮ヶ谷戸遺跡（瀧瀬ほか1993、弥生土器を語る会1995）の資料を池上式の伝統が色濃いながらも磨消縄文手法が徹底している点から北島式の古段階、従来の北島式土器を中段階、北島式に後続する資料を「前中西式」というよりは新段階として区分することを提案し

11

第Ⅰ部　総　論

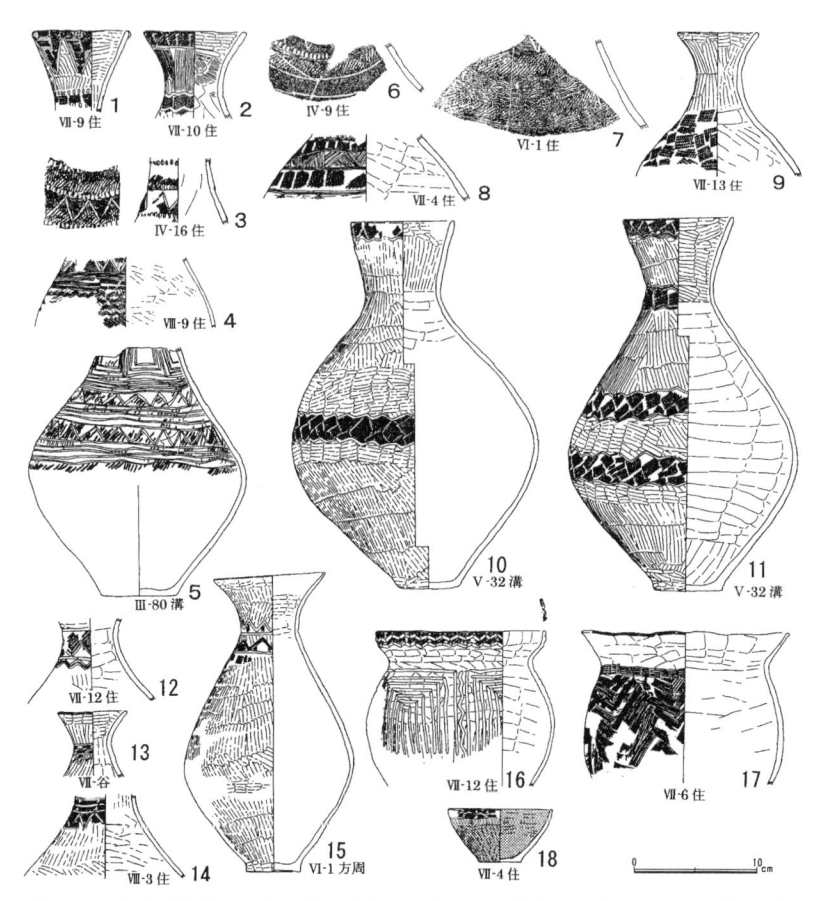

第7図　前中西遺跡の弥生土器を考える糸口（前中西遺跡各報告書より石川作成）

第1表　弥生中期土器編年表（石川 2012）

畿内 (佐原1968)	河内 (寺沢・森井 1989)	大和 (藤田・松本 1989)	尾張 (永井・村木 1996)	加賀 (福海 2003)	上越 (笹澤 2006)	北信 (石川 2002)	上野	南武蔵	南関東 (伊丹・大島・立花 2002・安藤 1990)
Ⅱ様式	Ⅱ-1	Ⅱ-1b	Ⅱ-1	八日市3					相模Ⅱ-1
	Ⅱ-2	Ⅱ-2	Ⅱ-2	八日市4		(新諏訪町)	(中野谷原)	(横間栗/上敷免)	相模Ⅱ-2
	Ⅱ-3	Ⅱ-3	Ⅱ-3	八日市5					
			Ⅲ-1	八日市6		(松節)	神保富士塚		相模Ⅲ-1
Ⅲ様式 (古)	Ⅲ-1	Ⅲ-1	Ⅲ-2	八日市7	吹上Ⅰ(古)	栗林1	長根安坪/栗林	池上(古)	相模Ⅲ-2
			Ⅲ-3		吹上Ⅰ(中)				
	Ⅲ-2	Ⅲ-2	Ⅲ-4	八日市8	吹上Ⅰ(新)			池上(新)	相模Ⅲ-3
			Ⅲ-5						
Ⅲ様式 (新)	Ⅳ-1	Ⅲ-3	Ⅳ-1	磯辺運動公園		栗林2(古)	(+)	(宮ケ谷戸)	相模Ⅳ-1
	Ⅳ-2	Ⅲ-4	Ⅳ-2						相模Ⅳ-2
Ⅳ様式	Ⅳ-3	Ⅳ	Ⅳ-3	専光寺	吹上Ⅱ(古)	栗林2(新)	栗林2(新)	北島	宮ノ台 SiⅢ
			Ⅳ-4					(前中西Ⅵ-1号方周)	SiⅣ
	Ⅳ-4		Ⅳ-5	戸水B	吹上Ⅱ(新)	栗林3	栗林3		SiⅤ

＊地域間の併行関係には流動的な部分を含むことに注意。

総　論

たい。以上の点を踏まえ、在地系の壺を基軸に、共伴する甕を加えて当地域の編年[2]に組み込むと、前中西遺跡出土土器の編年は、第8図・第9図の通りとなる。

　前中西遺跡で集落形成が始まる中期中葉の池上式（新）段階は、まだ壺・甕ともに在地系が多数派を占める。壺は、胴部文様に箆描きの重四角文（1・5・6・9）、S字状文様（2）、菱形連繋文（3）、鋸歯状文様（4）などがある。甕は、在地の縄文甕（7）が主体となるが、中部高地栗林式やその折衷系（8）なども一定量含まれる。栗林式系以外では、北陸の小松式土器もわずかながら検出されている。

　中期中葉～後葉の北島式（古）（上敷免・宮ヶ谷戸）段階は、前段階より資料が少なく、壺に限定されるが、在地系（11～15）の他に、胴部にやや太い箆描き沈線で菱形連繋文が描かれた栗林2式古段階併行に相当する折衷系（10）がある。甕は、出土例がないが、前後関係から勘案すると、当段階も在地の縄文甕が主体と思われる。なお、13～15は、段を持たないことや列点文の多用などから当段階に含めたが、次段階に下る可能性もある。

　中期後葉の北島式（中）段階は、吉田2003bの北島式に相当する段階である。古相を示す一群は、壺・甕ともに在地系が主体となるが、新相段階は壺が在地系主体であるものの、甕は栗林式系が在地系を上回る。壺は、口頸間に描かれる鋸歯文が小振りで、古相は上向きのもの（18）が多いが、新相になると下向きのもの（17）が出現する。胴部文様は、新古相に関係なく、重四角文（19・20）、「平行線＋波状文系列」（21～23）（吉田2003b）が多く、重三角文やフラスコ文などは北島遺跡に比べると少ない。また胴上部に設けられる段も北島遺跡より弱い。なお、次段階に相当する箆描き波状文区画の帯縄文が施文された胴部片も一部の遺構から検出されており、次段階へのつながりが看て取れる。甕は、古相段階は在地の縄文甕（24）が主体となり、新相段階にも残るが客体的となり、栗林式系（25～29）が半分以上を占めるようになる。栗林式系の胴部文様は、櫛描きの縦羽状文と箆描きによるコの字重ね文が多く、前者は新相段階に粗雑化したもの（27）が出現する。なお、他の器種は、広口壺・無頸壺・甑・高杯・鉢が出現し、甑以外は赤彩の施さ

13

第Ⅰ部 総論

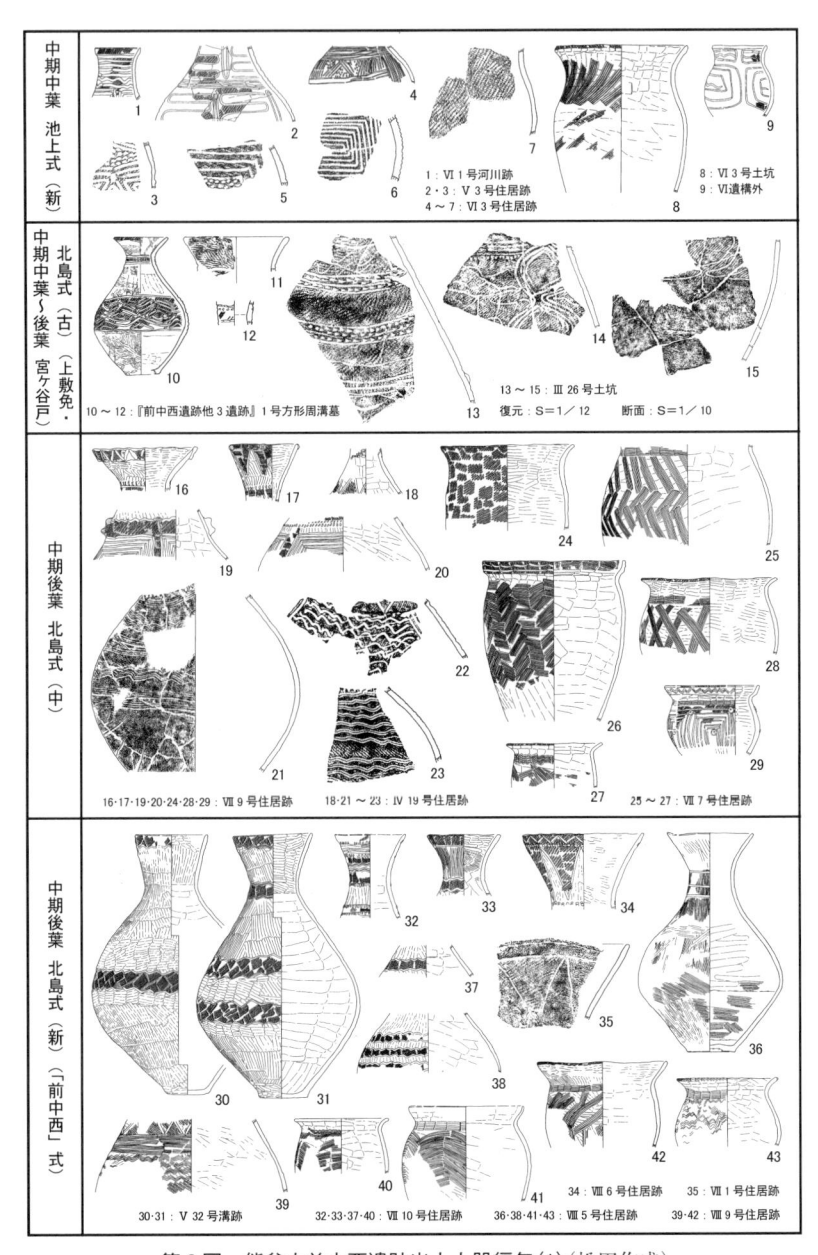

第8図 熊谷市前中西遺跡出土土器編年(1)(松田作成)

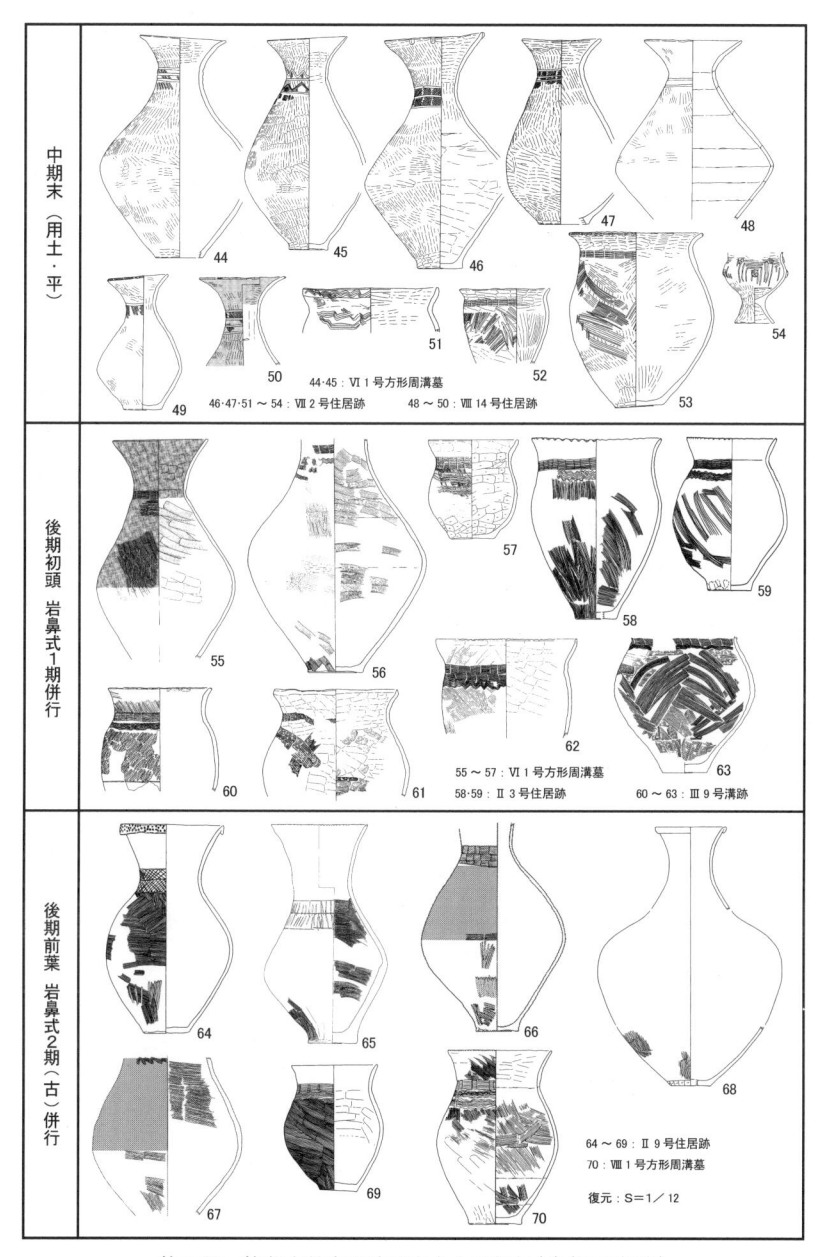

総　論

第9図　熊谷市前中西遺跡出土土器編年(2)(松田作成)

中期末（用土・平）
44・45：Ⅵ1号方形周溝墓
46・47・51～54：Ⅶ2号住居跡
48・50：Ⅷ14号住居跡

後期初頭　岩鼻式1期併行
55～57：Ⅵ1号方形周溝墓
58・59：Ⅱ3号住居跡
60～63：Ⅲ9号溝跡

後期前葉　岩鼻式2期（古）併行
64～69：Ⅱ9号住居跡
70：Ⅷ1号方形周溝墓
復元：S＝1／12

15

第Ⅰ部　総　　論

れたものが多い。栗林式系以外では、南関東の宮ノ台式系や南東北の川原町口式もわずかながら検出されている。

　中期後葉の北島式（新）（仮称「前中西式」）段階は、壺は依然として在地系主体であるが、甕は栗林式系が在地系を圧倒的に上回り、当段階をもって出流原式から続く在地系は終焉を迎える。壺は簡素化・無文化が進み、篦描き波状文区画の帯縄文が施文されたもの（30・31・33・37・38）、口縁部に大振りの下向き鋸歯文が描かれるもの（34・35）、胴上部の段が消失し、胴部に鋸歯文と櫛描きによる「平行線＋波状文」が描かれたもの（39）など、北島式に後続する特徴を持つものが出現する。34・35 以外は、北島式の「平行線＋波状文系列」（吉田 2003b）が簡素化したものと言える。なお、次段階の特徴である頸部のみ文様を持つもの（36）も一部共伴する。甕は、栗林式系が主体となり、胴部文様は櫛描きの縦羽状文が多く、粗雑化したものが増加する。他の器種は、甑・高杯・鉢が前段階と同じく組成し、片口が新たに出現する。鳥脚形の記号をもつ破片もみられる。栗林式系以外では、南関東の宮ノ台式系が若干検出されている。

　中期末（用土・平）段階は、壺・甕ともに栗林式系（栗林 3 式併行）が主体となる。壺は、文様が頸部に集約され、口縁部が大きく外反し、端部が薄く延びるもの（44・48〜50）や受け口状を呈するもの（46）などがある。甕は、胴部文様に櫛描きの縦羽状文（52・53）や篦描きのコの字重ね文（54）が描かれるが、粗雑化がさらに進む。他の器種は、小型の台付甕が出現し、甑・高杯・鉢が前段階と同じく組成する。なお壺は、秩父方面に分布する下原式系と思われるものも検出されている。

　後期は、文様に櫛描き施文が盛用され、櫛歯の条数が中期より多い。岩鼻式 1 期併行段階[3]は、壺・甕ともに頸部及び直下に簾状文と波状文が巡るものが多い（55〜60・62）。また本書には未掲載であるが、壺胴上部に篦描き細沈線で鋸歯文が描かれたもの（Ⅲ 9 号溝 9-1）なども見られる。甕は、胴部文様に斜線のみ（59）・縄文施文（60）・斜格子文（61）・縦羽状文（63）などがあるが、粗雑である。他の器種は、高杯・鉢・片口が前段階と同じく組成する。

総　論

　岩鼻式2期古段階併行は、壺は口径と胴部最大径がほぼ同じで、太い頸部に箆描き細沈線で文様が描かれたもの（1・2）、頸部に簾状文か波状文が巡り、胴上部が赤彩されたもの（3・4）などがある。甕は、口径を胴部最大径がやや上回り、文様は前段階と同様、頸部及び直下に簾状文と波状文が巡る（69・70）。他の器種は、資料数が少ないため不明である。
　前中西遺跡出土の弥生土器は、中期中葉までは在地系主体であったのが、中期後葉以降は甕を中心に栗林式系の存在比が次第に高まり、中期末にはほぼ栗林式系のみとなる。そして、後期になるとその発展の上に新たな櫛描き文土器が展開することとなる。

 b　その他の遺物

　前中西遺跡では、土器・石器以外にもバラエティに富んだ遺物が検出されており、本遺跡を評価する上で注目される。以下、主だった遺物について取り上げる。
　石戈（第10図）は粘板岩製の身部破片で樋を有する。こうした有樋石戈は、栗林式土器分布圏内で銅戈を模して製作されたと考えられ、身部が故意に折損された状況も共通する。後期初頭岩鼻式1期併行のⅢ9号方形周溝墓から検出されたものであるが、中期の土器が次第に栗林式系に傾斜していく現象に連動するように、石戈も中部高地からもたらされたものと思われる。
　土偶・土偶形容器（第11図1〜5）は、計5点検出されている。1は肩部、2は腕部付近、3は顔面下位である。4・5は頸部以上を欠き、4は中実形で、5は容器形を呈する。1は遺跡範囲西部の遺構外から検出された。時期は文様などから中期後葉以前と思われる。3は遺跡範囲東部に位置する古墳時代前期の遺構から検出されたが、重複する池上式（新）段階Ⅴ3号住からの流れ込みと思われる。池上遺跡出土例に類似する。2は中期後葉北島式（中）段階のⅣ19号住、4・5は同段階のⅥ2号溝から検出された。
　顔面付土器（第11図6）は、1点のみ検出されている。壺口縁部に突帯で左目が表現され、左耳部分は剥離痕が認められる。遺跡範囲北東部に位置する中期後葉北島式（中）Ⅶ12号住から検出された。報告書刊行後の検討で顔面付土器と判明したものであり、今回作図し直して掲載した。

第Ⅰ部　総　論

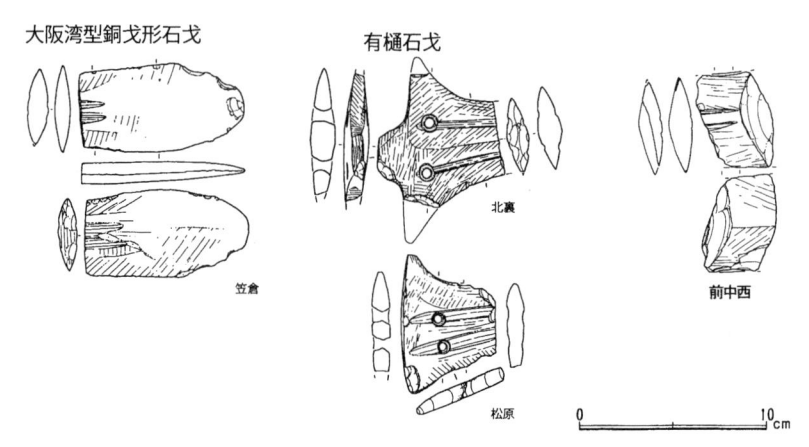

第 10 図　長野県域の石戈（石川 2012）と前中西遺跡例（石川作図）

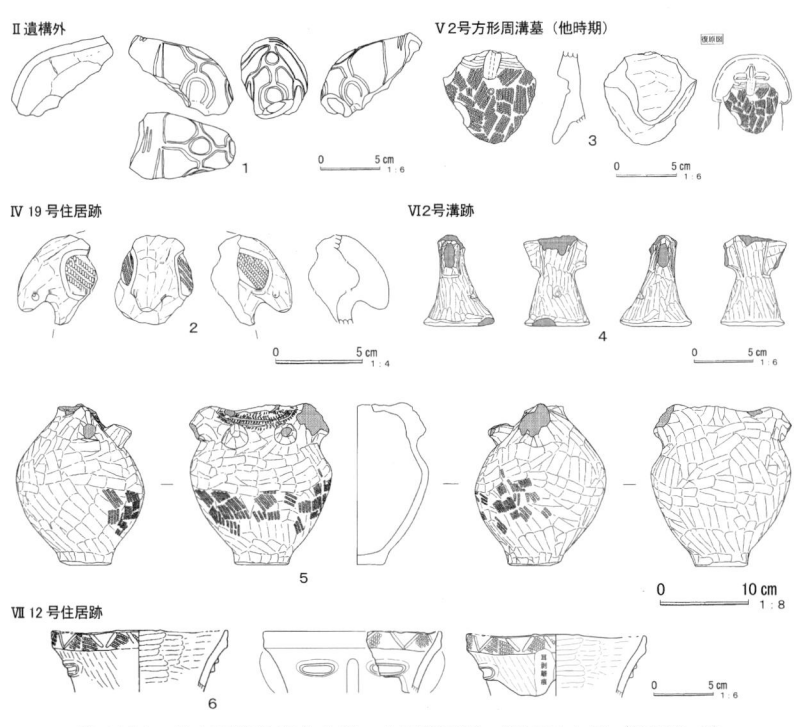

第 11 図　前中西遺跡出土土偶・土偶形容器・顔面付土器（松田作成）

総　論

　土偶・土偶形容器、顔面付土器の時期は、中期中葉から後葉までの幅に収まり、現時点では中期末以降は検出例がない。これらの遺物が姿を消す事象は、中期後葉をもって出流原式以来の在来系土器が終焉し、中期末に栗林式系土器が主役となる現象と重なり、当時何かしらのイデオロギー変革があったことを暗示させる。

　その他の遺物では、本書には未掲載であるが、翡翠製の垂飾（Ⅳ16号住44）や小型勾玉（Ⅶ遺構外148）があり、これらの遺物も中部高地を介してもたらされたと思われる。

6. 集落・墓の変遷

　検出された弥生時代の遺構は、出土遺物の僅少さから時期を判別できないものもあるが、主に住居跡・方形周溝墓・土器棺墓を中心に取り上げ、その他については時期の特定が可能なもののみ扱う。なお遺構名の前に付くローマ数字及び名称は、刊行された報告書番号及び名称である。以下、出土土器の編年に基づき、集落・墓の変遷を辿る。

a　中期中葉池上式（新）（第12図）

　該当する遺構は、住居跡2軒、土坑1基と少ないが、土器は遺跡範囲ほぼ全面に分布する他時期の遺構などからも検出されている。したがって、遺構の分布は遺跡範囲東部に限られるが、遺物の出土状況をみると西部にも遺構が存在したか、あるいは調査区外などに存在する可能性がある。ただし当段階の集落は、その出土量から小規模なものであったと思われる。なお、墓は未確認であるが、遺跡範囲内のどこかに方形周溝墓が所在すると推定される。住居跡は規模不明であるが、平面形は隅丸方形ないし長方形を呈すると思われる。

b　中期中葉～後葉北島式（古）（上敷免・宮ヶ谷戸段階）（第13図）

　該当する遺構は、方形周溝墓1基、土坑1基のみであり、当段階も検出数が少ない。分布は、方形周溝墓が遺跡範囲ほぼ中央、土坑は東部に位置する。集落（居住域）は未確認であるが、遺跡範囲内のどこかに存在することは間違いない。方形周溝墓の規模は不明である。

第Ⅰ部　総　論

中期中葉　池上式（新）

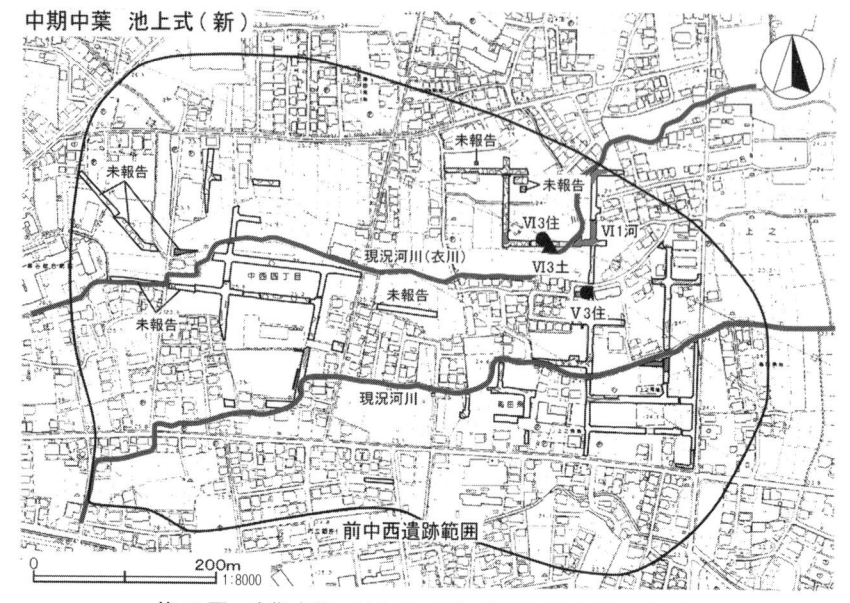

第12図　中期中葉　池上式（新）遺構分布図（松田作成）

中期中葉～後葉　北島式（古）（上敷免・宮ヶ谷戸）

●住居跡　■溝跡　▲土坑　□方形周溝墓　○土器棺墓　△木棺墓　▨河川跡

第13図　中期中葉～後葉　北島式（古）（上敷免・宮ヶ谷戸段階）遺構分布図
（松田作成）

総　論

c　中期後葉北島式（中）（第14図）

　該当する遺構は、住居跡24軒、竪穴状遺構2基、溝跡2条、方形周溝墓7基、土器棺墓6基である。前段階に比べて検出数が大幅に増加し、分布も遺跡範囲ほぼ全面に拡大する。住居跡は北部、方形周溝墓は南部に広がるが、ともに現時点では大きく東西2つのグループに分けられる。土器棺墓は屋内外を含め、すべて西部の集落内に分布する。

　住居跡は、6×5m前後の隅丸長方形を呈するものが多い。中には拡張が行われたものがみられ、長軸7m前後を測るものがある。住居跡は、東西グループともに重複ないし近接するものが多く、時期差を持つと思われる。方形周溝墓は、外縁で10m以上を測るものが多い。土器棺墓は、1基のみ屋内、5基が屋外に位置する。棺身に壺が使用されたものが4基、甕が2基である。棺蓋を持つものは、甕が使用されているものが多い。棺身・棺蓋ともに在地系が主体となるが、栗林式系も2基みられる。系統の違いによる分布の差は見られない。骨片などは確認されなかった。

d　中期後葉北島式（新）（「前中西式」）（第15図）

　既報告分で該当する遺構は、住居跡18軒、溝跡3条、方形周溝墓3基、土器棺墓1基であるが、遺跡範囲南西端で検出された礫床木棺墓4基と隣接して分布する方形周溝墓数基も出土土器から当段階に含まれる。前段階より検出数がやや減少し、分布は住居跡2軒が遺跡範囲西部にみられるが、大半は東部に分布する。前段階と同様、住居跡は北部、方形周溝墓は南部に広がり、住居跡は東西、方形周溝墓は南東部と礫床木棺墓の分布する南西端の2つのグループに分けられる。土器棺墓は、屋内のもので集落内に位置する。

　住居跡は、前段階と同様、6×5m前後の隅丸長方形を呈するものが多い。遺跡範囲北東部のグループは、重複ないし近接するものが多いことから時期差を持つと考えられる。方形周溝墓は、可能性の高い溝跡も含め、外縁で10m以上を測るものが多い。ちなみに当段階を代表する壺2個体（第8図30・31）は、方形周溝墓西溝の可能性が高いⅤ32号溝から検出された。土器棺墓は、棺蓋に栗林式系の壺、棺身に在地系の甕が使用されている。骨片などは確認されなかった。礫床木棺墓（写真1）は、現在、整理・報告書作

第Ⅰ部　総　論

中期後葉　北島式（中）

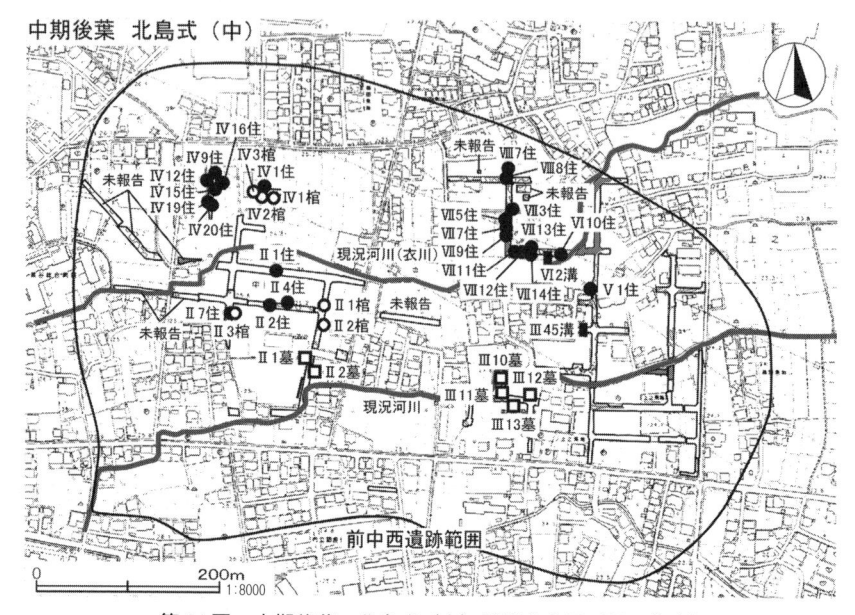

第14図　中期後葉　北島式（中）遺構分布図（松田作成）

中期後葉　北島式（新）（「前中西」式）

●住居跡　■溝跡　▲土坑　□方形周溝墓　〇土器棺墓　△木棺墓　▨河川跡

第15図　中期後葉　北島式（新）（「前中西式」）遺構分布図（松田作成）

総　論

写真1　集合礫床木棺墓（上）と管玉出土状況（下）（熊谷市教育委員会提供）

成中のため詳細不明であるが、軸を揃えた墓坑底面に敷き詰められた細かい礫群から鉄石英及び凝灰岩製の極細の管玉が多数検出されている。

e　中期末（用土・平段階）（第16図）

　該当する遺構は、住居跡5軒、溝跡1条、土坑1基、方形周溝墓2基、土器棺墓1基である。遺構数は減少傾向にあり、分布は住居跡1軒だけが遺跡範囲西部ほぼ中央の現況河川（衣川）より南に位置するが、その他は北側の東寄りに分布する。住居跡は検出数が少ないが、東西2つのグループに分けられ、東は北東部に集中する。方形周溝墓は、1基が集落に近い現況河川（衣川）より北、その他は可能性の高い溝跡も含め、南東部に位置する。土器棺墓は、屋外のもので、遺跡範囲北東部の集落内に位置する。

　住居跡は、6×5m前後の隅丸長方形を呈するものが多い。近接するものがあることから時期差があると思われる。方形周溝墓は、規模が外縁で10m以上を測り、前段階までとほぼ変わらない。土器棺墓は、棺蓋に在地系の壺、棺身は栗林式系の甕が使用されている。骨片などは確認されなかった。

f　後期初頭岩鼻式1期併行（第17図）

　該当する遺構は、住居跡3軒、溝跡3条、土坑1基、方形周溝墓5基、土器棺墓4基、木棺墓1基である。遺構数は前段階よりさらに減少する。分布は住居跡2軒が遺跡範囲西部にあるが、その他は東部に分布する。住居跡は現況河川（衣川）より南に位置し、検出数は少ないが、東西2つのグループに分けられる。方形周溝墓は、可能性の高い溝跡も含め、すべて南東部に位置する。土器棺墓は、方形周溝墓群内に3基、現況河川（衣川）より北部の東に1基分布する。木棺墓は、方形周溝墓群に隣接することから当段階に含めた。他の墓と同じく南東部に位置する。

　住居跡は、長軸7～8mの隅丸長方形を呈すると思われる。方形周溝墓は、可能性の高い溝跡も含め、外縁で10m以下のものが多い。土器棺墓は、すべて墓域に分布する。1例のみ棺蓋に甕を使用しているが、その他は棺身・棺蓋ともに壺が使用されている。いずれからも骨片などは確認されなかった。木棺墓は、隅丸長方形の墓壙底面に棺材を据えた溝状の掘り込みを持つ。出

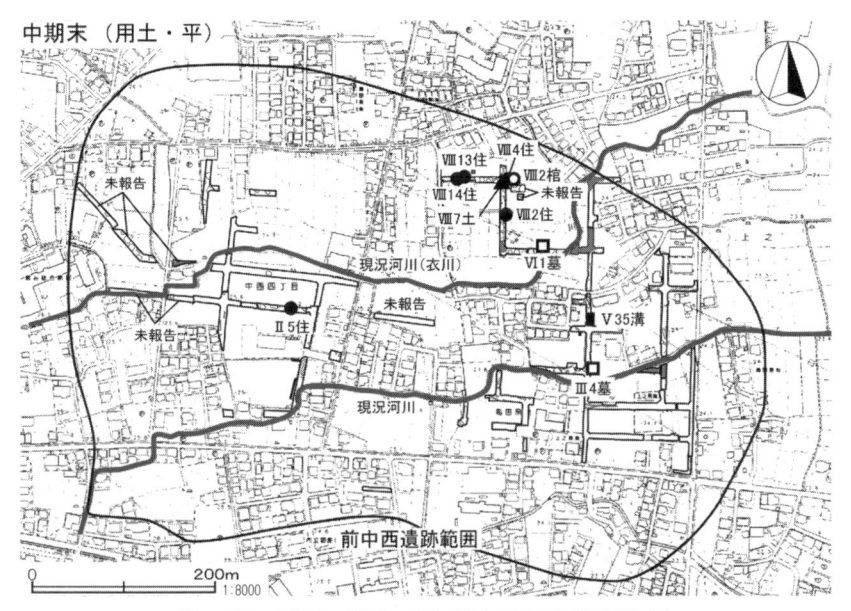

総　論

第16図　中期末（用土・平）遺構分布図（松田作成）

第17図　後期初頭　岩鼻式1期併行遺構分布図（松田作成）

25

第Ⅰ部　総　論

土遺物は、碧玉製の管玉6点のみである。

g　後期前葉岩鼻式2期（古）併行（第18図）

該当する遺構は、住居跡1軒、方形周溝墓1基と少ない。分布は、住居跡が遺跡範囲西部中央の現況河川（衣川）より南、方形周溝墓は北東部に位置し、前段階までの分布状況とやや異なる。住居跡は、規模不明であるが、平面形は隅丸方形ないし長方形を呈すると思われる。方形周溝墓は、前段階と同様、外縁で10m以下を測る。この段階をもって長期にわたって継続した本集落は終焉を迎える。

集落は、開始期の中期中葉は小規模であったのが、中期後葉になると規模が一気に増大し、ピークを迎える。そして中期末以降は次第に縮小していき、後期前葉で終息する。集落構造は、南関東地方の典型的な弥生時代集落と異なり、長野県長野市松原遺跡（第19図、石川ほか2000）などのように大規模集落でありながらも、環濠の採用が総じて緩やかで居住域における住居群が

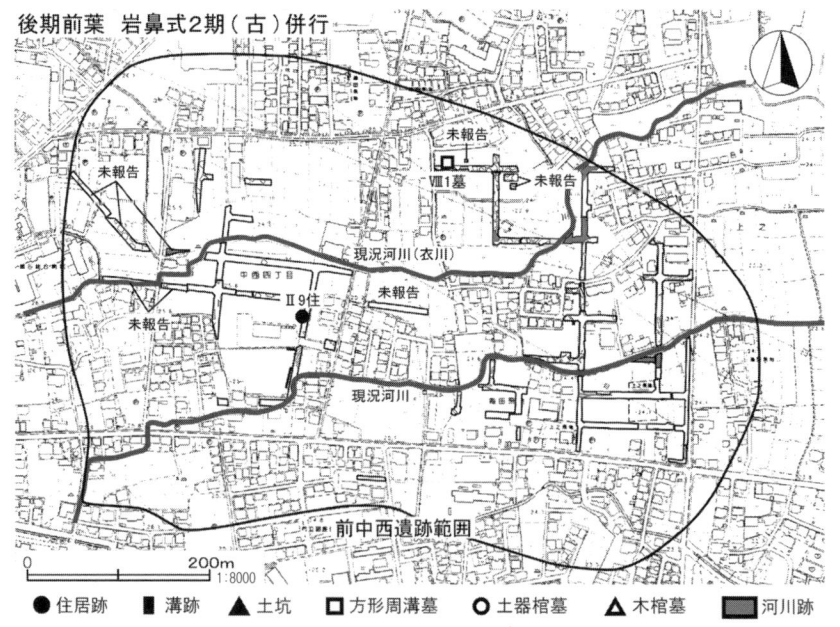

第18図　後期前葉　岩鼻式2期（古）併行遺構分布図（松田作成）

総　論

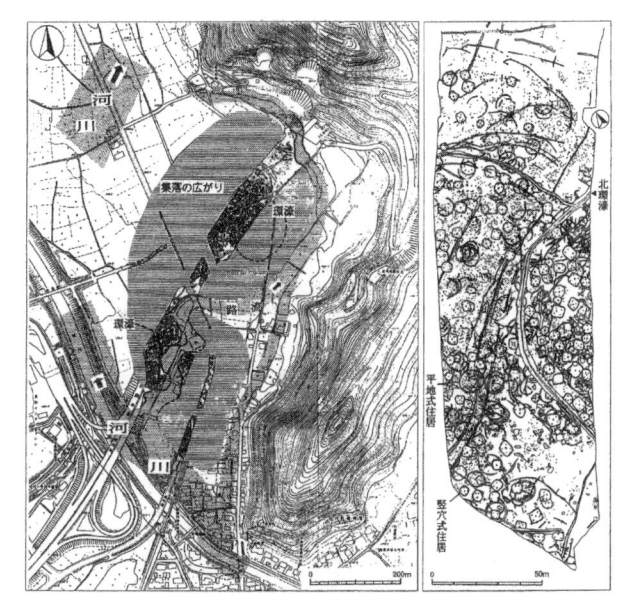

第19図　長野県長野市松原遺跡（石川ほか2000）

分節的な長野県北部域（馬場2007・2008）との関連が考えられ、出土土器に栗林式系が多いことや礫床木棺墓が検出され、多数の管玉が副葬されていたこともその関係の深さを裏付ける。

7. 生　業

　前中西遺跡では、北島遺跡のように水田跡は確認されていないが、先に述べたとおり遺跡の立地や地形を考慮すると、東側ないし南側に広がっていると推測される。

　石器組成については、これまでに報告された石器を集計すると、石鏃8点（磨製2・打製6）、磨製石斧11点（太形蛤刃3・扁平片刃4・縄文系？両刃4）、打製石斧57点、円形打製石器6点、扁平磨石47点、凹石1点、スクレイパー7点、砥石15点、敲石11点などがある。時期ごとの様子をつかめる範囲内でみてみると、中期中葉の池上式（新）段階は、資料が少ないものの、池上・小敷田遺跡と同様、大形の打製石斧や扁平磨石が検出されている。

27

第Ⅰ部　総　　論

中期後葉の北島式（中）・（新）段階は、さまざまな石器が出現するが、北島遺跡と同様、磨製石斧の比率が増加するものの、依然として大形の打製石斧や扁平磨石が目立つ。中期末以降も、出土量は徐々に減少傾向にあるものの、内容的にはほぼ変わりない。結果として打製石斧と扁平磨石が卓越する状況は、池上・小敷田遺跡や北島遺跡と同じであり、石器が生業を一定程度反映するならば、前中西遺跡も中期中葉から後葉にかけては稲作と並行して雑穀栽培が行われた可能性を考えるのが妥当と思われる。なお現在、出土土器のレプリカ法による種子類圧痕の分析を実施している。果たして池上・小敷田遺跡や北島遺跡と同じ結果が得られるのか、あるいは時期による変化、特に中期末以降に異なる状況が表れるのか、今後の成果に注目したい。

8. 周辺地域との関係

　出土土器から周辺地域との併行関係（第1表）を見ると、まず中部高地の栗林式土器（第20図）との関係は、池上・小敷田遺跡で池上式に栗林1式、北島式（古）段階の深谷市宮ヶ谷戸遺跡及び上敷免遺跡で栗林2式（古）、北島遺跡北島式（中）段階でおおむね栗林2式（新）の範疇が共伴する。前中西遺跡では、北島式（古）段階の方形周溝墓で栗林2式（古）、北島式（中）段階はおおむね2式（新）が共伴するが、2式（古）との区別が難しいものもある。中期末は、Ⅵ1号方形周溝墓やⅧ14号住で栗林3式併行が認められるが、Ⅷ14号住では北島式（新）段階の破片（Ⅷ14号住6）も検出されており、これらを共伴資料とみなすならば、北島式（新）と栗林3式が接点を持ち、北島式（新）段階がおおむね栗林2式（新）〜3式に併行することになるが、類例の増加を含め、更なる検討を要する。

　なお、北島式土器の壺が中〜新段階にかけて無文化と横帯化が進行するのは、栗林式土器が大きく関与すると考えられる。北島式土器は池上式の後継型式であるから自律的に無文化が進行するとは考えにくい。この問題の手掛かりになるのが、頸部横線文の上下に北島式の要素とみなせる鋸歯文や波状文が施文された栗林式系壺（第7図12〜15）である。これらに見られる頸部の締りが強く、口縁部が大きく開く器形や、文様帯が頸部の簡素な帯縄文に

総　論

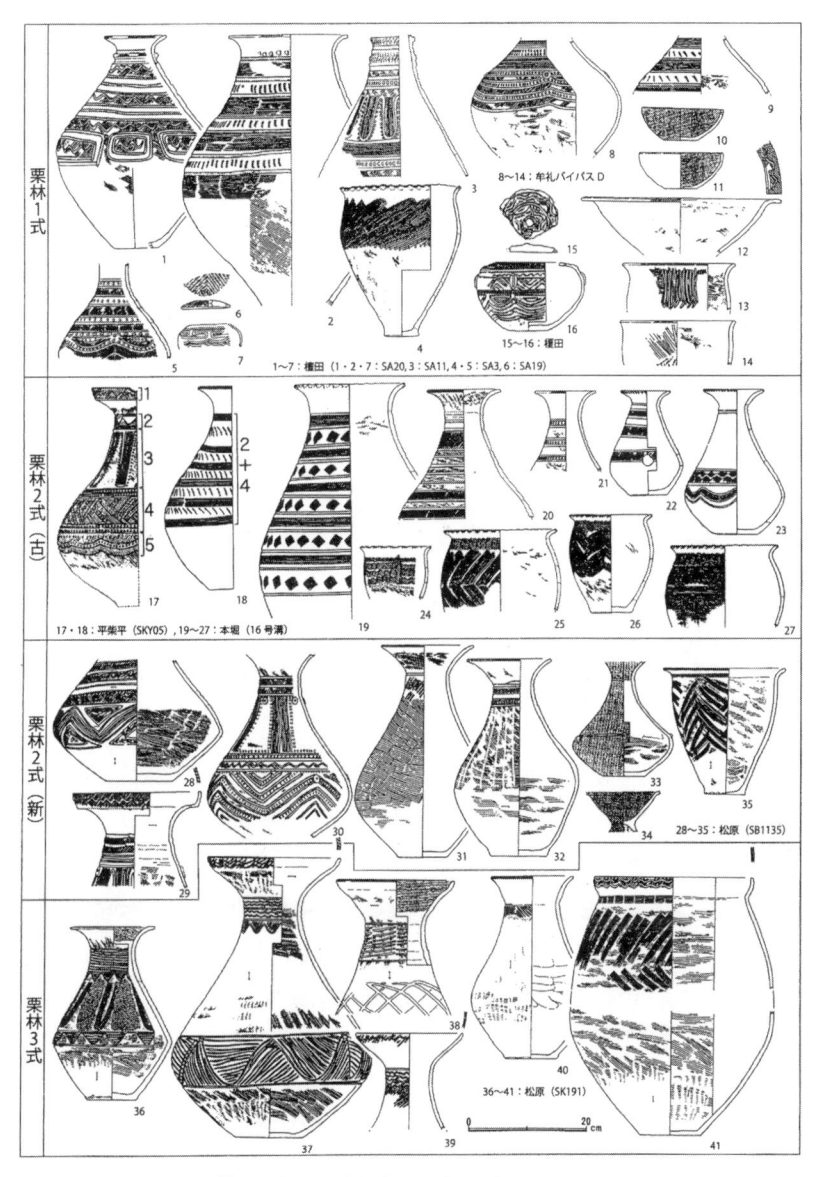

第 20 図　栗林式土器編年表（石川 2012）

第Ⅰ部　総　論

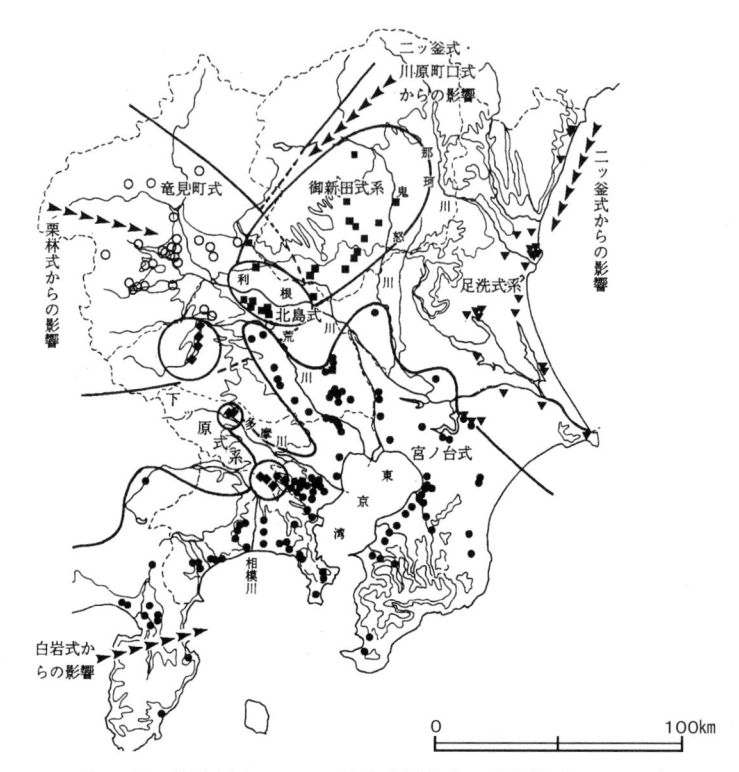

第 21 図　関東地方における弥生中期後葉の地域性（石川 2008）

限られること、胴部が広く無文になることなどは、栗林式土器の影響と思われる。壺の無文化と横帯化は、中期中葉以降、栗林式土器の比率が次第に高くなることと連動して栗林式土器の影響下で生じたとみなせる。

　南関東の宮ノ台式土器との関係では、北島遺跡で宮ノ台式 Si-Ⅲ期（安藤1990）や Si-Ⅳ期に対比し得る土器が検出されている。前中西遺跡では、Si-Ⅲ期併行の擬似流水文が施文された破片（Ⅶ 12 号住 81）や、Si-Ⅴ期併行の口縁部や胴部に羽状縄文が施文された土器（Ⅷ 12 号住 6・56）などがあり、口縁部を押捺するハケ整形の甕破片（Ⅶ 11 号住 30・31、Ⅶ 遺構外142・143 など）も少数ながら出土している。宮ノ台式土器は、櫛描文が盛用される Si-Ⅲ期に荒川（旧入間川）流域や大宮台地に分布を拡大するが、

北島遺跡や前中西遺跡に Si-Ⅲ期の土器が確認できるのも埼玉県域南部のこうした動きと連動したものである。前中西遺跡の墓制が四隅土橋形方形周溝墓であること、さらに北方に位置する群馬県高崎市高崎城三ノ丸遺跡（中村1994）で宮ノ台式土器分布圏に特徴的な環濠集落中央に方形周溝墓を1基造営する方式が確認できること（石川1998・2008）からも宮ノ台式土器圏からの文化的影響は疑えない。

9. まとめと課題

前中西遺跡をはじめとする熊谷市周辺の弥生時代中期後葉の集落群は、大規模集落を形成しながらも環濠を設けない地域として注目すべきである。関東地方北西部（群馬県域）は、中部高地の影響が明確な地域（石川1998）であるが、当地域の中期後葉までは在来の伝統を継承する最後の型式として北島式土器が分布し、独特の集落形態と組み合わさって独自の地域社会を構成している（第21図）。しかし、中期末になると土器は在来系から栗林式という外来系主流に置き換わり、それと同時に中期中葉以降見られた土偶・土偶形容器などが消失するという現象もみられる。これらはあくまでも遺物のみに表れた現象であるが、ここに一つの大きな文化変動があったことが認められる。こうした変貌を見据えつつ、磨製石器や石戈、玉類などの流通、方形周溝墓と礫床木棺墓の分布及び集団などの関係、稲作・雑穀栽培及びその他の生業、集団構成、遺跡群動向などを解明することが課題として挙げられる。

前中西遺跡をはじめとする熊谷市周辺の遺跡群を読み解くことは、近年平板になりがちな弥生時代研究の見直しや新たな弥生時代像を描き出す恰好の糸口になると考える。後掲のシンポジウムは、こうした本遺跡及び当地域の遺跡群の魅力に焦点を当てたものである。

註
1) 遠藤英子によるシンポジウムでの発言に基づく（第Ⅱ部59・60頁）。
2) 当地域の弥生中期の編年は、多くの業績がある（北武蔵古代文化研究会ほか1986、柿沼1996、石川1998・2012、鈴木2000、馬場2008）。

第Ⅰ部 総　論

3) 柿沼によるシンポジウムでの発言に基づく（第Ⅱ部 17・18 頁）。

引用・参考文献

安藤広道 1990「神奈川県下末吉台地における宮ノ台式土器の細分」『古代文化』42-6・7

石川日出志 1998「弥生時代関東の 4 地域の併存」『駿台史学』102　駿台史学会

石川日出志 2001「関東地方弥生時代中期中葉の社会変動」『駿台史学』113　駿台史学会

石川日出志 2008「地域からの視点と弥生時代研究」『地域と文化の考古学』Ⅱ

石川日出志 2012「栗林式土器の編年・系譜と青銅器文化の受容」『中野市柳沢遺跡』長野県埋蔵文化財センター

岡本　勇ほか 1991『大塚遺跡Ⅰ―弥生時代環濠集落址の発掘調査報告Ⅰ遺構編―』港北ニュータウン地域内埋蔵文化財調査報告 XII　横浜市埋蔵文化財センター

岡本　勇ほか 1994『大塚遺跡Ⅱ―弥生時代環濠集落址の発掘調査報告Ⅱ遺物編―』港北ニュータウン地域内埋蔵文化財調査報告 XV　財団法人横浜市ふるさと歴史財団

甲斐博幸ほか 1996『常代遺跡群』　君津郡市考古資料刊行会

柿沼幹夫 1996「①埼玉県」『関東の方形周溝墓』　同成社

関東弥生文化研究会ほか 2013『シンポジウム熊谷市前中西遺跡を語る』

北武蔵古代文化研究会ほか 1986『東日本における中期後半の弥生土器』第 7 回三県シンポジウム

考古専門部会 2011「座談会　荒川の流路と遺跡―荒川新扇状地の形成と流路の変遷―」『熊谷市史研究』第 3 号　熊谷市教育委員会

鈴木正博 2000「『宮ノ台式』成立基盤の再吟味―北方文化論的視点から観た『宮ノ台式』在地化基盤と進行濃度」『日本考古学協会第 66 回総会研究発表要旨』　日本考古学会

瀧瀬芳之ほか 1993『上敷免遺跡』埼玉県埋蔵文化財調査事業団報告書第 128 集

谷藤保彦 1997『神保植松遺跡』　群馬県教育委員会

戸田哲也 2000「中里遺跡の調査」『平成 12 年小田原市遺跡調査発表会・中里遺跡講演会』　小田原市教育委員会

中島宏ほか 1982『池守・池上』　埼玉県教育委員会

総　　論

中村　茂　1994『高崎城三ノ丸遺跡』　高崎市教育委員会

馬場伸一郎　2007「大規模集落と手工業生産にみる弥生中期後葉の長野県南部」『考古学研究』54-1

馬場伸一郎　2008「弥生中期・栗林式土器編年の再構築と分布論的研究」国立歴史民俗博物館研究報告第145集

松田　哲　2009『前中西遺跡Ⅳ』熊谷市埋蔵文化財調査報告書第3集　熊谷市教育委員会

松田　哲　2010『前中西遺跡Ⅴ』熊谷市埋蔵文化財調査報告書第7集　熊谷市教育委員会

松田　哲　2011『前中西遺跡Ⅵ』熊谷市埋蔵文化財調査報告書第9集　熊谷市教育委員会

松田　哲　2012『前中西遺跡Ⅶ』熊谷市埋蔵文化財調査報告書第12集　熊谷市教育委員松田　哲　会

松田　哲　2013『前中西遺跡Ⅷ』熊谷市埋蔵文化財調査報告書第16集　熊谷市教育委員会

弥生土器を語る会　1995「宮ケ谷戸遺跡出土の弥生土器」『第16回弥生土器を語る会資料』

吉田　稔　1991『小敷田遺跡』　埼玉県埋蔵文化財調査事業団報告書第95集

吉田　稔　2003a『北島遺跡Ⅵ』　埼玉県埋蔵文化財調査事業団報告書第286集

吉田　稔　2003b「北島式の提唱」『北島式土器とその時代―弥生時代の新展開―』埼玉考古学会

吉野　健　2002『前中西遺跡Ⅱ』平成13年度熊谷市埋蔵文化財調査報告書　熊谷市教育委員会

吉野　健　2003『前中西遺跡Ⅲ』平成14年度熊谷市埋蔵文化財調査報告書　熊谷市教育委員会

森田安彦ほか　2013『前中西遺跡　西別府館跡　王子西遺跡　立野遺跡』熊谷市埋蔵文化財調査報告書第14集　熊谷市教育委員会

第Ⅱ部 「シンポジウム」討論記録

シンポジウム：熊谷市前中西遺跡を語る
討論記録

司　会　石川日出志
発表者　松田　哲、宅間清公、鈴木正博、柿沼幹夫
発言者　鈴木敏弘、岡本孝之、馬場伸一郎、大木紳一郎、
　　　　遠藤英子、吉田　稔、杉山祐一（順不同）
進　行　小出輝雄

1．遺跡のポイントを再確認

小出輝雄　それでは本日の中心であります「シンポジウム」を始めます。これからの司会は石川さんにお願いします。

石川日出志　それではこれからシンポジウムを始めたいと思います。最初にこの遺跡の特徴が十分伝わらなかった部分があるかもしれませんので、前中西遺跡の重要なポイントをまず確認するところから入りたいと思います。はじめに発表者相互に意見交換し、それから会場の方から質問をお受けするということにしたいと思います。それから土器・集落・墓・生業・地域間関係などについて議論したいと思います。

石川日出志

　まず前中西遺跡の何がどこまでわかっているのかを確認するところから始めたいのですが、松田さん。さきほどの報告で言い忘れたり、強調したい部分がありましたらお話し下さい。

松田哲　17頁の第4図上ですが、前中西遺跡の範囲がどこまでかということで、言い忘れたところがあります。遺跡の範囲を線でくくっていますが、前中西遺跡の東側に諏訪木遺跡が接して広がっており、そちらでも弥生時代

松田 哲

の遺構が主体ではありませんが、土器片や方形周溝墓が確認されています。時期的には仮称「前中西式」の段階です。県事業団で報告された資料が今回の『資料集』164頁に出ていますが、そこに接して市でも近くを掘っており、時期は未整理でまだはっきり言えませんが、164頁の土器とほぼ同じ段階の方形周溝墓がいくつか出ています。距離的には離れているのですが、前中西遺跡とどうつながるのか、諏訪木遺跡でも集落が出ていますので、別個と考えた方がいいのか。また17頁第4図上の西端中央にある市民総合病院北側でも区画整理に伴う調査をしていまして、そちらでも方形周溝墓等が確認されています。遺跡の範囲は図のようになっていますが、もっと広い範囲でだらだら続くのではないか。遺跡の範囲をどこまでで考えていいのか、ちょっとあいまいなところがあります。

石川 東側に隣接する諏訪木遺跡では住居や方形周溝墓などが検出され、前中西遺跡の時期として一致しているので、ひと続きの遺跡として見る必要があるのではないかと思います。北側はどうですか。

松田 北側には藤之宮遺跡という遺跡があり、弥生時代の遺構はほぼ皆無で土器片は若干確認されていますが、おおむねこの範囲で収まるのではないかと思います。南側は地形的に低くなっていきます。

石川 行政的には遺跡名が違っても、考古学的には同時期の遺構があるなら同一遺跡として考える必要があります。そうすると南北はおおむね現在の遺跡の広がりを越えないものの、東側にはもう少しひろがるのではないかということですね。

　他の登壇者で確認したいことがありますか。ないですか。

　前中西遺跡の資料は今日の『資料集』に主だったものは収録されていますが、まだ未報告の地点があります。図の中ほどの市民病院の近くでも、住居などでまとまった資料があります。ここはいつ頃の遺構ですが。

松田 いくつか良好な土器が出土しており、北島式段階だと思います。

シンポジウム：熊谷市前中西遺跡を語る　討論記録

石川　北島段階から前中西段階がこの遺跡で遺構がいちばん多い時期だということですね。会場の方で何か確認しておきたいことがありますか。
岡本孝之　環濠はみつかっていないのですか。
松田　環濠のような溝は見つかっていません。直線的な溝もありません。
鈴木敏弘　17頁第4図の住居址のドットでは東側が多くて、西側が少なくて、集落としては例えば東側が「拠点的」とか、西側が「分村的」とか、中間域はあまり掘ってないようですが、二つの間で時期的とか、規模的に内容で差があるとか、今わかっている範囲で教えてください。
松田　確かにご指摘のとおりです。東側は弥生時代の単独の遺構が多く、近年の住宅開発に伴う発掘調査でも、どこを掘っても弥生時代の住居跡が出てきています。ですから、ここを集落の中心として考えています。西側は東側に比べると少ないという状況は否めないですね。
石川　17頁の下の図の真ん中部分は確かに何もないようになっています。最近の試掘調査でも真ん中部分は遺構があまり検出されていないようです。それに比べて東側に遺構が多く、西側に若干少ないようにみえます。時期ごとの遺構分布については松田さんの発表資料の24・25頁と32・33頁に示されています。やはりどの段階も東西で遺構密度が違うようです。
鈴木正博　注口付土器と土偶が出土しているのはどの辺ですか。空間的な位置を確認したい。
松田　土偶は、25頁第9図のⅥ2号溝です。注口付土器は、39頁第19図東側のⅧ4号住と、他の時期ですが、『北島資料集』の256頁のⅢ50号溝です。この溝の位置は、南東側にある方形周溝墓群の東側になります。総じて東側に多いのですが、西側でも遺構外から土偶が出土しています。

2.「前中西式」設定か、否か

石川　それでは土器の話に入ります。この遺跡の出土土器を何回か見させていただいて、北島遺跡よりも新しいものが多い、ということが皆さんの一致した意見でした。それをどう見るのかというので前中西式土器の提唱を10年前の北島式設定に続けてやってみようというので今回のシンポジウムが始

39

第Ⅱ部　討論記録

まったのに、と先ほど宅間さんがぼやいていました。それに対してどうも僕が反則技を出したらしいのですが、僕はそれに同意した覚えはなくて、そういう意見もあるだろうけれども、それをみんなでキャッチボールすることで問題・課題を共有できないかというつもりでした。僕はなかなか踏ん切りが悪いので別型式として設定することには躊躇しているんですね。宅間さん、さきほど何かいい足りなかったことはないですか。

宅間清公　私もさっきの 2 個体を、前中西式土器の基準にして考えたのですが、実際は前中西式の範囲を決めるというよりも、それをもって北島式の範囲を見直すということにメインが途中から変わっていったことは確かです。本来は前中西式のセット、つまり壺・甕、そして重四角文の台付甕のセットをここで提示して「前中西式」ということを言わなければならないのですが、それを言わなかったので必ずしも前中西式の説明にならなかったというのが正直なところです。その中で二つの土器は北島式の中では破片はあるが、ほとんど見られない組み合わせ（56 頁）なので、それが仲居址出土の資料で確認できればと思って作業をすすめてきたのですが、それがなかなか難しい……。その一方で北島式の後継として北島式から連続する部分を抽出することが多少できたことと、その中で新しい要素として下向きの鋸歯文。あるいは、北島式の三角文の中から縄文が欠落したものが破片資料で何点かあるので、そうしたものが吉田さんの設定した北島式から外れた土器があるのは確かなのではないか。そういう点を考えて、さきほどの 2 個体にもどると、少なくとも 2 段階の変遷があるというのが、共伴がないのでなんともいえないのですが、そういう変遷があるのかなと、あくまでもたたき台として今回考えてみたところです。

石川　ちょっと確認しますと、56 頁の 32 号溝（方形周溝墓か）では 2 個体が底の部分から並んで出土しています。その共伴関係はだれも疑わない。この 2 個体が北島遺跡の土器群とは違っているということから、検討が始まり

ました。98・99頁にこの溝から出た土器群のすべてがでています。56頁の図の土層セクションに主だった土器の出土位置が投影されていまして、土器が溝の底から上面まで全体から出土しています。溝の底から出ているのが1・2・24。98・99頁の1・2・24以外は後期と思われる土器です。ですからこの溝の土器の検討はこの2個体から始まらざるを得ない。このことを出発点として確認したい。宅間さん、この2個体に伴う土器群はどのように抽出したのか、あるいはしようと思っているのでしょうか。

宅間 溝よりも住居一括、土坑一括などの組み合わせ、一番いいのは2個体とか、出土位置のわかる住居などから、共伴を出土状況から調べていくのが普通のやり方だと思うのですが、前中西遺跡の他の遺構で土器の上から下まで出ているのはこの2個体しかないのと、住居址の中で波状文により区画される帯縄文の土器を探すことをやってみました。上から下までわかるものを見つけたのは58・59頁の資料で、それ以外にもいくつかあるのですが、数が少なかったりということもありました。

石川 細かな議論に入る前に、議論のスタートとして、原点とでもいうべき北島式土器の特徴を確認する必要があるだろうと思います。北島シンポの資料集に詳細な検討成果がもりこまれていますので、提唱者の吉田さんから北島式土器の特徴を紹介して下さい。この点の確認から議論を進めないと空中戦になりかねませんのでぜひよろしくお願いします。黄色い表紙の北島遺跡シンポの『資料集』の3頁以後になります。

吉田稔 吉田です。北島遺跡を掘りまして、また、北島式を提唱したことで改めて北島式の内容についてご説明いたします。黄色の『北島シンポ資料集』の12頁を開いていただきたいのですが、文様の系列ごとに並べていますが、まず重三角文、これはおそらく対応する三角を上下交互に並べていくやり方ですが、これは北島式特有のものとしてみなしてよいと思います。それからその右側にフラスコ文系列があります。

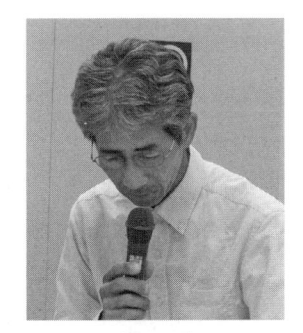

吉田　稔

第Ⅱ部　討論記録

フラスコの形をしていて上から垂下して丸くおさめるタイプの文様ですが、これについても北島式の特徴である文様としてとらえていいかと思います。なおフラスコ文についてはその横（5）の重四角文と連携する文様、それからフラスコ文の下に弧線を添えるタイプ（10）の二つの大きなタイプが組み合わせ文様としてあります。

　それから13頁に移りますが、右側の縄文系列については縄文だけの文様というのはいろんな地域にありますので、今回の北島式からはずした方がいいかと思います。ただし、その左側の縄文を列点で区画する系列というのがあって、特に4番・9番の文様構成、特に列点で区画するという要素は北島遺跡を中心としてみられると考えていますので、これは北島式の中に残しておきたいと思います。問題はその左側にある平行線文系列、平行線文の下に弧線文を施文したり平行線文と波状文を交互に施文するものはこれを北島式の中に置いておくのかというのは、私の頭の中にもありまして、例えば御新田式、栗林式の中にもこのような施文手法をとるものがありますので、この系列だけに関しては北島式の中に含めておいていくのかについては、もっと広域的な他系統の系譜を考えた方がよいのではないかとのことで検討課題として残して保留しておきたいと思います。その他、大きな要素としては12頁に戻って、1番の頸部と胴部の境に上向きの鋸歯文をもつもの、三角形の下側に縄文を施文するタイプですが、この上向きの鋸歯文は北島式を代表する文様であると考えています。

　甕については15頁にありますが、おもに単口縁・複合口縁の縄文だけを施文する甕があります。これ以前の時期である池上・小敷田遺跡等では出流原系統の変形工字文系の有文甕等がありますが北島式では失われている。主に在地系の縄文甕に限られる。それ以外に関しては中部高地系の条痕甕、横羽状・縦羽状の甕、コの字文の甕に置き換えられている。また、16頁14図のように櫛描文系の甕もでてきます。時期が新しくなると17頁の斜格子文系列の甕がおそらく伴ってくると思いますが、これは前中西遺跡にも出ているかと思います。あと、それに伴う筒形土器については18頁の左側になりますが、北島遺跡では重四角文をモチーフとする筒型土器が残っています。

42

ところが前中西遺跡の中には非常に少なくなる傾向にあるというふうに考えられる。以上です。

石川 有り難うございました。10年前から少し軌道修正した点やペンディングしたい点を含めてご説明いだきました。前後の時期や周辺地域の土器と比較検討して北島式土器の特徴がどのようにして生まれてきたのかを検討して北島式が設定されました。それにさきほど宅間さんは、縄文部を赤く塗る点も北島式の特徴に加えるべきだと述べていました。もう一点ありましたか。

宅間 頸部に無文帯がある。土器は『北島シンポ資料集』203頁259号住居跡の1・3番など頸部に列点で区画された縄文帯があるものです。

石川 203頁259号住居跡の1番のように、頸部に列点で区画された縄文帯が一つあり、その上下が無文になるものですね。

宅間 あとは口縁部破片をみてみるとその下が無文になるもの。

石川 それはV32号溝の2個の壺の1個体につながる物として注目するということですね。

宅間 はい。それは池上式からあるものとして注目するということです。数は少ないですが。北島式というとメインは胴部の文様ということになるのですが。さきほど吉田さんが北島式からはずしたいと話をしていた系列になるのですが、私は在地の系統として考えた方がいいと思うので。

石川 それと北島式はいろんな図形・文様を描きますが、磨消縄文、狭い意味での充填縄文が徹底しています。それ以前の池上・小敷田段階の土器群ではここまで徹底していないのですね。筒形土器や磨消縄文系の土器に限らず、吉田さんが平行線文系列と呼んだものも徹底して充填縄文をいれている。これも北島式のきわだった特徴ではないかと思います。北島式については、鈴木さんの意見があると思うのですが。

3.「前中西式」の編年と系統

鈴木正 北島遺跡は年代的な細別と地方系列的な細別がやられていない、成功していないというのが10年前の印象です。わかりやすいのが筒形土器で、筒形土器は何と伴うものなのか、どういう文様と筒形土器が伴うのか、これ

第Ⅱ部　討論記録

鈴木正博

をまず徹底して分析すればある姿がみえてくる。それと三角の磨消しとフラスコ文、あれは北島遺跡では組み合うかもしれないが、基本的には別系列。フラスコ文は本当は、という意味は当地域の地形図をできれば弥生時代の地形図にしてほしい。川は北から南に流れるのが本来の姿。利根川が邪魔してイメージがくるってくる。例えば、私は浦和に住んでいますが、浦和で出る先史土器は荒川の系統ではなく、渡良瀬川・思川の系統なのです。ですから後期になれば二軒屋式、中期になるといわゆる、私の当日資料（88頁）に『栃木県考古学会誌』第24集に書いた2003年の編年表がありますが、浦和の東裏遺跡の住居の一括に筒形土器がある。この筒形土器は奥東京湾系統で、北島式とは全く別の展開と考える。北島式の筒形土器を皆さんはどう考えているのか北島シンポ当時も具体的にはわからなかったのですが、これは本来上敷免（新）式と関わる系統で、筒形土器を持たない御新田式の分布がまちがっているわけです。その前後も含めて、基本的には渡良瀬川・思川の系列が渦文系土器群と共に北から南へ展開して浦和の遺跡にいく。先史の利根川は今の荒川に合流しますから、浦和の遺跡は群馬県、北から南に入る系統と渡良瀬川・思川系統の2系列がある。それに北から入る群馬県経由の栗林式は更に渡良瀬川・思川にも入り、荒川側とは異なる変容を見せる。それが整理されないまま御新田式を問題にしてしまったので北島式の年代別の動態が議論できなかった。それが一点。筒形土器の定着に注目しましょう。

　2点目。私が前中西式を認知したのは、今日の『資料集』93から95頁をみてほしいが、これが私の言う前中西式の基準資料です。しかし、これは松田さんの編年では北島式になっている。そういう違いが強いですよと言いたい。つまりこの土器群がわかるかわからないかは、北島式がわかるかどうかの踏み絵です。それを説明しますが、これは実見しました。複数型式が混在している。上敷免（新）段階の土器がおもしろい形で入っている。それは

シンポジウム：熊谷市前中西遺跡を語る　討論記録

93頁の口縁部資料34番、94頁の36番、明確に上敷免（新）式の典型的が53番。それと上敷免（新）式の土偶をともなう。一緒に出る。それらは前中西式から省くのですが、53番の土器、上敷免（新）式を私は小田原式と同系統の「高密度充填作法」と定義したように、波状文を充填する。53番の土器は縄文と縄文を含む他の区画内外に波状文をいれている。この伝統は北島式に継続する。北島式は波状文を入れるときは基本的に地文を中心的にはつくらないはず。ところがこの遺跡では93頁4番、94頁49・52番の土器は地文に縄文を施してそのあと北島にもある施文法をまねて充填度を高めている。北島の住居址にはこういうまとまりがなくて、全く技法違う人たちが顕著である。93頁7番も前中西式の特徴で、北島は基本的には在地型の口縁部文様帯がない。壺の話ですが。

　甕は95頁104・105番。異系統の甕に波状が入って、宅間さんの問題にする前中西式、これが上敷免（新）式からある手法で、小波状文として同じ文様がずるずるとつづく。あるとき技法がかわる。北島は上敷免（新）式と極めてよく似た技法が使われる。前中西の94頁52番の土器を見たとき愕然とした、なんて北島と違うんだ。私には別人がいるように見えた。なんでこれだけ違うんだ。これから私の前中西式が始まる。これを議論しないと北島式と前中西式がわからない。北島式と前中西式が続くので一緒というなら続くので一緒という事実を教えて欲しい、石川さんに。吉田さんには前中西式の特徴をどう考えるか教えてほしい。北島式を定義した吉田さんからみると。地文縄文の系統は実は栃木県大塚遺跡の作法の一部が北島にはいっている。それが前中西式の特殊な顔の土偶にあらわれている。土偶から見出される系統性が土器の隅々まで反映しているというのが前中西式の特徴だろう。例の特殊な土偶がでているということを言ったつもりなのですが。北島はうまく整理する余裕がなかったのか三角文・フラスコ文の形成に限定してみると何が見えるのか、議論が漠然としたままである。北島遺跡の中にもそれが伴わないのをどう考えるのか。そのような先史集落という人類活動で一番大事なことがなにも議論されていない、と考えているのが私の意見です。以上です。

石川　先ほどから、北島式土器の特徴を確認してからプラスして、前中西式

第Ⅱ部　討論記録

土器の基準の提示がありました。今鈴木さんからありましたように、やはり前中西遺跡の資料の検討を行う際には、北島遺跡を徹底して整理した吉田さんからみた前中西遺跡の土器の特徴、これは北島遺跡にはない、違うということを教えてもらえればありがたいのですが。

吉田　それでは宅間さんの資料、58・59頁です。北島遺跡の中に全くないわけではないですね。さっき言っていたⅤ32号溝の波状文区画内に縄文を充填する土器は北島遺跡にあります。ただし遺構からはでていない。それから59頁5、宅間さんからも指摘がありました下向きの鋸歯文。これもあることはあります。ただ鈴木さんからさきほどもありましたように三角文とフラスコ文のない住居址にこういったものが多く出てくる傾向がある。59頁の1のように口縁部の文様の中に山形状の文様を入れる。これも北島遺跡にないわけではないが、どちらかというと新しい要素、ちょっと異なる文様構成で三角文・フラスコ文が多くは含まれない文様ではないかと考えています。あと、石川さんの発表の中の7頁の中の6、沈線区画の帯縄文系、これは前中西遺跡の中にもありますけど、さきほど諏訪木遺跡の紹介の中にもありましたが、これは沈線区画でないんですが、意匠文の中に縄文部赤彩する土器がありました。それと8番の土器を考えてみたい。これは胴部に複合鋸歯文を施文するタイプのもの。それと前回の北島シンポの中で宅間さんの取り上げた5番の胴部鋸歯文系の土器ですね。こうした複合鋸歯文系を施文した土器が前中西遺跡に認められる。ただ東松山市代正寺遺跡などの荒川右岸の遺跡に出土例があるので、これは新しい要素として考えていいのではないか。あと、上向き鋸歯文と重四角文などの胴部文様帯と頸部文様帯の境に段をもうけるものが北島式の大きな特徴の一つですね。その段が消失している、それが前中西遺跡には多い。それをもって前中西式ということはできないかもしれないが、一つの傾向としてはとらえられるのではないかと考えている。ちなみに、さきほどの鈴木さんの地文縄文に櫛書き波状文を施文する土器は北島遺跡の中にもありまして、土器棺の蓋に使っていた土器なんですが、『北島資料集』220頁359号住居址の2番、これは地文縄文に櫛描文を施文するタイプで、磨消してはいないです。

石川　鈴木さん、359住居址の2番ですが、これはさきほどの説明では北島式に入りますか。

鈴木正　横線文の下は地文縄文ですか。

吉田　地文縄文に櫛描文を重ねているものです。

鈴木正　私は、これは北島式から外すと思います。北島式には入れない。

石川　さきほどの吉田さんの北島式と前中西式の新しい特徴というのは、実は僕の認識と全く違わない。ほとんど一致している。前後関係から何をもって北島式、北島遺跡の中心となるものと、前中西遺跡とが違うのか。そのあたりの認識は一致している。はい、鈴木さんは。

鈴木正　前中西遺跡が出て新たにわかったことを記念して、私は前中西式とするという立場です。

石川　宅間さん。いまのキャッチボールでどうですか。

宅間　昨日も鈴木さんにいろいろと言われたので。想定していなかったので、こう来るとは思わなかったので困っています、ということでよろしいですか。

石川　宅間さん、吉田さんは北島式と前中西式の違いということで、宅間さんの発表を補足していただいたと思うんですが。

宅間　僕自身少し検討したのですが、北島型の三角文、口縁部加飾、鋸歯文の上と下、波状区画と組み合わせを住居の中で検討しているので、いくつか組み合わせがあるんですが、相対的に新しい要素として波状区画の4とか下向き鋸歯文とかを考えてみました。

石川　宅間さんは58・59頁では鋸歯文の土器群と波状区画の帯縄文にかなり特化して資料を抽出していますが、この時期の土器群としては、その中でさきほどの吉田さん、あるいは鈴木さんたちの他の特徴をもつ土器群と組み合わさるということを考えているわけですね。

宅間　地文縄文の話は古い方の土器かなと考えていたので、あまり考えていなかった。口縁部加飾とか下向きの鋸歯文がなくなっていくということは、前から吉田さんが言われていたので今回あまり取り上げなかった。全体として器形が変わっていく中で、段がなくなっていくということは大まかな流れの中ではありました。ただ、北島遺跡の中に持ち帰ったときに検討するとい

第Ⅱ部　討論記録

う中では当然、下向きの鋸歯文と段は北島にある。

石川　段に関しては、頸部から胴部の間の段はなくなっていくと考えるということですね。

宅間　北島式では自明のことなので今回検討材料としなかったということです。

石川　鋸歯文は、胴部文様側の文様と口縁部側の文様とではすこし性質が違うようだと思います。北島式にしろ、「前中西式」にしろやたら目立ちますよね。これについては埼玉県から、さらに長野県の栗林式土器、宮ノ台式の終末期に、頸部の帯縄文の下に三角の構図としてかなり広範囲に一斉に出てきます。これは関係があると考えられないでしょうか。柿沼さんどうでしょうか。中期最終末の鋸歯文が大好きな土器群について。

柿沼幹夫　私の考えは、本日配布した「追加資料」をご覧ください。実質的な細分をするときの考え方として、装飾帯の構造が変容する点を重視しています。壺の装飾帯の構造を口縁部Ⅰ、頸部Ⅱ、胴部Ⅲと分けるのですが、池上式の段階はⅠ・Ⅱ・Ⅲの装飾帯を分ける無文帯の存在が基本的にはない。大きくは平行線文系列と、二角・四角・重四角・三角連繋文などの幾何学文系列がありますが、どちらの系列も、上敷免新の段階はⅠ・Ⅱ・Ⅲの装飾帯が完全に分離する。更にⅢ装飾帯は段の上下、さっき吉田さんの言った段より上位がa、下位がbと明確に分離しています。こういう装飾帯の構造が、北島式土器にも継続されております。今回、宅間さんから提案のあった前中西式になると、Ⅲ装飾帯を分ける段がなくなり、ⅢaがⅡとくっついたり、Ⅲbが独立したりする変容が生じている。しかし、基本的には、Ⅰ・Ⅱ・Ⅲ装飾帯は生きており、上敷免新→北島→前中西は北島式として一括し、それぞれ古・中・新とするのが妥当ではないか。石川さんの提案に賛同します。北島式（新）は、出流原式の系統が残る最終段階である。それが用土・平段階になると頸部に集中

柿沼幹夫

するⅡ装飾帯が主体となります。用土・平遺跡では胴部に文様がある土器がありますが、すべて櫛描文であり、栗林式系であり、それもなくなる頸部装飾帯のみの段階があると考えております。方形周溝墓と土器棺墓が一体化する時期。礫床墓が入ってくる段階、これがほぼ中期終末になる。そういう段階と一致する流れとして捉えられる。下向き鋸歯文については石川さんが『埼玉の弥生時代』に書いた多摩丘陵の土器に下向きの鋸歯文がありますので、そちらの方に私はもっていったほうがいいと考えています。

4. 用土・平遺跡の土器をめぐって

石川 参考までに用土・平は度々でてきますか、従来埼玉県北部の中期の最終段階の基準とされてきた土器です。『北島シンポ資料集』の263から267頁にあります。柿沼さん「当日追加資料」の用土・平にカギ括弧をいれているが、15番、16番は用土・平式と呼ぶべきか、留保しているのか、その段階に相当するということか、その意味はどの辺にあるのでしょうか。

柿沼 そこまであまり考えていませんが、用土・平併行ということで。

石川 この機会に用土・平の図で注意いただきたい点があります。263頁の高杯の外面に斜め格子がついていますが、これは印刷時に赤くしてくださいという指示が印刷のときに間違えられてこうなっているという事故がおきたので『寄居町史』を見たり使うときには注意して下さい。それから3住70番のように内・外面に芋虫のようにくっついているのも、この部分が赤く塗られているという指示なんです。はい、鈴木さん。

鈴木正 私は用土・平というものに深く議論する立場にないですが、私が理解している用土・平はあちこち文様帯をもちます。3は胴部に文様帯を持つ。7号住も9号住4も胴部に文様をもつ。『埼玉県土器集成』の4も口縁部・肩に文様帯をもつ。私のやっている文様帯系統論の方法ですと、用土・平の土器はこういう土器なんです。じゃ、前中西にあるのですか、と質問させてください。

石川 誰に？

鈴木正 石川さんに。

第Ⅱ部　討論記録

石川　ちょっと待ってくださいね。僕は前中西の土器群で、北島に後続する土器がわかったことで、用土・平の土器群に、頸部の文様を結構ゆったり入れる。栗林式土器も結構ゆったりなんですが、これは栗林1式だけからは追跡できない。前中西の土器が出たことで、地元の土器から追跡できるのではないかと思っています。用土・平と栗林の個性がみえてきたと思っています。鈴木さんの求めに答えるのは、ちょっと時間をください。

鈴木正　それと同時に、私は用土・平の編年的位置がわからない。特徴はわかるのですが、なぜここに置かれるのか基本的なことを説明してください。

石川　確かにおっしゃるとおりです。用土・平は位置づけが難しい土器で困るんですよ。ただし、用土・平の全体としての土器群は僕の中ですっきりわからなかったので、長野と対比すると栗林の3段階に対比するのが適当であろう。口縁部のひろがり、器形上の問題、頸部文様がかなりシンプルになっているということも、栗林と対比すると新しい段階におくのが順当と考えた。ただこうすると胴部文様が残るのですが、これは栗林の3式をどう考えるという問題があります。胴部文様、あるいは中小型の壺ですと懸垂状文様ですとか、結構文様も残るので、それとの対比を考えれば中期の終わりの段階においておくので問題ないのかと考えました。

鈴木正　私は栗林3はよくわからないので88頁に「追加資料」として載せました。壺に見られる変化を10年前に北島シンポを聞いて考えていたんですが、今回は石川さんの栗林1・2・3にあわせるように努力したんですが、その時用土・平を栗林3に併行するという根拠はないんではないか。私だったらその前の栗林2-3に合わせる。文様帯の共通性をおきたい。ですから、編年表ができていないものを、あたかも、さもできたように装うのをやめてほしい。どこがわからないということをきちんと教えてほしい。そうすれば私どもも手伝える。訳のわからないものをわたされても困る。できるだけ手順を具体化して議論したいな、というのが私のお願いなんです。これ以上用土・平については、私は知見をもっていないので言いませんが、用土・平という言葉を使ったときに、私の頭の中にまだどの辺に置いていいのかまだピンとこない、ということを述べさせていただきました。

シンポジウム：熊谷市前中西遺跡を語る　討論記録

石川　厳しい矢がとんできたのですが、土器論はそろそろ閉じて、後期の土器群についても取り上げなければいけないんですが……。はい、鈴木さん。

鈴木正　後期に行く前に、さきほどから吉田さんにジャブを投げているのですがなかなか伝わらないので。前中西遺跡の土器は北島遺跡がなくてもできますよ。私の言っている意味がわかりますか。フラスコ文、三角の系列のものが一切でなくても、前中西の資料というのは、北島遺跡の中のそれを除いたものたちだけの挙動からそこに大塚遺跡という渡良瀬川の文化が入ってくると前中西になるんですよ。誰もが知っている北島は前中西の土器にはいらないんですよ。誰もが知っている北島を北島と呼ぶなら前中西は北島ではないんですよ、というのが私の本当に言いたいことです。以上です。

石川　吉田さん一言いいですか。

吉田　若干お答えが難しいんですが。ただフラスコ文のある住居址は前中西にあるんですよね。それを除くということですよね。検討課題とさせてください。

石川　誤解のないように言っておきますが、これは北島式段階の土器群が前中西遺跡にないとかという話ではない、途中に断絶があるということではない。遺跡としての継続性ということでは池上・小敷田段階からずっと中期終わり、さらに後期初めにまで継続すると考えるということですよね。この点では壇上の皆さんは一致していますよね。

5. 前中西遺跡の後期土器

石川　それでは、柿沼さんには発表は墓制を担当していただいたので、ここでは、後期の岩鼻式系の土器群のこの遺跡の特徴とか、この点が重要であるとかを是非ご紹介いただきたい。

柿沼　松田さんの53頁32図は、「後期初頭岩鼻式1期」、「後期初頭岩鼻式2期」となっていますが、これを「後期初頭岩鼻式1期併行」、「後期前葉古段階岩鼻式2期（古）併行」とした方がいいかと思います。岩鼻式や樽式土器との相違があるのか、自分としてはまだ割り切れていません。櫛描文の採用をもって後期としますが、この段階を後期初頭にするのは櫛描文が非常に

太いことです。それが大きい。もう一つはこの土器に類似した土器が167頁の本庄市塩谷平氏ノ宮遺跡の資料です。この6番の甕は前中西遺跡の59番に近い。3番の受け口状甕も前中西遺跡の62番に、1番の壺も受け口状ですね。要するに壺の複合口縁が登場していないということが非常に大きいですね。57番の土器も装飾帯の幅が広い。これ1個だけもってくれば中期の最終末でもいいような土器です。後期前葉にしたものは64番のような複合口縁ですね。それから頸部の斜格子状文、65番の矢羽根状文は、北信・西毛の斜格子文とか矢羽根状文の変形とみます。器形的にも胴部が無花果形から丸みをもっている。70番の甕形土器も胴部が丸みをもっており、59番のようにいきなり開かない。口縁が長くなる。69番・70番は2連止めで、岩鼻式と相違する大きな点であり、併行期とする大きな根拠です。岩鼻式2期（古）併行期が前中西遺跡の最終段階になります。塩谷平氏ノ宮では後期初頭から2連止めがありましたので。大木さん、群馬県には2連止めの廉状文が最初から後期にあるのか聞きたいのですが。

石川　群馬県の大木紳一郎さんどうですか。

大木紳一郎　2連止めは後期に入らないとまだ出てこない。しかも後期では樽式の1といっている時期が岩鼻式の1といっている時期に併行すると思うのですが、この段階で2連止めは出ない。甕で2連止めが早くでるのは群馬県全体ではなく、早く出る地域がある。埼玉県に近い部分、群馬県南西部・利根川の右岸は比較的遅いほうではないか。

石川　柿沼さんどうですか。

柿沼　児玉の平氏ノ宮遺跡（167頁）。1番の壺が2連止めで、下向き鋸歯文がある。若狭徹さんは下向き鋸歯文中に平行沈線があるのを、古い鋸歯文としている。1番の充填沈線は頂点に直立させているということで、若狭さんのいうとおりではないなと。真ん中に集中させる文様は多摩丘陵・比企丘陵に祖型があるかも知れず、それでいて1番は2連止めです。平氏ノ宮遺跡は後期初頭で樽式1期に併行すると考えますが、祖型が気になる。

石川　非常に細かい議論と思われるかもしれません。しかし、柿沼さんが「当日資料」に遺跡の消長、継続性を提示されていますが、この遺跡の連続

性を確認するためにはこのような議論が必要ですので、確認した次第です。中期後半から後期へと連続することを確認できるのは、埼玉県北部ではこの遺跡だけなんです。

　個別資料ですが非常に気になる土器があります。53頁の60番で、胴部に広く縄文が施されている。頸には等間隔止め廉状文があり、その下に櫛描きの波状文がある。さらに縄文帯の下に横に一本沈線がある。非常に変わった土器ですが、胴部に広く縄文帯を巡らせるのはこの地域というよりも東関東が気になるのですが。鈴木さんに一言お願いします。

鈴木正　よくわかりませんが、単節縄文ですよね。しかも、下胴部は無文帯で、東と言っても単節縄文が後期初頭に展開するのは渡良瀬川・思川流域ですので、海側までは行かないすぐ隣の土器かなと思う。

　逆に私が聞きたいのは中期末から後期初頭にかけてそういう土器を生成する背景は、影響関係は変わるのですか。柿沼さんに教えて欲しい。つまり、中期末の系統が、後期初頭に移行するのか、または人が新たに入ってくるのか、全く違う人なのか同じ系統の人が新たに入ってくるのか、教えて欲しい。

柿沼　同じ系統の人だと思います。ヘラ描き沈線が櫛描きにかわる。中期末の用土・平の段階から土器そのものは栗林系統がつとに強くなる。それが中部高地の栗林式から吉田式に変わる変化と、こちらでみられる変化は同調する。そういった全体の動きの中で櫛描文にかわる。しかも甕の継続性が強く、もし集団が来たとしたら礫床木棺墓がきた中期末に、一定程度の人間の移動はあったことは想定できます。それが来た段階で、墓制についてもいわゆる出流原系統の土壙墓、屋内土器棺墓の系統が中期末から姿を消していく傾向があるので、それに引き続いて後期に移行していくだろうと思う。

石川　まだまだ土器について話したいのですが、そろそろ集落の問題に移ります。会場から、鈴木敏弘さんどうぞ。

鈴木敏弘　松田さんの前中西の土器の資料集の配列は古い順に配列されていますか。

石川　前中西遺跡の報告書はⅡからⅧとその他の遺跡とのセットの8冊出ています。資料集の図の配列は報告書ごとの順番に配列しています。時期ごと

第Ⅱ部　討論記録

鈴木敏弘

に配列すると壇上の人たちで微妙に感覚が異なりますので、報告書に戻って検討できるようにしています。

　それでは遺跡の集落動態、遺跡群、周辺の遺跡について話を進めたいと思います。前中西遺跡の調査は全体の数％ですが、多少遺構分布の変遷の様子がみえてきている。18・19頁の集落が始まった時点で、東西に遺物があるけれど北東側に遺構がかすかにみとめられる。22・23頁の上敷免・宮ヶ谷戸の段階にはまだ遺構数は増えていない。24・25頁の北島段階になると東西に住居・方形周溝墓がかなりの密度でみられる。そのあとの前中西段階にも引き継がれる。さらに中期終末の段階になると東西にあるけれども激減する。後期になるとさらに減少する、というご報告でした。この集落変遷については壇上の方々の理解は共通ですね。松田さん、集落の構成はどうなのでしょうか。とくに北島・前中西段階の中心性とか、遺構の密集度とかはどうなんでしょうか。

6.　前中西遺跡の集落構造

松田　24・25頁第9図の北島式の段階は、集落の中心となるのは北東部の衣川北の部分です。未報告の個人住宅に伴う調査で確認された住居跡も北島あるいは「前中西」式段階に当てはまることは確かで重複しているものもありますので、狭い範囲内に広がっていると考えています。32・33頁第14図の「前中西」式段階も衣川北の部分が集落の中心と考えています。北西部の未報告分については、住居が密集しており、重複は2軒ですが、平行線文、波状文、段を持つ土器が出土しています。いずれにしても中期後半、北島・「前中西」式の段階では東西二つに分けることが可能ですが、東側が中心と考えていいのかなと思っています。

石川　二つの集落（居住域）が百数十ｍの間隔をおいて併存しているということですね。それでは集落と墓域とは明確に区別されているのでしょうか。

集落構造はどうなっていますか。

松田 墓域ですけれど方形周溝墓は遺物が少ないものもあるので、時期を特定するのが難しいものもありますが、軸の相違で時期が異なることが認められたので配分したところです。居住域が衣川の北に、南に墓域があると簡単に言えばそうなんですが、東に諏訪木遺跡もあり、礫床木棺墓が確認されたところも南西側であり、実際にはどう考えればいいのかということもあります。

石川 居住単位としては東隣の諏訪木遺跡を含めて3つが並んでいるということですね。東半部の集落としては衣川をはさんで居住域と墓域があるということですか。

松田 道路幅の調査なので、はっきりと言えませんが、衣川を挟んで墓域と分かれるのではないか。川が区画をあらわすものとして大きかったのではないかと考えています。

石川 南関東宮ノ台期のような、居住域とそれを囲う環濠の外側に墓地が広がるような姿を期待してしまうのですが。

松田 住居のあるところと方形周溝墓のあるところは粘土層と砂利層で確認しています。立地に地形的な差というものもあると思います。

石川 集落の姿については柿沼さんどう考えますか。

柿沼 集落と墓域の関係は、松田さんの考えでは、君津市常代遺跡のような方形周溝墓のひろがりがあると考えているということですか。

松田 方形周溝墓は時期によって軸が異なっていると思うんですが、南側にはそういうことが想定されるかなと思っています。

石川 集落の中心性については鈴木さんの発表とも関連しますが、土偶のあり方で東西で違うということですか。

鈴木正 そうありたいです。

石川 会場の馬場伸一郎さん。この遺跡を考える場合、南関東との比較というより、むしろ長野・群馬の集落動向の関係を考えた方がいいかなと思うのですが、どうですか。

馬場伸一郎 馬場です。前中西遺跡と信州の弥生中期集落の共通点と相違点

第Ⅱ部　討論記録

馬場伸一郎

を申し上げます。前中西遺跡は30haという広い居住域範囲をもちますが粗密があって、信州でも同じ集落構成をもつものが点々としています。そのうちの一つ、松原遺跡の居住域は16万m^2で、居住域のなかには何単位か遺構のまとまりをもちます。前中西遺跡には直径100m程度の居住域をもつ遺構のまとまりがいくつか隠れているように思います。32・33頁の遺構図を拝見する限りでは。松原遺跡は環溝（大溝）、小溝などで居住域を区画するのですが、前中西には今のところそれが認められない。松原遺跡との相違点です。また別な点で、信州の栗林式段階の集落遺跡と違うのは居住域と墓域が場を違えていること。信州の場合は居住域の中に礫床木棺墓が認められます。これは中期中葉の松節段階からですが、墓域と居住域を違えている様相は信州の栗林式段階にはない集落構成です。それと、弥生時代の集落の環溝をどう考えるのか。環溝に対する考え方は私が学生時代に習った内容と最近は大きく違ってきています。松原遺跡と前中西遺跡は同じ大規模集落でありながら、環濠を持つ、持たないという差異があります。それをどう考えるのか。そんな感想をもちました。

石川　大規模な集落がひとつのまとまりとして存在しているのではなくて、いくつかの居住単位が集合しているのが松原と似ている点、小規模に分散している集落がある段階にここに集り、それがまた分散していく。ただし、居住域と墓域とのあり方は南関東的だ、ということかと思います。

柿沼　やはり南関東だけではなく、数棟単位とするというのが基本で、それが集合するかしないかで、それは信州にかぎらず、同じ構造をとるのではないか。方形周溝墓は墓域は構成するけれど、中期後半では土器棺墓は中期終末では南関東と異なる。これはいいきれないが南奥的である。土器で出流原系統が残るのと同じである。

石川　松田さんの14・15頁の図、この地域の遺跡群の出現の仕方が際立っていることは柿沼さんが指摘されました。弥生前期から中期中葉は荒川扇状

地の妻沼低地側にある。中期中頃から中期後半には熊谷市街地の東側にも出現する。出現の仕方は非常に違う。池上遺跡の調査以前には全く想像できなかった遺跡形成をしている。

柿沼 新期荒川扇状地の東側集落は荒川の扇端湧水を利用した灌漑農耕集団である。そこに見られる集落は新たな開田を協業をもとにした単位が集住するような集落と認められる。池上、北島、前中西遺跡もそうだと思われる。

松田 そうですね。私も前中西遺跡の範囲を線引きするのが難しいんですね。

石川 吉田さん、北島遺跡でも悩んだのではないですか。

吉田 石川さんの書かれている池上・小敷田遺跡は河道の狭い自然堤防上に点々とすぐ後ろは後背湿地、北島では河川の南側にやや幅広い自然堤防に集住して、水路を使って後背湿地を水田に利用している。前中西は2条の川幅が比較的広いところがあって、北側は集落に利用されて真ん中は墓域になって利用されている。少し占地が違うのかなと思う。

石川 前中西遺跡は、同じ扇状地の上流側になるのですかね。自然地形をうまく利用している。小敷田遺跡は後背湿地が広くて、川の両サイドの自然堤防の幅がわずに10から20mですから、前中西遺跡とはだいぶ地形条件が違う。そういう自然条件の違いをうまく考えないといけないと思う。

この地域の方形周溝墓の出現は小敷田遺跡がこの地域で一番古い。柿沼さん、先ほどの話では、再葬墓の可能性を残されたと思うのですが。

柿沼 方形周溝墓の出現に小松式の存在が大きい。小松式系の集団がもたらした新しい墓制ではないか。池上式新段階より古い方形周溝墓が出てくる可能性があります。

石川 僕もかつては小敷田遺跡の方形周溝墓は小松式の集団がもたらしたと考えていました。でもその後、小田原市中里遺跡や千葉の常代遺跡などの事例が現れ、長野ではこの時期ではなくて後期から出現するので、その系譜は東海からの系譜なのではないかと考えるようになった。池上集落でも方形周溝墓が出現している可能性は捨てていないが、再葬墓の可能性がないでもないが。

柿沼 池上地区でも小松式土器が出土していて、対応する方形周溝墓は存在

している可能性があります。それでありながら、土壙墓をもつ集団もいて、方形周溝墓をもつ集団とが、一緒に開田するように集住するというあり方ではなかったか、というのが発表の主旨です。

石川 土器の系統制の問題と墓制の問題とは切っても切れないと思う。栗林系の礫床墓が今年見つかって、百数十点もの管玉がみつかりましたが、柿沼さんは礫床墓を持つ集団が別個に墓域を構えているとは考えていないですよね。

柿沼 礫床墓は時期がはっきりしないのですが、前中西遺跡Ⅲでは後期初頭から前葉の方形周溝墓群が列状構成をなし、その延長上に木棺墓が方向を同じくして配置されているので、そのように考えています。

石川 約10mくらいの範囲に礫床墓2基が軸を同じくして並び、それに直交してもう1基ある。長野の礫床木棺墓は単独であることはなくて、僕は「集合礫床墓」と呼んだこともありますが、その集合礫床墓がここにあることは確かですね。隣接して方形周溝墓や土坑墓があるかもしれないということですね。

鈴木正 言葉だけがとびかっていますが、前中西遺跡の方形周溝墓に関わる土器から見た議論として、今の議論は成立するのですか。確認だけお願いしたい。

石川 僕は土器で見える部分と墓制で見える部分が必ずしも1対1で対応するわけではないと思います。それは、高崎城三の丸遺跡で環濠集落の中に単独の大形方形周溝墓1基があるのを見て、そういう構造の集落・墓制は現在のところ南関東にしか確認できない。そうすると宮ノ台式土器との関係を考えざるをえないけれども宮ノ台式土器は出ていない。ですから1対1では説明することは難しいと場合があると思います。

鈴木正 知りたいのは、例えば29頁の方形周溝墓が宮ノ台式であることを証明してくださいということで、それは無理ですよという指摘なら、なぜそんな議論が成立するのかということです。

石川 墓地構造だけです。

鈴木正 それをやっていくと、遺構は本来の作り手が存在しなくても構造は

石川 生の資料で説明できるかどうかの問題で、高崎城三の丸遺跡の構造は宮ノ台式が関与しなければ成立しないと思います。それがなくて説明できるかというと僕はできないので、構造で説明するわけです。

鈴木正 私はそう考えないタイプです。高崎城の人はすでに方形周溝墓を知っている、前中西遺跡も同じでここから栗林式があったら、実はその人と共にいる集団が池上式以来の方形周溝墓という習俗を知っていると考えるのが私の考え方で、地域の歴史の中で遺物遺構を1対1に対応させないと、どういうことでも言えてしまう可能性があるので、私はそういう議論には与しないということです。

石川 はい。平行関係のままです。

7. 生業の問題

石川 残り時間も少ないですが、ここでどうしても生業の問題を取り上げたい。池上遺跡の調査当初から打製石斧が多いのが気になっていた。生業と関係があるだろう。打製石斧が卓越するということでこの地域は中部高地と関わりがあると思っている。最近調査成果があがっているので、遠藤英子さん、概略を可能な範囲で紹介していただけませんか。

遠藤英子 明治大学の遠藤です。北島遺跡19地点のレプリカ法調査を最近やりましたので、速報として聞いていただければと思います。1,500点ほどの資料を観察して、イネ10点、アワ16点を同定しました。この数を聞くと中屋敷遺跡のフローテーション結果などと比べて少ないと思われるかもしれませんが、圧痕の形成は非常に限定的なので、結構でたものと思っています。この結果からは、これまで水田経営主体と考えられてきた北島遺跡ですが、イネとアワが複合的に栽培されていたのではないかと考えています。北島遺跡では、17・19・20地点で古墳時代前

遠藤英子

第Ⅱ部　討論記録

期の広大な畑遺構が検出され、報告書でも「集約的な畑経営」が予測されています。また後期後半の埼玉県志木市田子山遺跡ではアワ19万粒、イネ8万粒という炭化種子の出土がありますので、弥生時代中期後半北島遺跡の段階でも、畑作は片手間に補助的にやられたというよりはもう少し本格的にやられていたのではないかと考えています。

中部高地の縄文時代晩期末の浮線文圏のレプリカ法調査では、ほとんどの場合、アワとキビがセットで検出されているんですが、埼玉県では今のところキビがでないでアワだけがでていますが、これについてはもう少しデータを蓄積して行く必要があります。

また、北島19地点の報告では、3つの時期に細分され、居住域は水路で東西に分かれるとされていますが、どの区画、どの時期からもイネ・アワがほぼまんべんなく検出されています。今日のシンポジウムを伺っていまさらながら中期から後期のこの地域の土器の様相が複雑なことがわかったんですが、では生業はどうなのか、これからレプリカ法データを蓄積していきたい。

石川　これまで種子圧痕の調査はコメを中心にやってきた。再葬墓遺跡の春日部市須釜遺跡でもイネとおもわれるモミ圧痕がでている。ただし弥生というとイネだけに目が向く。生業をやっている人には、稲作対畑作という2項対立の議論がある。しかし、両者を組み合わせるような、実態に即した議論を組み立てることができるようになってきました。これからもレプリカ法の適用をしていただきたい。ただし、ノイズがどのように入っていくのかも見極める必要がありますね。

宅間　後期の土器のシャモットの研究をやっていたときに、専業的に土器をつくる人たちがいたということを考えていたのでおもしろい話を聞きました。後期とか古墳前期の時期もやってほしい。

石川　レプリカ法は縄文から弥生の移行期を中心にやってきたが、目先を変えて地域ごとにどうなのか、土器研究・集落研究などに絡めて成果を役立ててほしいと思う。熊谷界隈はそれができると思うので進めていって欲しい。

鈴木正　今のレプリカ法ですが、実際の農業を私は知らないが、イネ、キビ、アワなどの農業カレンダーで繁忙期は重なるのですか。

遠藤　当時の稲作や雑穀作については不明な点が多いですが、少なくともイネに比べてアワの生育時間は短いことは確かだと思います。

8．シンポジウムのまとめ

石川　それでは、会場から何か取り上げるべき話題が漏れているとか、質問とかご意見とかはありませんか。

鈴木敏　今日のシンポジウムを聞いて中期から後期に移行する時期で、7頁の編年表ですが、2様式から4様式と思いますが、西から伝わってくる時期はどれだけかかるのでしょうか。

石川　弥生時代の前・中・後期という3大別は、西日本の文化事象を考えて設けられたものですが、私はこれをいったん放棄して土器型式編年を中心に考えたい。東日本の最初の大きな変換点は池上遺跡成立の時期、畿内第3様式の前半頃一斉に起きている。これは東海から東北まで同様です。そして畿内第5様式の初頭段階でしぼみが東日本全域におこっている。これが西の方とどうからむかは別のことと考えている。

鈴木敏　他地域の土器が入ってくるとき、水平で見るか、傾斜でみるかというような問題があるので。

石川　傾斜編年では考えません。どこでも中心で対等だと考えますから、西に合わせようという気は全くありません。

鈴木敏　集落論と土器論とを頭に入れて研究を進めなければならないと思うが。

石川　それは鈴木敏弘さんと考えが全く違うところで、僕は土器型式を編年的に並べて、それを単位としていろいろのことを考える。誤解を招かないためにいっておきますが、7頁の表の型式を単位として見て欲しい。

鈴木敏　今日みたいな話は同時期にどれだけ住んでいたのか分析しなければ研究が進まないと思うが。

石川　鈴木敏弘さんの集落研究の方法は受けとめてはいますが、個々の遺跡にどこまで適用できるかは現実的には難しいのではないかと思っている。大木さんどうぞ。

第Ⅱ部　討論記録

大木　鈴木敏弘さんと同じ疑問をもっていました。一つの土器型式のなかで住居が重複している。それはありうるのか。もしかしたら土器の新旧関係を全く読み違えているかもしれない。そういう意味で前中西式は成立するかということを点検・見直したほうがいいと思う。また、今日の話で甕の話がでてこなかった。私は甕で新旧を考えたいと思っている。群馬では竜見町式とよんでいるが私は栗林式でいいと思うが、前中西式と用土・平とはほとんど差がないと思ったが、どうしてこれを分割するのだろうと群馬の方からするとそういう感じをもちました。

大木紳一郎

馬場　鈴木正博さんの話を伺い、松原遺跡で出土する変わった遺物を思い出しました。縄文系と片付けてしまいがちですが、両方の先端に斧刃をもつ独鈷石が松原遺跡で出土しています。栗林式段階に青銅祭器が入ってくる中で、なぜそういう石製品が前ぶれもなく出現してくるのか。松原遺跡で1点出土していますが、最近安中市国衙下辻遺跡でも出土しています。千曲川流域の中期後半にこのような石器が出現する理由をはっきりとさせることはできませんが、鈴木正博さんの話が今後参考になるのではないでしょうか（後日、さいたま市上野田西台遺跡でも類似品が出土していることを確認した。栗林式系土器の分布圏内に点々と出土している）。

杉山祐一　南関東の中・後期を中心として研究しているが、最近は埼玉の弥生時代が非常に刺激的ではないかと、これだけ新しい成果がでてきて非常におもしろいと思っている。土器も石器について、私ももう少し勉強していきたい。用土・平遺跡の話がでてきたが、中部高地の百瀬遺跡に近いと思っているので中期末という編年は妥当ではないか。一方、20頁6-1のⅣ1号河川跡で出土した土器は少し古く見えるものがあり、池上式古段階に遡る可能性があるかお聞きしたい。

石川　杉山さんには質問ではなく、感想をいただきたかったのですが。でもむしろ総評をいただいたのかと思います。

シンポジウム：熊谷市前中西遺跡を語る　討論記録

小出　時間がとっくに過ぎましたので、閉会の挨拶とします。これでシンポジウムを終わります。ただし終わったのはシンポで、関係する研究をこれからも、今日の登壇者をはじめ皆さんとともに続けていきたいと思っています。ありがとうございました。

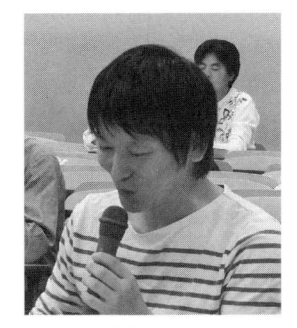

杉山祐一

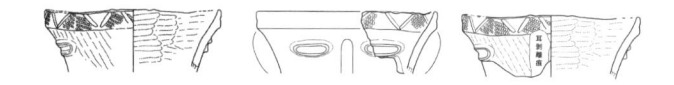

第Ⅲ部　シンポジウム後の補足研究

前中西遺跡の周辺をめぐる課題

柿 沼 幹 夫

　本稿は、当日配付資料で説明し得なかった次の2点について触れ、今後の研究課題を提供してみたい。
　1　前中西式土器は設定できるか
　2　前中西遺跡終焉後の周辺状況―生業との関連から―

1　前中西式土器は設定できるか

　シンポジウムの主要テーマであった前中西式土器設定の可否は、整理途上に開催した土器観会の席上でも話題に上っていた。特に、V 32溝跡（VI号方形周溝墓）出土土器は、ポスト北島式土器の典型として新型式を設定できるか、という点がその中心であった。中期後葉における壺の装飾帯を、口縁部（I）装飾帯、頸部（II）装飾帯、胴部（III）装飾帯に区分し、その構造の変遷から設定の可否を考えてみたい。
　新期荒川扇状地東側低湿地における灌漑農耕集落形成期の中期中葉・池上式土器では、並行線文系列にせよ幾何学文系列にせよ装飾帯の区分が明確ではない（第1図1・2）。I装飾帯があり無文帯の貫入がみられるものもあるが（第1図3）、頸胴部の装飾が一体化しているのが常態である（中島1984、吉田1991）。
　ところが、中期後葉に入った上敷免新式と仮称されてきた深谷市上敷免遺跡 Y3住、Y4住出土土器は、I・II・III装飾帯の区分が明確化し、III装飾帯も段・平行線・列点・刻みの存在によってIII a・III bに細分することができる（瀧瀬・山本1993）。後続する北島式土器の標識である北島遺跡では（吉田2003）、III装飾帯の下部を沈線で区画することは少なくなり、上向き鋸歯文の盛行などの型式的特徴が明瞭となっているが、装飾帯の構造は変わらな

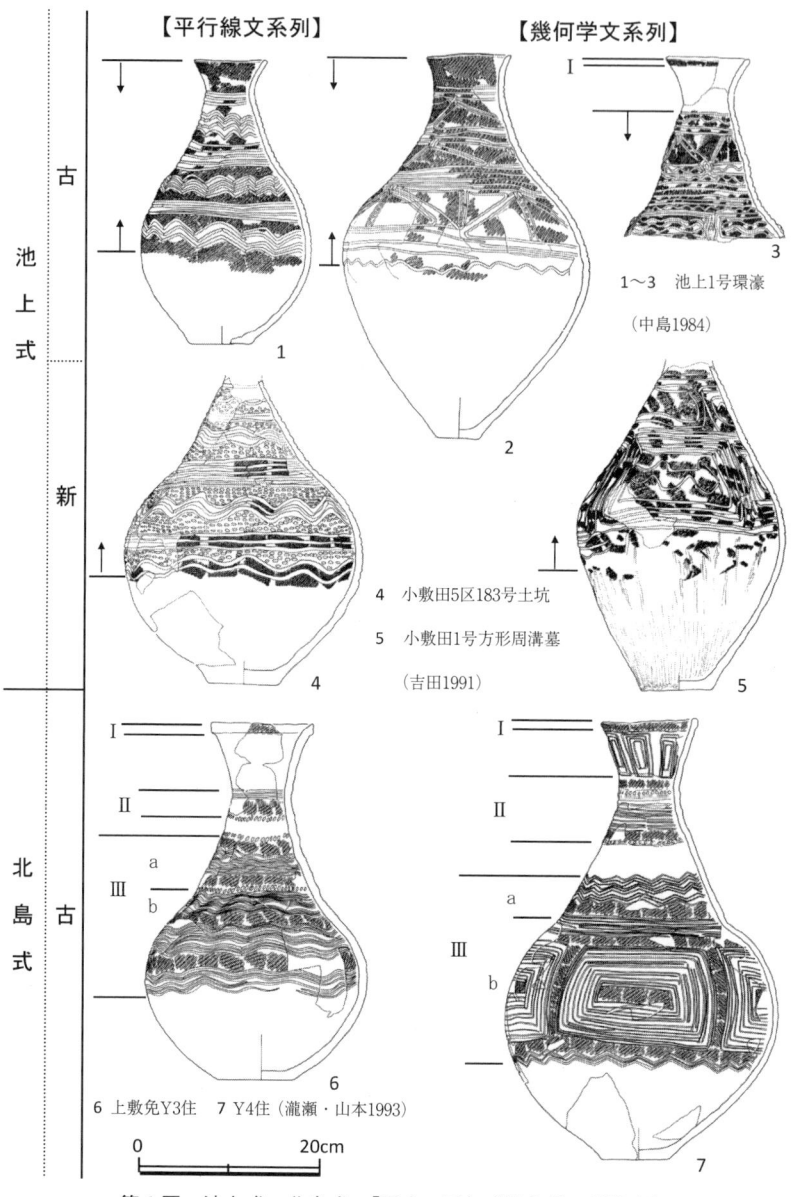

第Ⅲ部　シンポジウム後の補足研究

【平行線文系列】　　【幾何学文系列】

池上式　古

1

2

1〜3　池上1号環濠

（中島1984）

3

池上式　新

4

4　小敷田5区183号土坑
5　小敷田1号方形周溝墓

（吉田1991）

5

北島式　古

6

7

6　上敷免Y3住　7　Y4住（瀧瀬・山本1993）

0　　　　20cm

第1図　池上式、北島式、「用土・平」式装飾帯の構造(1)

68

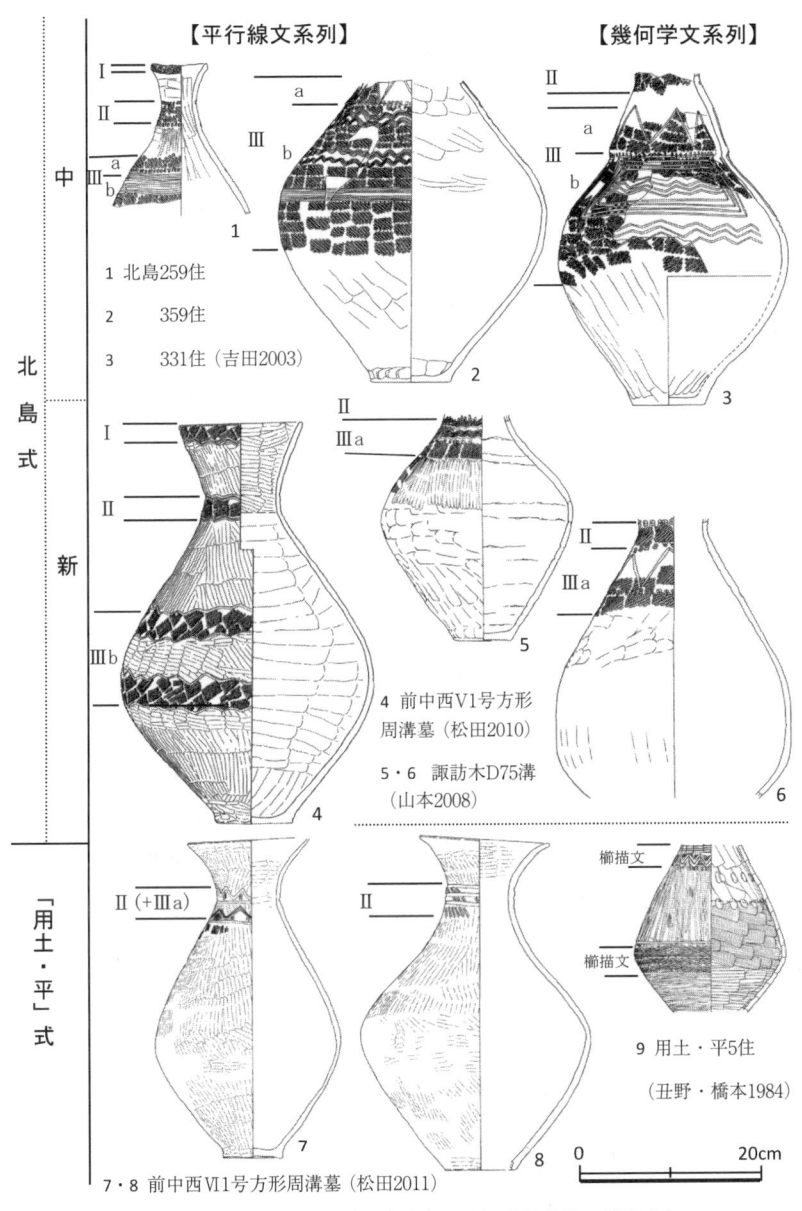

前中西遺跡の周辺をめぐる課題

【平行線文系列】　　　【幾何学文系列】

中

北島式

新

「用土・平」式

1　北島259住
2　　　359住
3　　　331住（吉田2003）

4　前中西V1号方形
　　周溝墓（松田2010）

5・6　諏訪木D75溝
　　（山本2008）

9　用土・平5住
　（丑野・橋本1984）

櫛描文
櫛描文

0　　　　　20cm

7・8　前中西Ⅵ1号方形周溝墓（松田2011）

第2図　池上式、北島式、「用土・平」式装飾帯の構造(2)

第Ⅲ部　シンポジウム後の補足研究

い（第2図1・2・3）。前中西式土器の典型例とされる壺（第2図4、松田2010）は、Ⅲ装飾帯内部の段がなくなり、bの縄文帯を区画する並列集合沈線が単線化しているのが第1図6と比較するとよく分かる。第2図5・6はⅡ装飾帯とⅢ装飾帯が合体しているもので、Ⅲb装飾帯が欠失している（山本2008）。しかし、装飾帯の構造は保たれており、波状沈線・上向鋸歯文・列点区画など文様素は健在である。従って、以上の3段階は北島式土器として一括し、それぞれ古・中・新段階とするのが妥当である。新段階は、出流原系統の最終段階である。

前中西遺跡Ⅵ1号方形周溝墓・Ⅶ2住・Ⅷ14住出土壺は、図示したもの（第2図7・8）以外もすべてⅢ装飾帯がなく、Ⅱ装飾帯のみである（松田2011・2012・2013）。7は縄文充塡の上向き鋸歯文が2段あり北島式の痕跡を示すが、他は縄文地文に並行沈線・並行沈線のみ・櫛描波状文であり、栗林式系統の最終段階である。用土・平遺跡では、5住出土壺の頸部装飾は櫛描簾状文・波状文、胴部装飾は櫛描波状文で胴部装飾の残る栗林式系統であって出流原系統ではない。1・7・8・12住出土壺は頸部装飾のみであり（第6図）、近隣の旧桜ヶ丘女子高遺跡にも胴部装飾はみられない（栗原1983、青木2003）。群馬県で竜見町式と呼称される栗林式系統の土器群のうち、用土・平遺跡と併行関係にある清里庚申塚遺跡には胴部装飾が残り（相京ほか1982）、浜尻遺跡A地点にはみられない（柿沼恵1986）。平野進一は、浜尻A地点出土土器を竜見町式土器に後出する部分と表現したことがある（平野1986）。用土・平遺跡も2時期に区分できる可能性があり、前中西遺跡との併行関係は、なお検討を要する。カッコ付きで表現している所以である。

2　前中西遺跡終焉後の周辺状況—生業との関連から—

a．妻沼低地の状況　前中西遺跡が所在する妻沼低地は、櫛引台地を挟んで北半部と南半部に分けることができる（第3図）。北半部においては中期中葉以前の再葬墓を中心とした遺跡が密度濃く分布し、中期中葉には飯塚南遺跡など農耕開始期の小集落（単位）が存在する。南半部の新期荒川扇状地扇端部東側の低地帯に灌漑水稲農耕集落が出現するのは、その直後の池上式期

前中西遺跡の周辺をめぐる課題

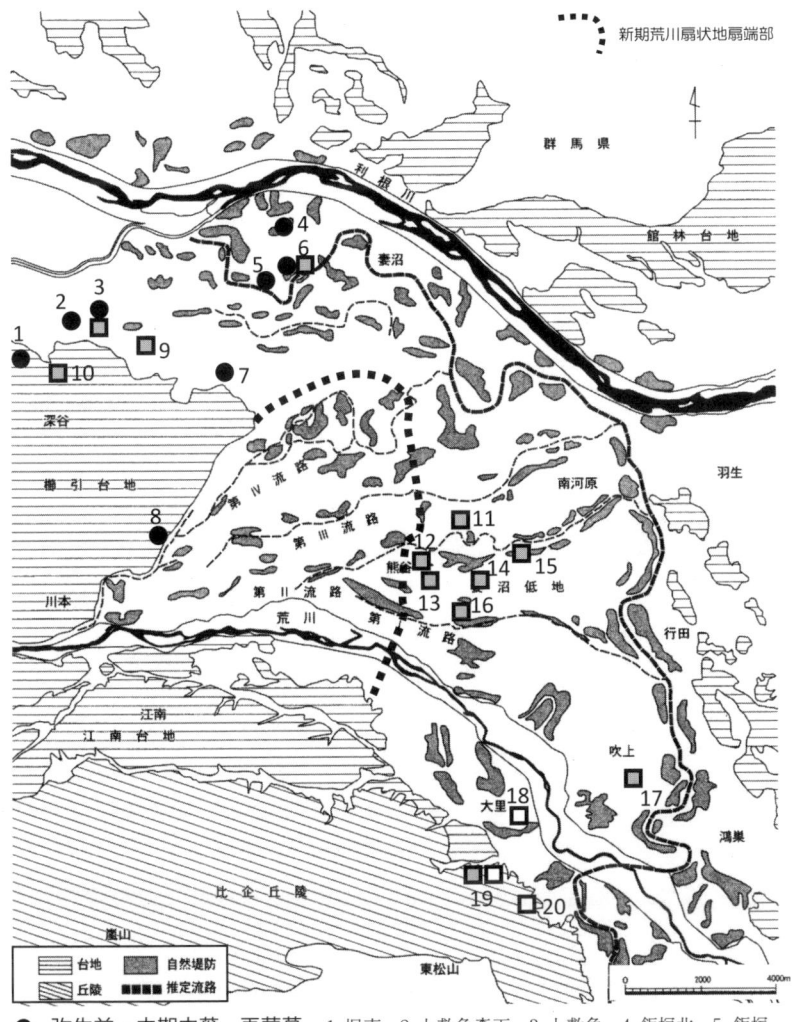

● 弥生前〜中期中葉　再葬墓　1 堀東　2 上敷免森下　3 上敷免　4 飯塚北　5 飯塚
　 6 飯塚南　7 横間栗　8 三ヶ尻上古

■ 弥生中期中葉〜末　集落　　3 上敷免　9 宮ヶ戸　10 旧桜ヶ丘女子高　11 北島
　 12 諏訪木　13 前中西　14 池上・小敷田　15 古宮　16 平戸　17 袋・台

□ （宮ノ台式主体）　18 下田　19 円山　20 船木

　　　第3図　妻沼低地とその周辺部　弥生時代前・中期の遺跡

第Ⅲ部　シンポジウム後の補足研究

からで池上・小敷田遺跡、古宮遺跡（鈴木・吉田ほか2004）、前中西遺跡などがあげられ、中期後葉の北島遺跡が後続する。その集落形態は、単位が集住した形態と個別に近接して点在（集合）する形態とがあるが、いずれも灌漑水田の営農のために集合・集住した状況が看取される。この中にあって、前中西遺跡は中期中葉から後期前葉古段階まで継続して営まれた長期継続型で、特に中期後半から末葉では住居の重複が激しく密集度が高い。中期から後期への移行期は列島規模で遺跡数が減少するとされおり、継続して営まれている地域でも遺跡の規模は急速にしぼむ[1]。前中西遺跡は後期前葉まで継続しているがその古段階までで、妻沼低地全体でも前葉新段階以降の遺跡は空白状態となる（第4図、第1表）。中期中葉以来継続してきた低地占地形集落による扇端湧水を利用した灌漑農耕経営は頓挫し、集団は離散を余儀なくされたことが窺える。その移動先を特定することは難しいが、考えられるのは隣接する荒川中流域右岸地域か児玉・松久丘陵などの台地・丘陵上である。この点を考える上で検討しておかねばならないことは、灌漑水田以外の生業の存在についてである。

　池上・小敷田遺跡を始めとして中期中葉に新期荒川扇状地東側低地に進出した集落からは、打製石斧（石鍬）が目立つ石器組成からキビ・アワなどの雑穀栽培が行われていた可能性が指摘されていた（石川2012）。灌漑施設や水田跡の存在が明らかにされた中期後葉の北島遺跡でも、畠作の存在を示す打製石斧（石鍬）の存在が顕著であり、磨製石鏃の出土は狩猟・（漁労）も生業の一つであった可能性を示す（第5図）。また、紡錘車・扁平磨石・台石の出土は、村松篤の集成によりその存在がクローズアップされ（村松2002・2003）、更に、比企丘陵以北における初期の紡織との関わりが菊地有希子によって指摘されている（菊地2007）。扁平磨石は、台石とセットでカラムシなどの植物の茎の表皮を剥いで靱し繊維を採取するための用具と考えられ、紡錘車と共に出土する事例が少なくない。櫛引台地の中期終末期の寄居町用土・平遺跡（第6図）は、松久丘陵の東端部に延びる台地上にあり、開析谷を見下ろす。打製石斧（石鍬）、穂摘み具とみなせる打製石包丁の出土など耕作・収穫関連遺物、1住・2住に付随する方形土坑、倉庫状竪穴遺構と称

前中西遺跡の周辺をめぐる課題

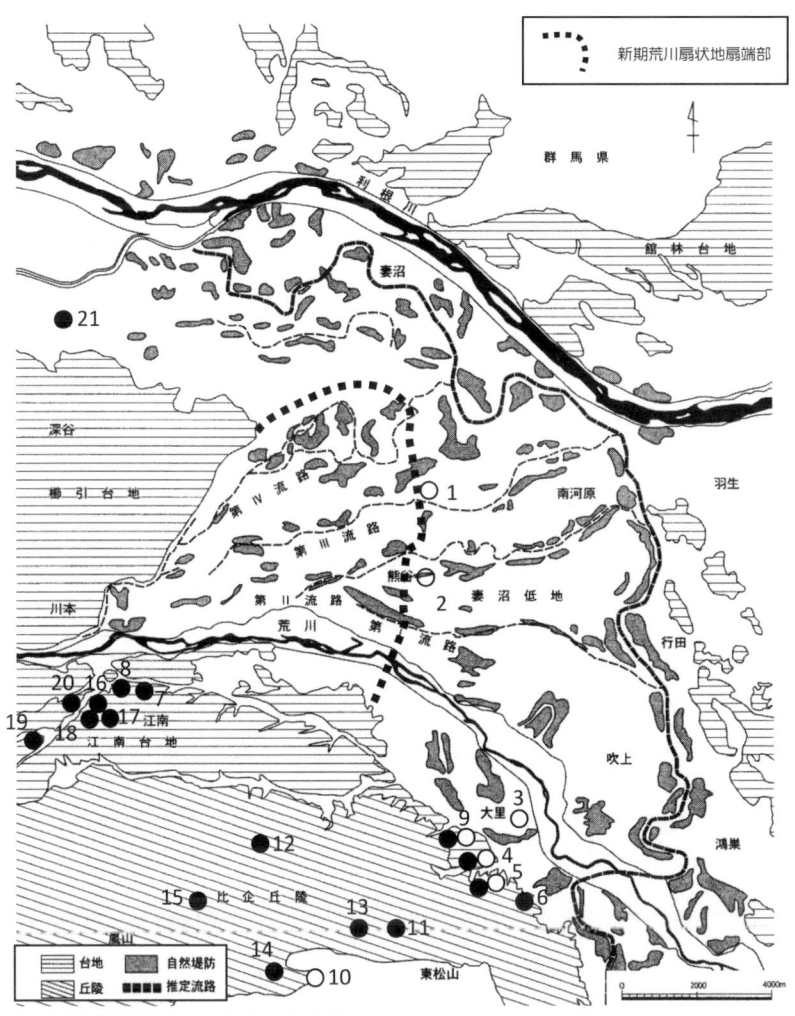

○ 弥生後期前半（岩鼻式＆併行期）
　1 天神　2 前中西　3 下田町　4 箕輪　5 円山　9 玉太岡　10 打越

● 弥生後期後半（吉ヶ谷式）　4 箕輪　5 円山　6 船木　7 冨士山　8 姥ヶ沢
　9 玉太岡　11 吉ヶ谷　12 船川　13 新井　14 大谷　15 大野田西　16 荷鞍ヶ谷戸
　17 万願寺　18 四反歩　19 焼谷　20 白草　21 明戸東F

第4図　妻沼低地とその周辺部　弥生時代後期の遺跡

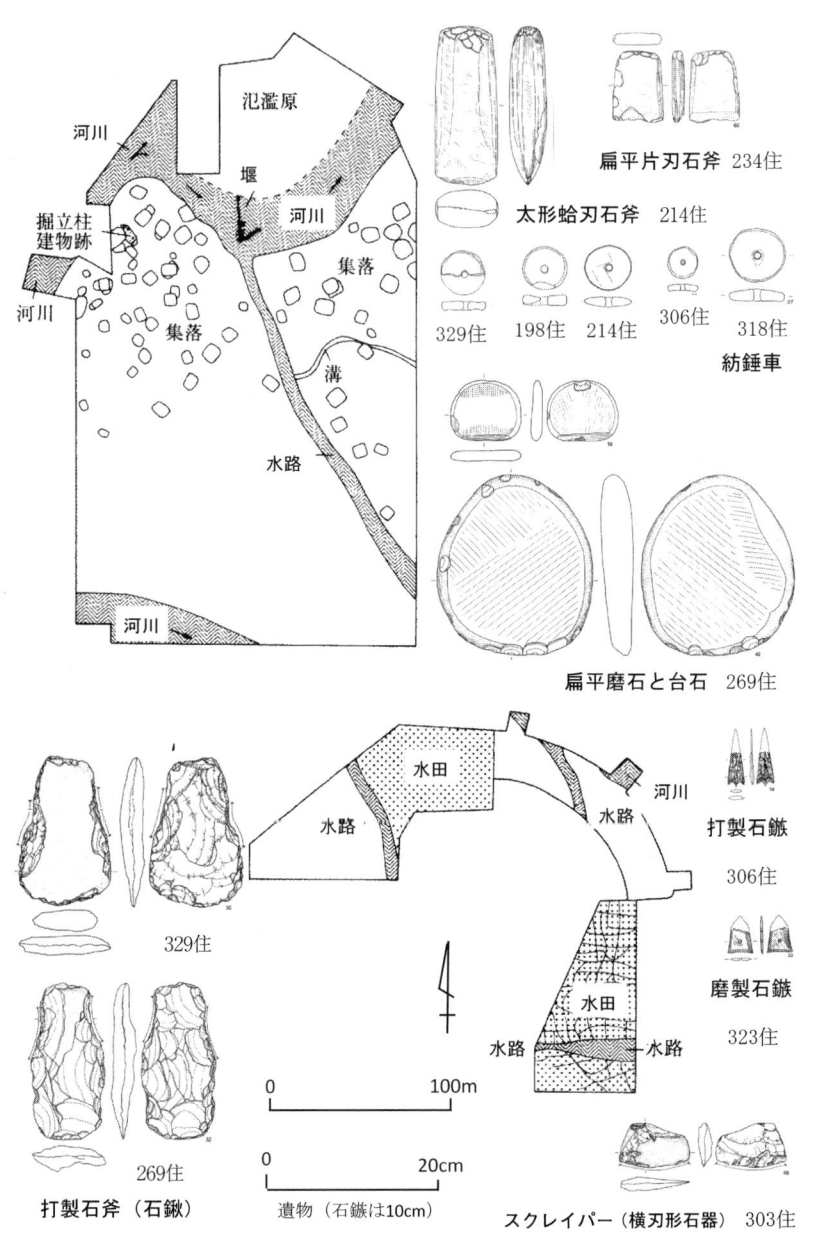

第Ⅲ部　シンポジウム後の補足研究

第5図　北島遺跡　生業を示す遺構・遺物（吉田2002・2003から転載・作図）

前中西遺跡の周辺をめぐる課題

① 用土・平遺跡全体図（点線は未調査）

11号倉庫状竪穴遺構

② 用土・平遺跡 貯蔵施設関連遺構

磨製石鏃　有角磨製石斧

打製石斧

打製石包丁

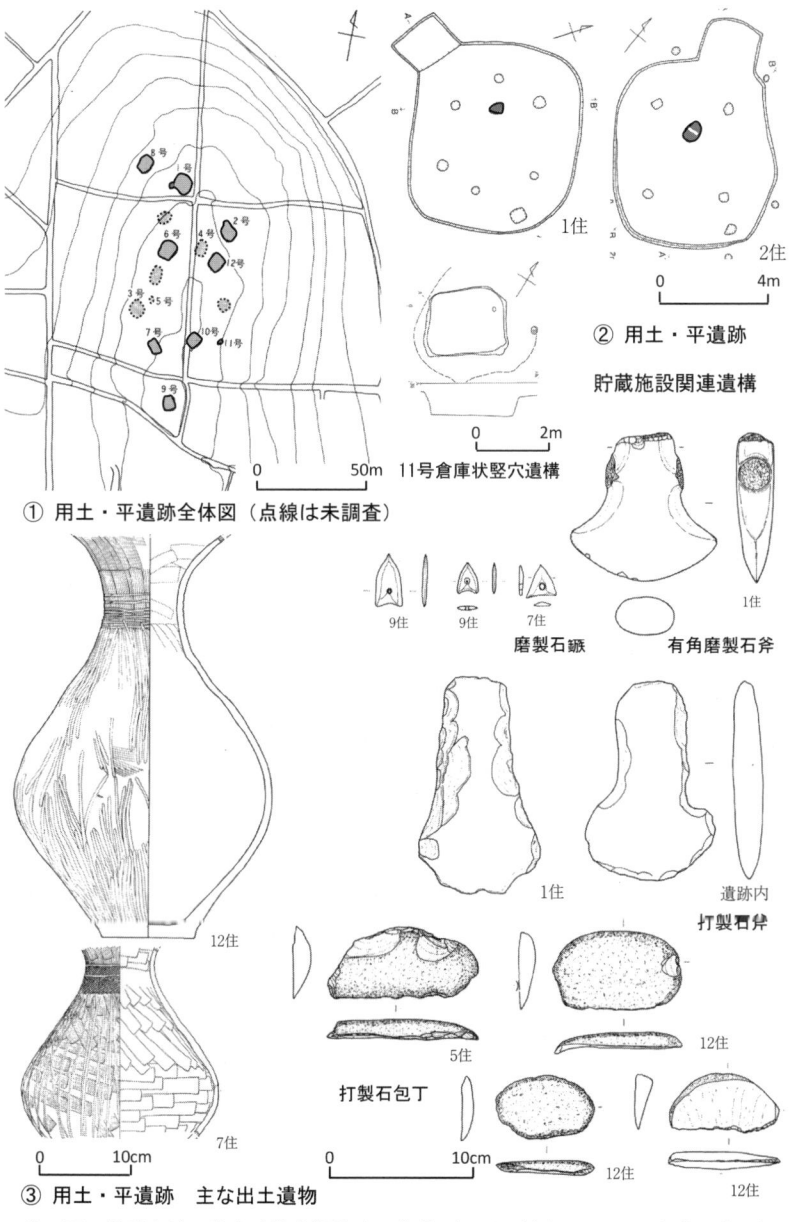

③ 用土・平遺跡　主な出土遺物

第6図　櫛引台地の弥生時代中期終末の集落（丑野・橋本1984から転載・作図）

75

第Ⅲ部　シンポジウム後の補足研究

第1表　妻沼低地とその周辺地域における遺跡の消長

時期区分		中期中葉		中期後葉			中期末葉	後期前半			後期後半	
		池上式		北島式			「用土・平」式	岩鼻式＆併行期 （樽式1・2期）			吉ヶ谷式 （樽式3期）	
立地		古	新	古	中	新		1期	2期	3期	1式	2式
妻沼低地	北半	飯塚南		宮ヶ谷戸 上敷免							明戸東F	
	南半	池上・小敷田 古宮			北島	諏訪木 袋・台 前中西						
櫛引台地 児玉・松久 丘陵			村後		神明ヶ谷戸	用土・平 旧桜ヶ丘女子高 河輪神社境内	塩谷平氏ノ宮		下原北	真鏡寺C	中山 生野山 塩谷下大塚 真鏡寺A	
荒川中流域右岸地域	江南台地	円山				円山 船木			円山	箕輪・玉太岡	船木 白草 四反歩 姥ヶ沢	
	比企丘陵 吉見丘陵 岩殿丘陵					大行山		天神台事	船川		吉ヶ谷 大谷 大野田西 八耕地 駒堀	
	台地 岩鼻・東松 山・高坂・ 坂戸・入間				木曽免 附島	天神原	代正寺 大西 西浦 野本氏館跡 附島 川越城跡	西浦 見入	岩鼻 代正寺 柊 霞ヶ関	高坂二番町 八幡 相撲場 花影	観音寺 大西	
	低地　都幾 川・越辺川					反町		銭塚				
時期		（池上式）	Si2	Si3	Si4	Si5	「代正寺式」	1期	2期	3期	1式	2式
				宮ノ台式				岩鼻式			吉ヶ谷式	

76

される11号は、ともに畠作物や堅果類の貯蔵施設の可能性が高い。磨製石鏃の出土もあり、谷水田以外の畠作・植物採集・狩猟・(漁労)などの生業が想定できる。

　前中西遺跡では、後期初頭になってもⅡ3住では打製石斧(石鍬)や紡錘車、後期前葉のⅡ9住では紡錘車が出土している(第12図1・2)。以下、前中西遺跡終焉以降の周辺台地・丘陵上における生業のあり方を垣間見て継続性を考えてみたい。

　b．荒川中流域右岸地域の状況　荒川中流域右岸地域においても中期から後期への移行期に遺跡数の急減がみられるが、岩鼻式土器成立後、遺跡は増加傾向をみせる。岩鼻式1・2期の遺跡は岩鼻・東松山・高坂・入間台地上における河川の合流点付近や谷口の氾濫原を臨む低位段丘面に立地する場合が多く、東松山市反町遺跡のように都幾川により形成された自然堤防上に立地する遺跡もあって低地志向が強い(赤熊・福田・吉田2011)。ところが、反町遺跡は岩鼻式2期で終焉しており、周辺の低地帯からも岩鼻式3期から吉ヶ谷式期の遺跡は見出すことができなくなる。低地からの撤退時期は、妻沼低地と大きな相違はないのである。岩鼻式3期から吉ヶ谷式期の集落は、谷戸に面する台地・丘陵上に移行する。

　岩鼻式2期から吉ヶ谷式にかかる住居の平面形態は隅丸長方形で10以上の分類が可能だが、炉の数や柱穴の有無であえて大別すると次のようになる[2]。

　　　Ａ：炉が単数　①4本主柱穴　　②無柱穴(2本小柱穴のものあり)

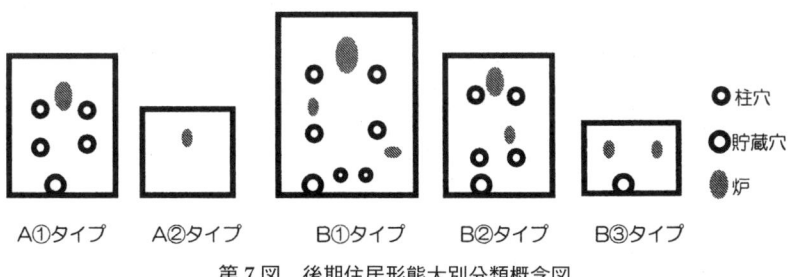

第7図　後期住居形態大別分類概念図

第Ⅲ部　シンポジウム後の補足研究

　　B：炉が複数　①4本主柱穴、主炉1、副炉複数（主柱穴間＋主柱穴外
　　　　　　　　　　入口寄り）
　　　　　　　　②4本主柱穴、主炉1、副炉が主柱穴間内
　　　　　　　　③無柱穴　平入り（炉が左右に対置）
　吉ヶ谷式期の集落形態については石坂俊郎による分類（石坂1993）が優れているが、石坂分類は単位と集合・集住を混濁させているので、単位に限定してみると三つのタイプに修正できる。
　　第1タイプ：主に40㎡以上の大形B①タイプを中心に、中形、小形A・
　　　　　　　Bタイプの数棟で構成。
　　第2タイプ：主に10㎡以上、30㎡未満の中形A・Bタイプを中心に、小
　　　　　　　形A・Bタイプの数棟で構成。
　　第3タイプ：20㎡以下の小形A・Bタイプの数棟で構成。
　吉ヶ谷1式期においては単位が集合・集住して規模の大きい集落景観をな

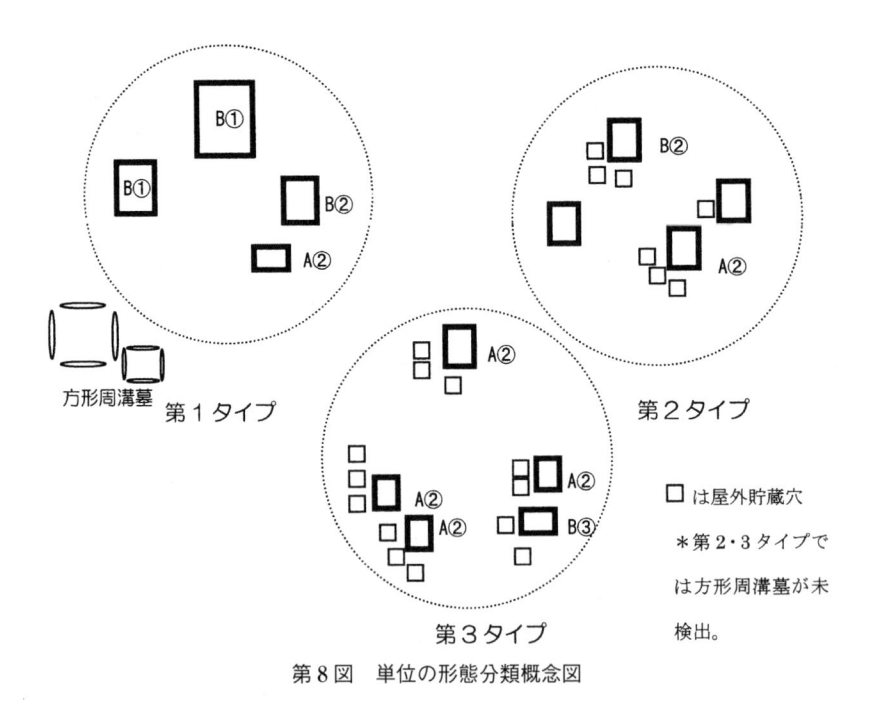

第8図　単位の形態分類概念図

す場合があり、川越市霞ヶ関遺跡は第1タイプを中心に第2・3タイプが集合・集住した形態を示すが、継続性に乏しい[3]。岩鼻式期後半から吉ヶ谷1式期にかけての微高地型谷中水田・谷口水田（浜田 2011）がもたらす一定の安定度は、遺跡数の増加にみられるような人口の増加を促したが、その対応策は分村して新たな可耕地を開拓することにあった。その進出地は撤退の記憶も消えていない広大な低地帯ではなく、各流域の谷奥であった。特に、吉ヶ谷2式期以降は越辺川・市野川・和田吉野川の各流域の谷奥丘陵部への進出が活発化する。以下、具体例をあげてみよう。

　嵐山町大野田西遺跡（第9図）は市野川左岸の比企丘陵上にあり、長沼谷と称せられる谷底低地を見下ろす（佐藤 1994）。三つの住居群が検出されており、第1住居群は標高65～70m、第2住居群は80mの緩斜面に、第3住居群は60mの裾部に立地する。第1住居群は住居の重複があり、吉ヶ谷2式1期から2期を経て後続時期（吉ヶ谷系期）まで営まれた第1タイプの長期継続型である。大野田西遺跡は谷奥へ進出した集落の親村的性格を有するもので、第2、3住居群は広がりが不明だが単時期であり、第1住居群から分離した子村か、あるいは、近辺に集合して居住集団を形成した単位と考えられる。枝分かれした丘陵頂部にある蟹ヶ沢遺跡（川口 1992）は、併行・継続した単位である。大野田西遺跡では、調査者の佐藤康二により石器が正当に扱われたため多様性をもっていることが明らかにされ、特に、打製石斧（石鍬）・石皿・敲石など畠作あるいは粉食を想定できる遺物の出土がみられた。また、紡織の存在を示す紡錘車も検出された。谷奥における集落においては、生産地として眼下の谷水田とともに畠作や紡織の存在を含めた生業の存在が浮き彫りされた（内藤 2012）。越辺川流域の東松山市駒堀遺跡は標高82mの岩殿丘陵上にあり、水田面との比高は32mもある。吉ヶ谷1式2期から吉ヶ谷系期まで単位が継続して営まれた第1タイプの長期継続型集落で、方形周溝墓も伴う（栗原 1974）。大野田西遺跡と同様に親村的性格を有すると考えられ、近隣には、吉ヶ谷系期の東松山市根平遺跡（水村 1980）・桜山遺跡（小久保ほか 1981）などの単位がある。

　吉野川が江南台地を細かく深く刻む旧川本町から旧江南町にかけては、吉

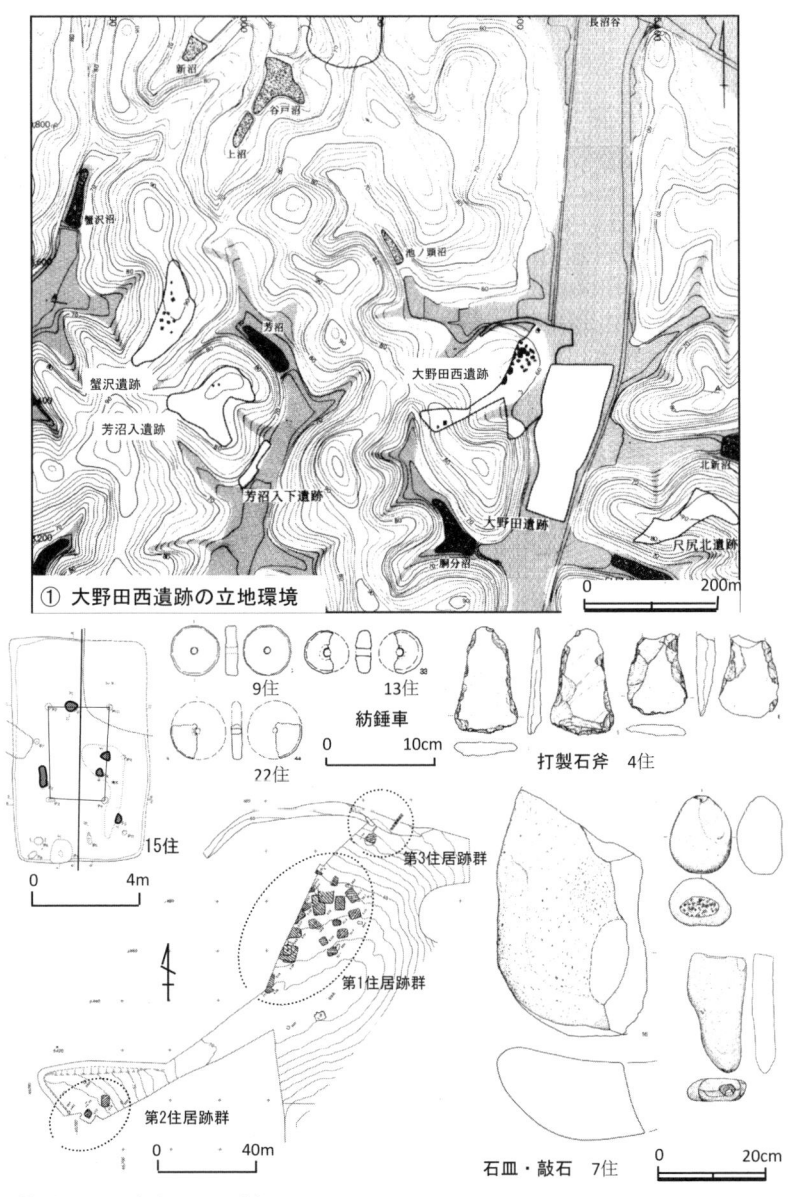

第Ⅲ部　シンポジウム後の補足研究

① 大野田西遺跡の立地環境

② 大野田西遺跡と出土遺物
　　第9図　比企丘陵の弥生時代後期後半の集落（佐藤1994から転載・作図）

80

ヶ谷2式2期の深谷市四反歩（金子1993）・焼谷（村松1991）・白草（磯崎1992）・円阿弥（利根川ほか1991）・万願寺（小林・柿沼・鈴木1989）・荷鞍ヶ谷戸（村松1994）・熊谷市姥ヶ沢（森田1998）・冨士山（森田1998）などの遺跡が密度濃く分布している（第10図①）。吉野川水源近くには、親村の可能性がある第1タイプの寄居町伊勢原遺跡（小林2003）がある。四反歩遺跡は3棟からなる南地区と1棟の東地区とからなっており、南地区（第10図②）は標高68m前後の緩斜面にあり、住居跡3棟からなる第2タイプの単位である。3号住からは石皿・磨石のセットと紡錘車が出土しているのは大野田西遺跡と同様であり、また、各住居の周辺には、平面形態が隅丸長方形から不整円形の底面が平らな土坑が検出されている。石皿・磨石は東地区4住からも出土している。白草遺跡（第11図）は、1棟のやや大きいA②タイプの住居を中心に数棟のA②タイプやB③タイプの住居からなる第3タイプの単位が4群集合しているものである。各群ともに隅丸方形から不整円形の土坑が伴っており、住居や土坑から石皿・磨石が出土している。打製石斧・石皿・敲石は円阿弥遺跡、石皿・磨石は寄居町伊勢原遺跡からも出土している。屋外土坑は、焼谷遺跡・姥ヶ沢遺跡にもあり、更に、荒川を越えた寄居町中山遺跡（小林1999）・美里町羽黒山遺跡（長滝1991）にも見出せる。中山遺跡では、打製石斧・磨石・台石の出土をみる。土坑は、先述した用土・平遺跡と同様、畠作物や堅果類など植物質食糧の貯蔵施設で、石皿や敲石・磨石は粉食に加工する道具として使用されたと考えられる。紡錘車は焼谷遺跡で3点、姥ヶ沢遺跡で3点、伊勢原遺跡で2点の出土があり、姥ヶ沢・伊勢原では扁平磨石と台石が出土している（第12図）。比企丘陵や江南台地上の集落は、大野田西遺跡や駒堀遺跡のような長期継続型の親村から分村した集団が谷水田の造営と維持、畠作や堅果類加工、紡織を生業とし、時には白草遺跡のように新規開拓を担った単位が計画的に集合する場合もあった（石野2006）。しかし、谷水田の還元過多による地力減退、畠作の連作障害から、分村集団は短期で移動・循環を繰り返したようである。集落の継続期間が短く、遺跡数が多いのは短期の移動・循環によるものであろう。

　紡織に関していえば、児玉・松久丘陵では本庄市真鏡寺後遺跡D地点（恋

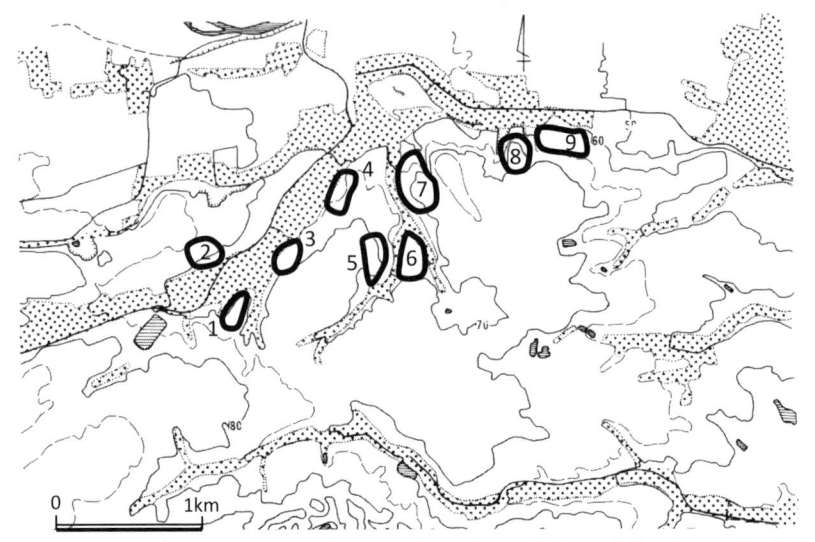

第Ⅲ部　シンポジウム後の補足研究

1 焼谷　2 上本田　3 円阿弥　4 白草　5 四反歩南・東　6 万願寺　7 荷鞍ヶ谷戸　8 姥ヶ谷戸
9 富士山

① 吉野川流域の地形（旧川本町〜旧江南町付近）と後期後半の遺跡分布

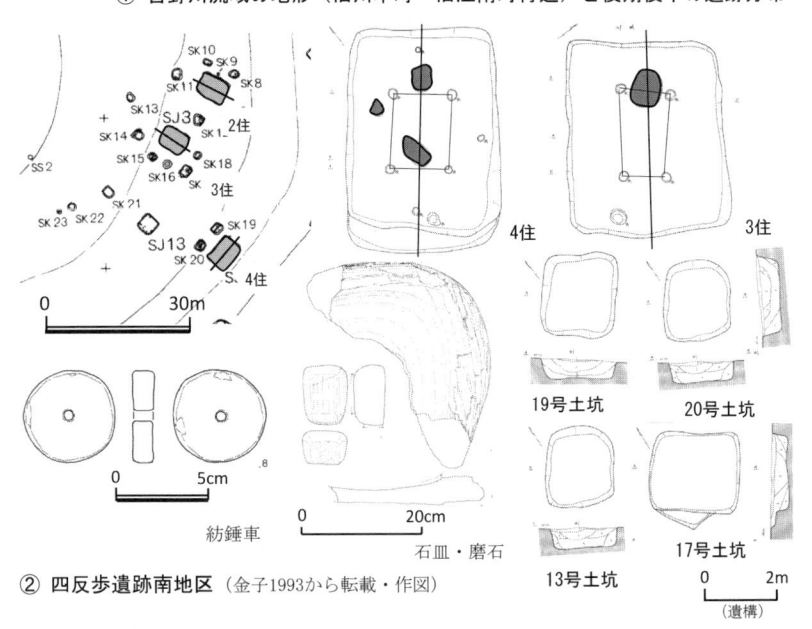

② 四反歩遺跡南地区 （金子1993から転載・作図）

第10図　江南台地における弥生時代後期後半の遺跡(1)

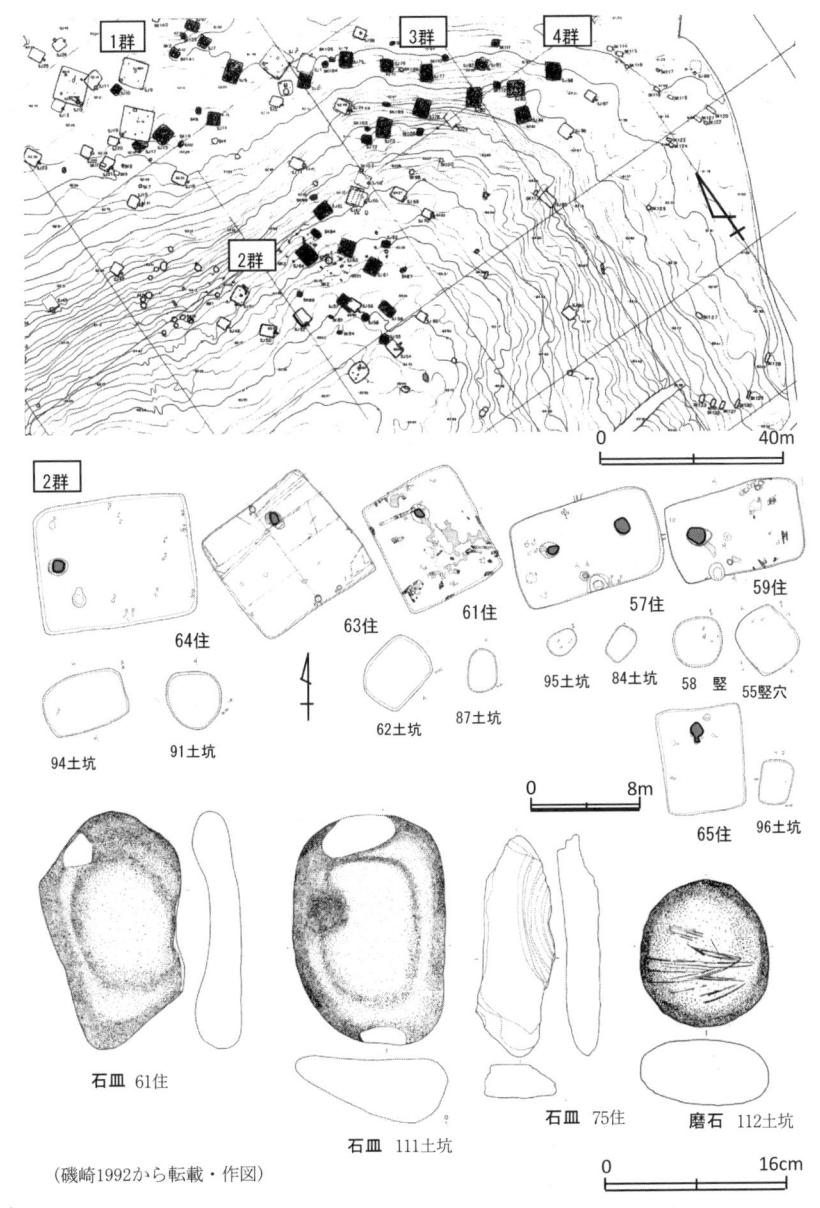

前中西遺跡の周辺をめぐる課題

(磯崎1992から転載・作図)

第11図　江南台地における弥生時代後期後半の遺跡(2)

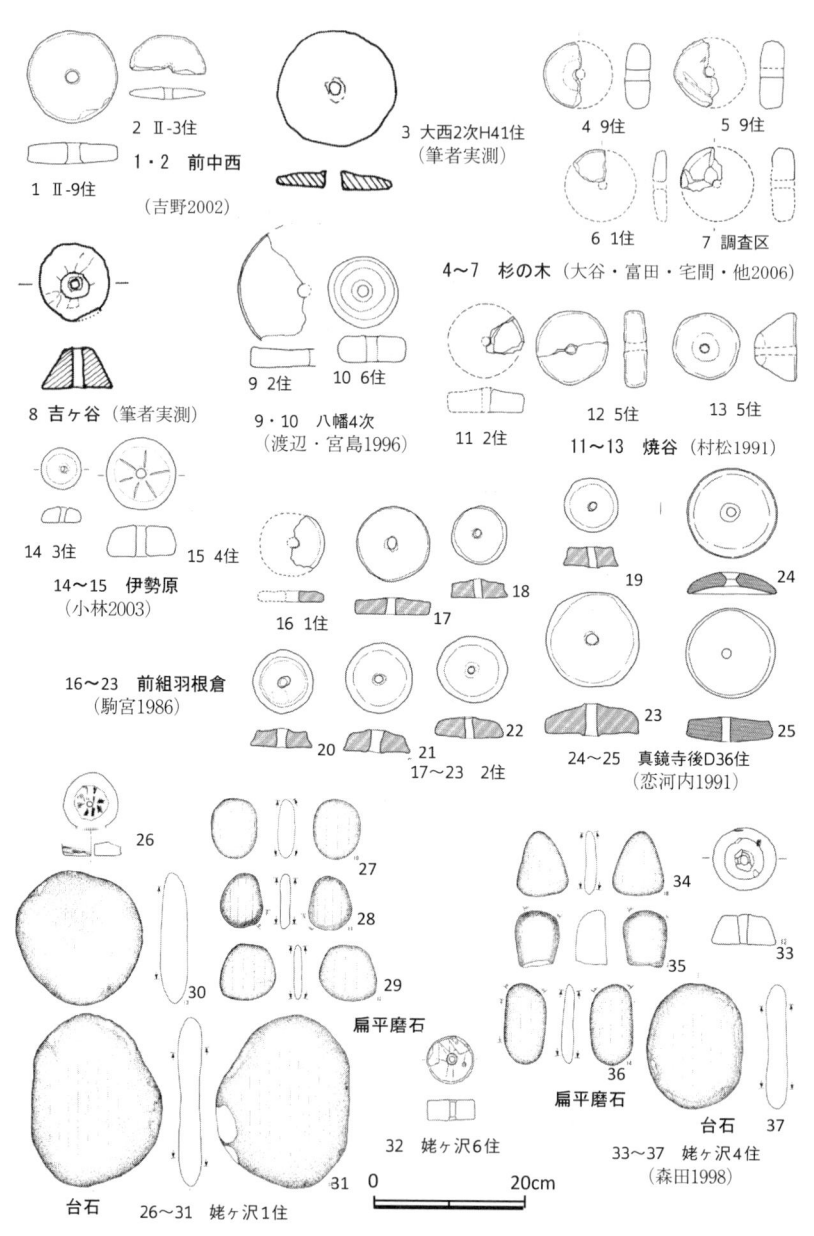

第Ⅲ部　シンポジウム後の補足研究

第12図　妻沼低地とその周辺部における弥生時代後期の紡錘車、関連石器

河内 1991)・神川町前組羽根倉遺跡（駒宮 1986）で紡錘車がまとまって出土しており（第 12 図）、紡織盛行地帯である北関東地方の一角であることを証する。

　c．中期から後期への継続性　中期後葉の妻沼低地・北島遺跡では灌漑水田が主要な生業であっても、畠作・植物採集・紡織・狩猟・（漁労）の存在を推定させる遺物の出土があった。丘陵・台地上では、中期末葉の用土・平遺跡で畠作・植物採集・狩猟・（漁撈）関連の石器や貯蔵施設の検出がみられた。荒川中流域右岸地域では岩鼻式 3 期以降、低地占地の集落がみられなくなり丘陵・台地上に専ら占地するようになる。特に比企丘陵北部から江南台地では吉ヶ谷式 2 式期以降の集落が増加し、大野田西遺跡のような長期継続型の拠点と短期の単位が集合・移動する状況が認められた。これらの集落では、谷水田による稲作農耕とともに畠作・植物採集の比重の高さを推定させる石器の出土や貯蔵施設、紡織を示す土錘や扁平磨石・台石の出土が顕著であった。この点は、北島遺跡や用土・平遺跡の遺物・遺構と共通し、妻沼低地においても後期前葉後半以降に集落が姿を消す点と併せて、共通性・継続性を見出すことができる。

　今後、多様な生業の実態を明らかにしていくためには、レプリカ法の採用による栽培穀物の種別特定、使用痕と実験考古学の成果の援用による打製石斧・石包丁・扁平磨石の用途特定、磨製石鏃の在地生産の可否や用途[4]、木製用具の検出、鉄製品の普及状況などが調査・研究が課題となろう。また、妻沼低地を始めとする低地帯への本格的な再進出は古墳時代突入前後であり、進出集団の構成や社会の階層化の進展状況も究明したい課題である。

註
1) 妻沼低地とその周辺部における後期櫛描文土器の成立には、美里町河輪神社境内出土土器（柿沼 1984）のような介在期があり、前中西遺跡でも該当土器は散見されるが、まとまって出土する遺構は見出せていない。荒川中流域右岸地域では、宮ノ台式土器から岩鼻式土器への移行に「代正寺」式土器が介在して後期櫛描文土器を成立させたと考えており、多摩丘陵における受地だいやま式土器に相対できるとみている。

第Ⅲ部　シンポジウム後の補足研究

2）筆者は岩鼻式期から吉ヶ谷式期の住居平面形態を11分類しているが、以下の分類はあくまで本稿記述のためである。
3）岩鼻式2期から吉ヶ谷1式期にかけての集落は、各流域の谷口付近の比較的広い低湿地に面しているものがある。霞ヶ関遺跡は第1・2・3タイプの単位からなり、第1タイプのような優位集団のもとに第2・3タイプが集住して大規模な集落景観をなしているものである。東松山市観音寺遺跡は松山台地上にあって市野川・滑川合流点付近の谷頭に臨んでおり、方形周溝墓は一辺が18mをなすと想定されている大形墓で、主体部から刃関並列四孔鉄剣1口と帯状円環銅釧4点が検出されている（宮島1995）。こうした谷頭付近の第1タイプの単位と有力墓は、優位集団とその長の存在を示すものであるが、谷奥への進出が活発化した吉ヶ谷2式期以降への継続性はみられない。優位者の存在の明確化、集団間の序列化の兆しはみられても、それは連続した権力とはならず、階層社会の成立へは至らなかったと推定している。
4）磨製石鏃は、中期後葉に続いて後期前半の岩鼻式期までの出土が顕著であり、狩猟以外に内水面漁労に使用された可能性もある。結晶片岩製や未製品もあり在地生産も行われていたと推測しているが、後期中葉以降の吉ヶ谷式期には基本的に伴わない。金属製品に変わった可能性が考えられるが、その場合は、武器と狩猟具との峻別の困難さが伴うことが予測される。なお、村松篤は、弥生時代を通じての打製石鏃の存在を主張しており（村松2006）、今後、検証が必要な事項となろう。

引用・参考文献

相京建史ほか 1982『清里・庚申塚遺跡』財団法人群馬県埋蔵文化財調査事業団

青木克尚 2003「旧桜ヶ丘女子高遺跡の櫛描文系土器」『埼玉考古』第38号 pp. 237-244　埼玉考古学会

赤熊浩一・福田聖・吉田稔 2011『反町遺跡Ⅱ』埼玉県埋蔵文化財調査事業団報告書第380集　財団法人埼玉県埋蔵文化財調査事業団

石川日出志 2012「熊谷の弥生時代」『熊谷の発掘出土品』pp. 93-111　熊谷市立熊谷図書館

石坂俊郎 1993「吉ヶ谷式集落の展開」『研究紀要』第10号 pp. 161-182　財団法人埼玉県埋蔵文化財調査事業団

石野博信 2006「弥生の計画村落」『古代住居のはなし』pp. 147-151 吉川弘文館

磯崎　一 1992『白草遺跡Ⅱ』埼玉県埋蔵文化財調査事業団報告書第118集　財団法人埼玉県埋蔵文化財調査事業団

丑野　毅・橋本裕行 1984「寄居町用土・平遺跡―弥生時代―」『寄居町史　原始・古代・中世資料編』pp. 180-260　寄居町

大谷徹・富田和夫・宅間清公ほか 2006『杉の木遺跡』埼玉県埋蔵文化財調査事業団報告書第323集　財団法人埼玉県埋蔵文化財調査事業団

金子直行 1993『四反歩遺跡』埼玉県埋蔵文化財調査事業団報告書第130集　財団法人埼玉県埋蔵文化財調査事業団

柿沼恵介 1986「43　浜尻遺跡（A地点）」『群馬県史』資料編2 pp. 211-214　群馬県

柿沼幹夫 1984「美里村河輪神社境内出土の弥生土器」『埼玉県立博物館紀要-10』pp. 110-123　埼玉県立博物館

川口　潤 1992『蟹沢・芳沼入・芳沼入下・新田坊・尺尻・尺尻北・大野田』埼玉県埋蔵文化財調査事業団報告書第119集　財団法人埼玉県埋蔵文化財調査事業団

菊地有希子 2007「荒川流域の住居形態と集落」『埼玉の弥生時代』pp. 348-363　六一書房

栗原文蔵 1983「深谷市旧桜ヶ丘女子高校構内出土の弥生式土器」埼玉考古第21号 pp. 47-53　埼玉考古学会

栗原文蔵 1974『駒堀』埼玉県遺跡発掘調査報告書第4集　埼玉県教員委員会

恋河内昭彦 1991『真鏡寺後遺跡Ⅲ』児玉町文化財調査報告第14集　埼玉県児玉郡児玉町教育委員会

小久保徹ほか 1981『桜山古墳群』埼玉県埋蔵文化財調査事業団報告書第2集　財団法人埼玉県埋蔵文化財調査事業団

小林　高 1999『中山遺跡』寄居町遺跡調査会報告第20集　寄居町遺跡調査会

小林　高 2003『伊勢原遺跡（第3次）』寄居町遺跡調査会報告第23集　寄居町遺跡調査会

小林　茂・柿沼幹夫・鈴木秀雄 1989「川本町万願寺出土の遺物」『埼玉考古』第25号 pp. 63-90　埼玉考古学会

駒宮史朗 1986「神川村前組羽根倉遺跡の研究　Ⅳ遺構と遺物　(3) 第2号住居跡②紡錘車」『埼玉県立博物館紀要』12 pp. 67-69　埼玉県立博物館

佐藤康二 1994『大野田西遺跡』埼玉県埋蔵文化財調査事業団報告書第138集　財団

第Ⅲ部　シンポジウム後の補足研究

法人埼玉県埋蔵文化財調査事業団

鈴木孝之・吉田　稔ほか 2004『古宮／中条条里／上河原』埼玉県埋蔵文化財調査事業団報告書 298 集　財団法人埼玉県埋蔵文化財調査事業団

瀧瀬芳之・山本　靖 1993『上敷免遺跡』埼玉県埋蔵文化財調査事業団報告書第 128 集　財団法人埼玉県埋蔵文化財調査事業団

利根川章彦ほか 1991『竹之花・下大塚・円阿弥遺跡』埼玉県埋蔵文化財調査事業団報告書第 105 集　財団法人埼玉県埋蔵文化財調査事業団

内藤千紗 2012「弥生時代後期の竪穴建物の変化と画期―吉ヶ谷式土器分布圏を対象として―」『法政考古学』第 38 号 pp. 1-28　法政考古学会

中島　宏 1984『池守・池上』　埼玉県教育委員会

長滝歳康 1991『白石古墳群・羽黒山古墳群』美里町遺跡発掘調査報告書第 7 集　埼玉県児玉郡美里町教育委員会

浜田晋介 2011『弥生農耕集落の研究―南関東を中心に―』雄山閣

平野進一 1986「竜見町式土器の分析について」『第 7 回三県シンポジウム　東日本における中期後半の弥生土器』pp. 241-258　北武蔵古代文化研究会・千曲川水系古代文化研究所・群馬県考古学談話会

松田　哲 2010『前中西遺跡Ⅴ』埼玉県熊谷市埋蔵文化財調査報告書第 7 集　埼玉県熊谷市教育委員会

松田　哲 2011『前中西遺跡Ⅵ』埼玉県熊谷市埋蔵文化財調査報告書第 9 集　埼玉県熊谷市教育委員会

松田　哲 2012『前中西遺跡Ⅶ』埼玉県熊谷市埋蔵文化財調査報告書第 12 集　埼玉県熊谷市教育委員会

松田　哲 2013『前中西遺跡Ⅷ』埼玉県熊谷市埋蔵文化財調査報告書第 16 集　埼玉県熊谷市教育委員会

水村孝行 1980『根平』埼玉県遺跡発掘調査報告書第 27 集　埼玉県教育委員会

宮島秀夫 1995「銅釧・鉄剣出土の方形周溝墓　観音寺遺跡 4 号方形周溝墓」『比企丘陵』創刊号 pp. 75-85　比企丘陵文化研究会

村松　篤 1991『焼谷・権現堂・権現堂北・山ノ越遺跡』　川本町発掘調査報告書第 5 集　埼玉県大里郡川本町教育委員会

村松　篤 1994『荷鞍ヶ谷戸遺跡発掘調査報告書』　川本町教育委員会

村松　篤 2002「弥生時代の紡錘車」『埼玉考古』第 37 号 pp. 47-59　埼玉考古学会

村松　篤 2003「吉ヶ谷期の石器文化―棒状磨石と扁平磨石―」『埼玉考古』第38号 pp. 197-200　埼玉考古学会

村松　篤 2006「弥生時代の打製石鏃―北武蔵地方における打製石鏃の終焉―」『埼玉の考古学Ⅱ』pp. 305-324　六一書房

森田安彦 1998『千代遺跡群』埼玉県江南町千代遺跡群発掘調査報告書2　江南町教育委員会・江南町千代遺跡群発掘調査会

山本　靖 2008『諏訪木遺跡Ⅲ』埼玉県埋蔵文化財調査事業団報告書第351集　財団法人埼玉県埋蔵文化財調査事業団

吉田　稔 1991『小敷田遺跡』埼玉県埋蔵文化財調査事業団報告書第95集　財団法人埼玉県埋蔵文化財調査事業団

吉田　稔 2002「日本の遺跡　埼玉県北島遺跡」『考古学研究』第49巻第1号 pp. 117-119　考古学研究会

吉田　稔 2003『北島遺跡Ⅵ』埼玉県埋蔵文化財調査事業団報告書第286集　財団法人埼玉県埋蔵文化財調査事業団

吉野　健 2002『前中西遺跡Ⅱ』平成13年度熊谷市埋蔵文化財調査報告書　埼玉県熊谷市教育委員会

シンポジウムの補遺と若干の考察

宅 間 清 公

1 はじめに

　先のシンポジウムでの私は、「前中西式土器とその周辺」と言う表題で発表を行った。発表の要旨は『前中西遺跡Ⅴ』の32号溝跡（以下「Ⅴ-32号溝跡」と呼称）出土の2個体（第1図-1・2）の土器を議論の出発点として、これらの型式学的特徴を概観したあとに前段階の北島式との連続性・差異性を確認した（宅間2013）。また、北島遺跡と前中西遺跡から出土した該期出土土器のうち、吉田稔により設定された北島式に後続する可能性がある土器の文様要素の抽出を試みた。特にⅤ-32号溝跡出土の土器に特徴的な山形文による区画文を分類し、口縁部の加飾性・下向きの鋸歯文などの文様要素との共伴関係を北島遺跡の住居跡出土資料を基に検討を加えた。
　シンポジウムでは表題に前中西式とうたってはいるが、多くの時間を北島式の検討に時間を費やした。これは、他の発表者が考えていたように、北島式との連続性もしくはその違いを明確にするために必須の過程であったからである。即ち、前中西式土器の設定は、北島式の型式内容の範囲及びその構造の理解と不可分のものである。そのため、吉田が北島式の要素としてあげたものを確認した後に、新たな要素を追加し、北島式の後続型式である前中西式との連続性を証する材料とした。
　以下では、上記の新たに付け加えた北島式の要素である縄文部の赤彩及び無文帯の貫入について若干の整理及び補足を行いたい。

2 北島式における赤彩に関して

　『北島遺跡Ⅳ』の中では、赤彩される個体は200個体確認できる（吉田

第Ⅲ部　シンポジウム後の補足研究

2003a)。器種は壺・無頸壺・甕・高坏・土製品である。また、破片資料であるため判然としないが、文様構成から筒形土器と思われるものにも赤彩が見られる。

　ここで問題とする壺については、二種類の赤彩が見られる。外面全体が赤彩されるものと部分的に赤彩されるものである。全面に赤彩されるものは無文でミガキが施されるものである。無文でミガキを施すという点では、高坏に於ける赤彩方法と共通する。一方、部分赤彩は北島式で主体をなす有文の壺に施される。有文の壺は、シンポジウムで述べたように、全て縄文部分が赤彩されている。筒形土器もこれに準ずるものと思われる。

　縄文部の赤彩は、北島式以前では、小敷田式のなかにその萌芽が認められ、小敷田遺跡第44号土壙で一個体であるが確認できる（第2図1）。第2図1～7は小敷田遺跡第44号土壙の主だった出土遺物で、これらの遺物は以前も触れたように、池上・小敷田式の中でも新しいものと考えられる（宅間2006）。それ以前の段階には確認できない。

　栃木県方面では、北島式に平行する型式として大塚式が藤田典夫により設定されている（藤田2008）。それらの中にも縄文部を赤彩するものが含まれている。また、大塚式の標式となる大塚古墳群内遺跡では、縄文部を赤彩する土器と伴って、胴部主文様に渦巻文を施す土器が出土している。このことから、北島式における赤彩は直接的には大塚式からの影響であろうが、その故地はより北方に求めることができるであろう。いずれにせよ、広域的な土器の影響関係が見て取れるものである。

3　無文帯の貫入

　無文帯の貫入については、横位文様を重畳させる在地の系統の中で池上式段階から確認できる。無文帯の貫入という用語自体は、石川日出志が栗林式土器の変遷を述べる中で使用している（石川2002）。石川は2＋4装飾帯類型のなかで、無文部が帯状に見られる現象について用いた。

　ここで問題とする池上式から前中西式までの無文帯の貫入という現象に関しては、その初源は他地域からの影響も想定できる。確かに、池上遺跡では

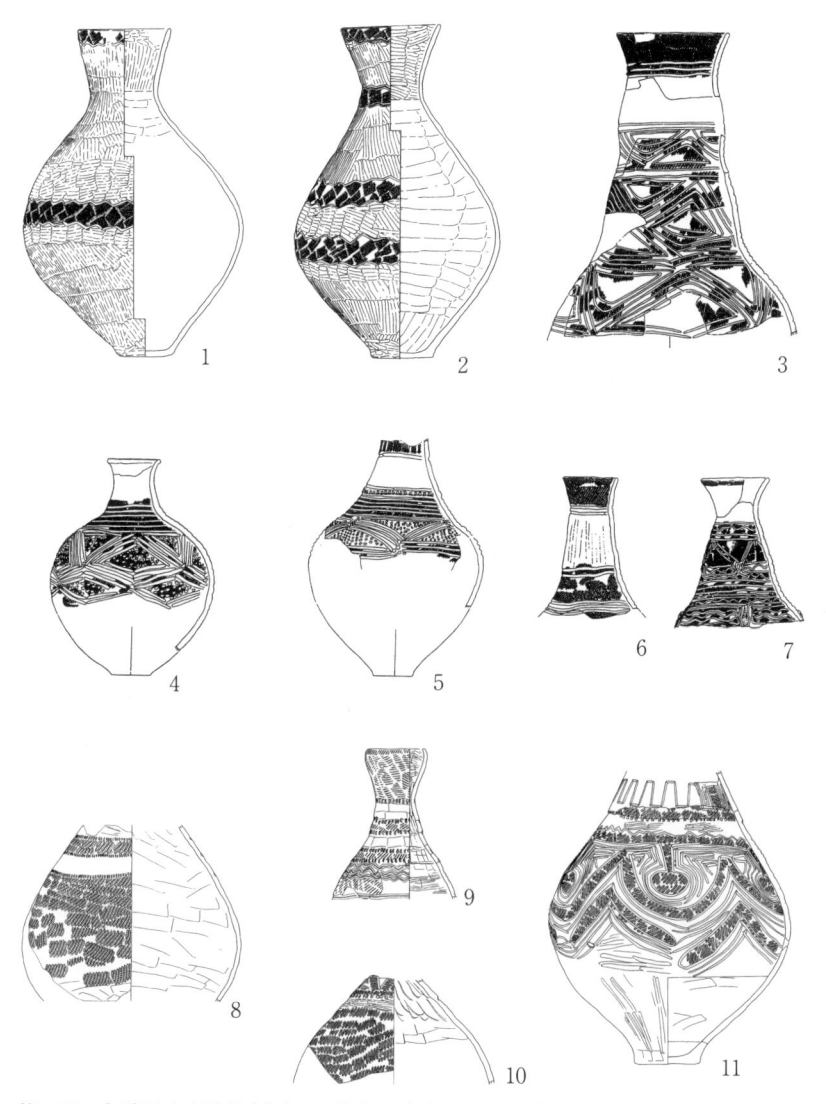

シンポジウムの補遺と若干の考察

第1図　各遺跡出土遺物(1)(1・2 前中西遺跡Ⅴ　3〜7 池上遺跡　8〜11 北島遺跡Ⅴ)

93

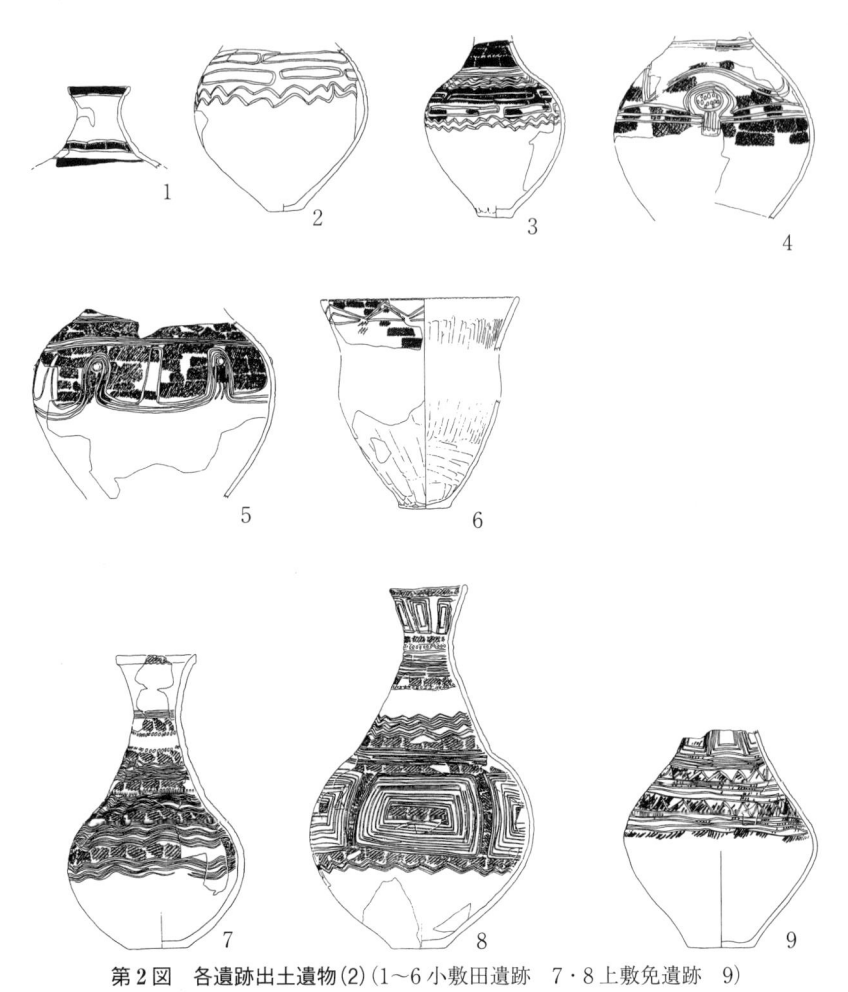

第Ⅲ部　シンポジウム後の補足研究

第2図　各遺跡出土遺物(2)(1～6小敷田遺跡　7・8上敷免遺跡　9)

栗林式や小松式など他地域の土器が出土している。小敷田式における横位施文土器の興隆などもこうした土器を介した他地域からの影響と考えられてきた（関1986、石川1995）。その一方で、池上式以前の壺と甕では文様に明確な違いが見られたが、池上式及びその直前の出流原式では、甕に特有であった文様が壺にも描かれるようになる。波状文を重畳したものや、菱形連繋文・三角連繋文などが壺に描かれるようになる。甕では、これらの文様は、口縁

部及び胴部の上半に描かれ、頸部は無文になることが常である。壺・甕の文様の融合にともない無文部を設けるという施文手法も壺に用いられるようになったと想定したい。

これら甕・壺の文様の融合という現象とそれに伴う手法の移入による無文帯の貫入が成立したと考えられることと、この現象が数型式にわたり安定的に拡大・拡張してきたことから、在地の特徴と考えたい。

石川が栗林式で想定した無文帯の貫入は、帯状即ち一段（一箇所）ではなく複数段に及ぶ現象である。池上式では、一箇所にのみ無文帯が見られるなどの違いがある。また池上式から北島式を通しての特徴として無文帯の幅は均一ではなく、その狭広に差が見られる（第1図3～11）。これらのことからも、独自の変化が認められるであろう。

以上が、シンポジウムの発表の補足である。以下では、北島・前中西式の基本的な考えを示し、今後の課題を整理してみたい。

4 池上式から前中西式へ

吉田稔は北島式を提唱するにあたり、個々の主文様を中心として、土器を複数系列に分け説明している（吉田2003b）。それぞれの系列が前段階の在地土器を基本に同時期の他地域の土器の影響を顧慮し、その変遷を追っている。文様を基本とした場合その分類には賛同するところである。しかし、北島式の後続型式である前中西式の系列は現況では、不明な点が多い。そこで、今後の課題を整理する意味でも、吉田の分類を基本として、便宜的に大分類を試みたい。即ち、胴部に重四角・重三角・フラスコ文及びこれを複数施す一群のものと頸部から胴部に横位施文を基本とする文様帯が重畳する一群のものに二分してみたい。ここでは前者を胴部主文様系列、後者を横位施文指向系列と呼ぶ。吉田分類の重四角文系列・三角文系列・フラスコ文系列・重四角文＋重三角文系列が胴部主文様系列に、平行線文系列・平行線＋弧線文系列・平行線＋波状文系列・列点文系列が横位施文指向系列と相当する。

前中西式の標式であるV-32号溝跡出土土器は横位指向系列の後続型式として考えることができるであろう。胴部主文様系列については、シンポジウ

第Ⅲ部　シンポジウム後の補足研究

ムでも指摘した下向きの鋸歯文を施す土器がそれに当たると思われるが、破片資料であり、詳細は現状では不明である。

　また、池上式から前中西式への変化を追う中でひとつ大きな変化に地文縄文がある。池上式では胴部主文様系列・横位施文指向系列の両者で、地文縄文上に種々の文様を描いている。北島式では、胴部主文様系列は磨消縄文を採用している。同様に、横位施文指向系列でも縄文部分と沈線施文部分が明確に分かれ、所謂磨消縄文になっている。前中西式ではそれがより明確になり、帯縄文が成立している。

　当該地域の中期中葉から後半の土器編年は、通常池上式→小敷田式→上敷免式→北島式の変遷をたどると考えられている。この変遷でいくと、磨消縄文手法が定着するのは上敷免式以降であることが解る。上敷免遺跡Y-3・4号住居跡では、それぞれ、横位施文指向系列と胴部主文様系列が出土している（瀧瀬ほか1993）。このほぼ全形が判明している2個体は共に磨消縄文手法が定着している（第2図7・8）。また、やや肥厚する口縁部に縄文を施す点や区画文として列点文を用いるなど、北島式に共通する点が多い。つまり、器形の違和感を除けば、北島式して認識できる。他の破片資料をみると半単位ずらしの疑流水文など小敷田式と思われる土器も出土している。また、吉田が北島式の上向きの鋸歯文の祖型のひとつ考えている資料も出土している。

　上敷免遺跡では、住居跡周辺で前後の時期の遺構は確認されていないことから、混入の可能性は低いと思われ、一括遺物として考えてよいだろう。北島式の上向き鋸歯文が見られない点以外はほぼ北島式と思われ、共伴遺物から前段階の小敷田式との接点も見られるこれらの土器群をどのように捕らえるかは今後の課題となろう。

　磨消縄文手法の受容など前段階と大きく異なる点に重きをおけば、北島式の範疇として考えてもよいと思われる。今後、北島式の細分を再考する上で検証してゆきたい。

5　前中西式以降

　最後に、前章でふれた鋸歯文について述べたい。鋸歯文に関しては、嘗て、

『シンポジウム　北島式土器とその時代』の時に北島式以後の土器を考える上での指標とした（宅間 2003）。当時は、単純に後期つながる指標として鋸歯文に注目したわけであるが、前中西遺跡出土土器の検討を通じてみてみると鋸歯文のあり方も複雑である。施文部位と鋸歯文の方向を見ただけでもそのありようは多岐にわたる。

　鋸歯文に関しては、大塚式を設定した藤田も注目している。また、中期末の土器である受地だいやま式の鋸歯文の系譜を考察した橋本も鋸歯文内に充填される文様の違いにより分類している（橋本 2000）。いずれにせよ、後期初頭に見られる頸部下の下向きの鋸歯文成立を考えるうえで、広域に連動した現象も含め系統的な検討が必要となろう。北島式では頸部付近に上向きの鋸歯文が主体であるが、前中西式では、口縁部直下から下向きの鋸歯文が描かれる。ともに縄文が充填される。それ以外の充填文は知られていない。また、多段化したものが知られていない。これらのことから代正寺遺跡や西迎遺跡の多段化した例は、編年的には後に位置づけられるが、その変化は北島式から前中西式へのそれと別のものと思われる。また、これらのものとともに北島式に後続すると考えた前中西遺跡 50 号溝跡出土土器（9）に関しては、鋸歯文が施される位置や地文縄文であることから、北島式に先行するものと考えたい。

6　収　　束

　前中西式は池上式以来の横位施文指向系列の土器の型式変化の中で理解できる。胴部主文様系列の土器に関しては池上式から北島式までは確認できるが、前中西段階の資料は明確ではない。下向きの鋸歯文が施される土器がそれに相当すると思われるが、確実な資料が提示できない。胴部主文様系列が無くなる可能性も含め今後の課題である。

　現在当該地域の中期末の資料として知られている用土・平遺跡出土の壺は、文様施文位置及び口縁部以外での縄文施文の希薄な点を考えれば、池上式から前中西式の中での変化とは異質であり、新たな施文原理の導入という大きな画期となろう。

第Ⅲ部　シンポジウム後の補足研究

参考文献

石川日出志　1995「岡本孝之氏の弥生時代観を排す」『西相模考古』第4号　西相模考古学研究会

石川日出志　2002「栗林式土器の形成過程」『長野県考古学会誌』99・100号　長野県考古学会

関　義則　1986「関東地方における弥生中期の現状（2）―埼玉県北部地域における中期中葉の様相について―」『東日本における中期後半の弥生土器』北武蔵古文化研究会・千曲川水系古代文化研究所・群馬県考古学談話会

瀧瀬芳之ほか　1993『上敷免遺跡』埼玉県埋蔵文化財調査事業団第128集　財団法人埼玉県埋蔵文化財調査事業団

宅間清公　2003「北島式から後期へ」『北島式土器とその時代―弥生時代の新展開―』埼玉考古別冊7　埼玉考古学会

宅間清公　2006「池上・小敷田遺跡の土壙について―その配置と性格を中心に―」『研究紀要』第21号　財団法人埼玉県埋蔵文化財調査事業団

宅間清公　2013「前中西式土器とその周辺」『シンポジウム熊谷市前中西遺跡を語る―弥生時代の大規模集落―』　関東弥生文化研究会・埼玉弥生土器観会

中島　宏　1984『池上・池守』　埼玉県教育委員会

橋本裕行　2000「朝光寺原式土器成立過程の枠組み」『大塚初重先生頌寿記念考古学論集』頌寿記念会　東京堂出版

藤田典夫　2008「栃木県大塚古墳群内遺跡の弥生土器―「大塚式」土器の提唱―」『地域と文化の考古学Ⅱ』　明治大学文学部考古学研究室

吉田　稔　2003a『北島遺跡Ⅳ』埼玉県埋蔵文化財調査事業団報告書第286集　財団法人埼玉県埋蔵文化財調査事業団

吉田　稔　2003b「北島式の提唱」『北島式土器とその時代―弥生時代の新展開―』埼玉考古別冊7　埼玉考古学会

所謂「栗林式」有文壺群の変遷
―ペトリーのSD法（「稠密順序の動的生成法」）に学ぶ―

鈴 木 正 博

序―もう一つの立場から―

　日本先史土器研究を勉強している立場から中部高地の所謂「栗林式」研究を垣間見るならば、不遜な言い方かもしれないが、「土器型式」の特定を曖昧にしたままで集落を出来合モデルに合わせるかの如く語り、更には不明な集落をそのまま前提にしながらも、概念や機能のみで地域社会の構成などを時代様式として説明する印象が強い。

　日本先史土器研究には大きく異なる二者の立場がある。学史的な代表格は山内清男の「土器型式」による各駅停車の帰納的研究で、修行僧の如く面白くもない訓練の先にしか目標が見えない基礎研究の代表格でもある。

　他方で素人にも何となく分かったような気にさせる物語的鑑賞の代表格が、時代様式を標榜する小林行雄「様式論」による演繹的研究である。

　これから議論の対象とする所謂「栗林式」有文壺群には前者の立場からの議論と成果が管見に触れないことから、本稿では遺蹟に遺された膨大な数の住居址など遺構群を、人類活動の痕跡として年代学的な遺構シーケンスを読み解く方法である「土器型式」研究から接近するが、先ずはそこに至る問題の所在を明らかにしておきたい。

1. **問題の所在**―柳沢遺蹟の「栗林式系土器群」が語る編年不在―

　かつて「北島式とその時代―弥生時代の新展開―」と銘打つシンポジウム（以下、「北島シンポ」と略）が行われ、在地の「土器型式」と連絡・交渉が顕著でありながらも、「細別」が厳密に特定できない摩訶不思議な「土器型

第Ⅲ部　シンポジウム後の補足研究

式」の存在も明らかになった（北島シンポ準備委員会2003・2004）。それが所謂「栗林式」（以下、所謂を外し、「栗林式系土器群」と表記）である。

　そして、この度の「シンポジウム熊谷市前中西遺跡を語る―弥生時代の大規模集落―」（以下、「前中西シンポ」と略）においても「栗林式系土器群」は異系統の影響如何議論には表面的に積極的な登場を見せる（石川2013）ものの、残念ながら通説とされる「細別」は現実には新旧の目安程度に過ぎず（安藤1999）、相互に関連する「細別」間の影響や特定に向けての検証議論へと展開すべき上昇気流は、ついに認められないままであった（埼玉弥生土器観会2013）。

　一方、前中西遺蹟と松原遺蹟から出土する土偶の年代を特定するためには通説とされる「細別」の標本では厳密に対応できず、不具合のみが目立つそのままの編年状態を野放図にしておくならば、文化の動態が曖昧となり、先史考古学の方法が存在する意味が無いため、新たにより厳密かつ精確な「細別」の導出が希求された（鈴木2013a・b・c）。

　こうして「細別」の認知には至るものの、**年代学的の組織**（「細別」が変遷する年代構成の認識）には至らない摩訶不思議な時代様式との遭遇に対し、今一度、「栗林式系土器群」における多くの未明「細別」との出会いを果たすことで、新たな「細別」への糸口を掴むことにしたい。

　そこで最近報告された柳沢遺蹟（廣出編2012）に注目すると、遺構出土の「栗林式系土器群」は比較的纏まりがよく、特定の「細別」が付与されるに相応しい様相を呈しており、それは石川日出志も同様に理解したらしく、迷うことなく「以上の栗林式土器編年のうち、今回の柳沢遺跡の調査で出土した土器は2式古段階が多数を占める。」と裁断した（石川2012）。

　具体的に評価してみよう。**第1図1〜10**と**第2図1〜7**に示す多数の壺を出土した2251土壙について「土器型式」を特定するならば、石川日出志作成「栗林式土器編年表」の「栗林2式（古）」には該当する標本や「型式組成」は見当たらないのである。しかも言説の通り「栗林2式（新）」にも比定できない壺群であることも明らかであろう。

　それでも石川日出志は「2式は一括資料ごとに属性の揺れ幅が大きく、截

所謂「栗林式」有文壺群の変遷

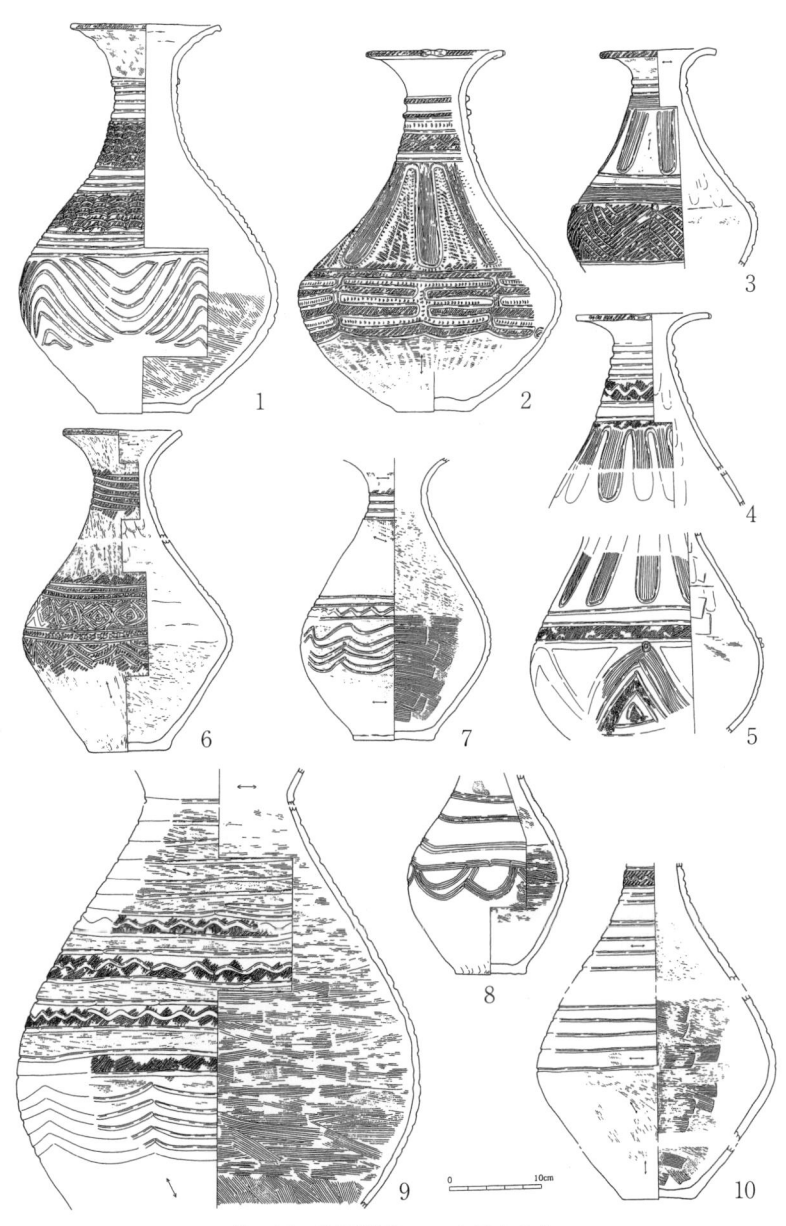

第1図　柳沢遺蹟2251土壙出土壺

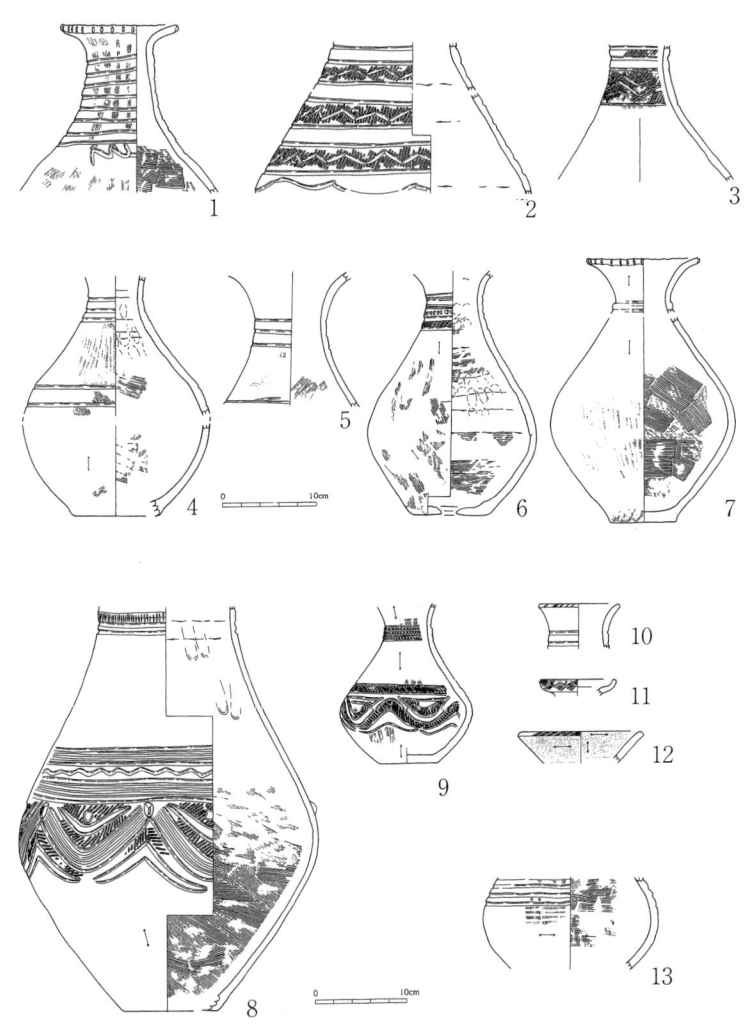

第Ⅲ部　シンポジウム後の補足研究

第2図　柳沢2251土壙（1〜7）及び46号住居址出土（8〜13）壺

然と分けることが難しいので古・新2段階区分に留めたが、馬場は石川の2式新段階を中・新に二分して」云々と弁解した上で、更なる「細別」を示唆するに留める（石川2012）が、柳沢遺蹟は「2式古段階」の例であり、弁解の範疇ではない有文壺群だけに切迫した状況認識が欲しい。

　では、このような状況に直面した場合に先史考古学はどうすべきであろうか。石川日出志作成「栗林式土器編年表」に見られる土器群の纏まりとは重複を許さない独立した「型式組成」があり、過去に判明している「型式組成」から年代学的の順序を考察するための方法は19世紀には既に確立しており、一定の順序関係が見られる中での新たな順序を導出する場合に威力を発揮する方法がペトリーの考案したSD法のアルゴリズム（鈴木1994・1999）である。

　尚、山内清男は属性が多変量になる一括遺物にはSD法を適用せず、既存の編年に対する新たなる土器の特徴を年代学的に位置付ける場合に限り、「文様シーケンス」の活用として紹介することが多く、小林行雄も気に入り真似している（鈴木1993）ので、応用範囲が広い方法との認識も重要である。そのためには日本語での定着も必要であり、学史的には「仮数年代決定法」などと呼ばれるが、私は方法論の論理性と方法の具体的手順性に日本語を当てる立場から、「**稠密順序の動的生成法**」と呼ぶ。

　「栗林式系土器群」は住居址など遺構出土に見られる有文壺が豊富なことで知られ、また有文壺は甕よりもはるかに可視的な変化を見るに有効な情報量が多いことからも、遺構出土有文壺群の文様帯変遷に年代学的の階段を特定させる試みが特に有益に思える。仮に石川日出志作成「栗林式土器編年表」において、その限りの中で新古に矛盾や逆転関係が無いとするならば、柳沢遺蹟2251土壙出土有文壺群の置かれるべき階段は、「栗林2式（古）」と「栗林2式（新）」の中間に措定されるべきが型式学の本領で、即座に「栗林2式（中）」の追加が必要になるはずである。となると、そもそもの「栗林2式（古）」も複数の遺蹟・遺構が関与しており、その関係を厳密に見直すならば、更なる「細別」の追加として「栗林2式（古古）」も必要となる。

第Ⅲ部　シンポジウム後の補足研究

果たして、「栗林式系土器群」として括られる範囲の「細別」は石川日出志作成「栗林式土器編年表」と柳沢遺蹟だけで説明できるのであろうか、このような不信感さえ生まれるのが中部高地の研究実情で、例えば、「北島シンポ」の際に青木一男が集成した「長野県の遺跡と遺物」（青木 2003）を参照しただけでも、石川日出志の「栗林1、2、3式」に準じた命名法によるならば、「栗林1、1-2、2a、2b、2c、2d、2-3、3式」となる変遷構造が容易に導出される（鈴木 2013c）。このような現状から今後の「細別」を展望するならば、これまでに蓄積された大量の遺構出土有文壺群の意義を抹殺するような、実態に合わない「固定断絶標本分類」、即ち「栗林1、2、3式」への無理矢理収納である「**少階段編年**」は破棄すべき時機であろう。

畢竟、「栗林式系土器群」における遺構出土有文壺群は、例えば、松原遺蹟に限定し検討しても「少階段編年」では年代学的な階段として構成するには変遷が調整・対応できる状況ではなく、SD 法の真骨頂である「**変動稠密標本分類**」に基づく新たな「**多階段編年**」の構築を目指す時機と判断した。

2.「栗林式系土器群」有文壺の文様帯―SD 法を適用するための準備―

「北島シンポ」を振り返るならば、「栗林式系土器群」と北島遺蹟出土土器の関係についての議論が行われ、吉田稔が具体的に個体レベルで比較・検討し、個別に指摘する北島遺蹟と関係しそうな文様を指摘した（吉田 2003）。これに対し、青木一男は該当する有文壺群を長野県の「栗林式系土器群」集成（以下、「北島栗林集成」）に収録せず（青木 2003）、恰も関係無いと言いたげな戦略（北島シンポ準備委員会 2004）を遂行する。これを「**北島―栗林並行関係曖昧戦略**」と呼ぼうと思う。

「北島シンポ」終了後、司会を担当した松本完は北島遺蹟と「栗林式系土器群」との関係を次のように纏める。「栗林式との関係については、討議の場で、青木・石川から、北島遺跡の土器は、栗林式中段階新相（石川の栗林2式新段階）を遡らないのではないか、とする発言がなされている。（中略）北島遺跡Ⅰ期の位置付けとしては、栗林式の古段階あるいは石川の栗林1式とそうかけ離れた位置づけはむづかしく、吉田の指摘どおり北島第Ⅰ期が栗

林式中段階古相（石川の栗林2式古段階）にかかるとする位置づけ（中略）の可能性も残ると考えたが、どうであろうか。（中略）北島遺跡第Ⅲ期は、栗林式の新しい段階に先行可能性が高いとするのが、討議において得られたひとつの見方である。（後略）」（松本2004）と。

畢竟、「北島シンポ」最大の成果は「北島―栗林関係曖昧戦略」による長野県資料集成を共有したことに尽き、その意義は北島遺蹟との関係に気をとられずに中央高地北半における「栗林式系土器群」の変遷だけを考えるための材料提供にある。それは即ち、北島遺蹟にとって具体的な成果は一体どこにあるのだろうか、そして何故並行関係の議論が深められないのであろうか、要するに北島遺蹟の理解への寄与は「北島―栗林並行関係曖昧戦略」が優り、全く無視されたことになる。

ここで私は考える、このような場合に議論の進行は北島遺蹟側から「栗林式系土器群」を型式学的な手続きで分析し、問題点を明らかにして提案すれば良いだけである、と。これが山内清男が推敲した「**関東北交差編年法**」で、最大の成果が列島における晩期の年代学的構成であることは識者周知の所であろう。

そこで早速、「北島―栗林並行関係曖昧戦略」として提示された集成資料を用いて有文壺における年代的変遷の導出を試み、先の石川日出志作成「栗林式土器編年表」の4段階区分から、最古の階段である牟礼バイパスD地点と最新の階段である松原遺蹟SK191の有文壺の年代は逆転することが無いであろうことを前提とし、文様帯の変遷を追及するが、機械主義（石川2002）は採用せず、SD法を適用するために全体主義で幾つかの分岐を俯瞰・措定する重み付けを経て「細別」の説明へと導くことにする。

縄紋式では編年が確定したのちに「**文様帯系統論**」（山内1964）を立論し、縄紋式の組織を俯瞰した上で細部の系統が見直されるが、弥生式のように編年が確定できる層位関係が希少な状況においては、東部弥生式が縄紋式からの強い製作伝統を踏まえた形態・装飾から成り立つ現象に鑑み、縄紋式から続く型式学として「**文様帯変遷論**」（鈴木1978・2012a・b）が立論され実践される。これは文様変化の本質に挑む研究態度が弥生式の場合は垣間見ること

第Ⅲ部　シンポジウム後の補足研究

ができない、との反省から構築した経緯があり、展望としては列島規模の動態解明に威力を発揮するに至る（鈴木2003・2007）。

　能書きはこれくらいにして、先ずは実践である。住居址など遺構出土の有文壺群は胴部文様帯の変遷が要となり、変遷の過程は次の大別3種に分岐し、頸部文様帯や肩部文様帯の動向と関連して秩序ある「細別」が変遷順序を構成する。

　　【第1種】：「**弧帯文系胴部文様帯**」に代表される有文壺群
　　　　　　・「**小田原型文様帯**」と共通性が見られる文様構成で、同じ文様属性を繰り返し、「横帯文系頸部文様帯」と「弧帯文系胴部文様帯」から構成される作法。

　　【第2種】：「**幾何学複合文系胴部文様帯**」に代表される有文壺群
　　　　　　・「**宮ノ台型文様帯**」の出現と共鳴する文様構成で、頸部文様帯と胴部文様帯とを異なる文様で区分し、「幾何学複合文系胴部文様帯」の形成に特徴が見られる作法。

　　【第3種】：「**横帯充填文系胴部文様帯**」に代表される有文壺群
　　　　　　・弧帯文→幾何学複合文というように複雑化した胴部文様帯が姿を消すと同時に全体の構成が簡素化し、横帯状の充填あるいは横帯内への充填文様を特徴とする作法。

　また、住居址出土資料はSD法を適用するのに相応しい「型式組成」として一括性に検証の余地があるものの、「栗林式系土器群」の事例は質と量の両面において比較に耐え、しかも相対化が可能である。その性質を論理的に活用するには、住居址など遺構出土の有文壺群は、【第1種】から【第3種】までの胴部文様帯がそれぞれに古い伝統を残存し、あるいは残存に変化を与えるなどして、複数の系列から構成される状況があり、それらの中から順序を決定していく際に基準となるより新しい有文壺を常に射程に入れつつ測る、という新しさへの接近度合の目盛の準備が必要であり、そのためには測り終えた資料も順序を構成するための次の基準となる、という「**変動稠密標本分類**」の実現へと高次化を達成しなければならない。

所謂「栗林式」有文壺群の変遷

3. SD法に学ぶ「栗林式系土器群」有文壺群の「文様帯変遷論」

　では、具体的にスタートラインの牟礼バイパスD地点に立ち、ゴールの松原遺蹟SK191を目指す有文壺群の変遷順序を決定していくには、「文様帯変遷論」の大別に従い、【第1種】→【第2種】→【第3種】と変遷することを「細別」の順序から確認するが、そのため大別内は変遷順序を有する複数の住居址出土毎の有文壺群から構成され、あたかも階層的な順序構造に見えるかもしれないが、大別自体はあくまで説明のための便宜的な手続きであり、本質は「細別」の順序関係にあることを強調しておく。

　尚、本稿の分析に使用する住居址出土壺群データは最新の「北島栗林集成」(北島シンポ準備委員会2003『北島式土器とその時代』を以下このように略す)を中心とするが、「北島シンポ」などで問題とされた壺などは「北島―栗林並行関係曖昧戦略」により欠落しており、それらは『長野県弥生土器集成図録』(長野県考古学会弥生部会1999)から補填しなければならない。今回の目的はあくまで変遷の核となる文様帯を確認することであり、集落を構成する全ての「細別」や系列を抽出し網羅することは目的としていない。ましてや遺構内層位的出土状況による年代の取り扱いは今後の課題である。

a．【第1種】：「弧帯文系胴部文様帯」の変遷

　胴部文様帯に展開する弧帯文は、頸部文様帯の充填作法に付属するかの如く縄紋で連結されつつ縦方向への繰り返し作法として定着し、次に縦方向への繰り返し作法そのものを文様としつつ、やがて頸部文様帯から独立し、最後は縦方向への繰り返し作法そのものから独立した一帯化が図られ、肩部文様帯と組み合う現象が一般化する。一帯化に至ると弧帯文が弛緩したような波帯文も出現する。この変化を住居址出土有文壺群で順次示すならば**第3図**となり、「分類の標準」と出典は以下の通りである。

　「**栗林1**」(第3図1~3)

　　　：牟礼バイパス遺蹟1号住居址(「北島栗林集成」p. 377)

　　　・それ以前の有文壺の文様帯の構成に加えて、**頸部等における櫛描文様帯の確立**を以て「栗林1」の形成とする(寺島1999、

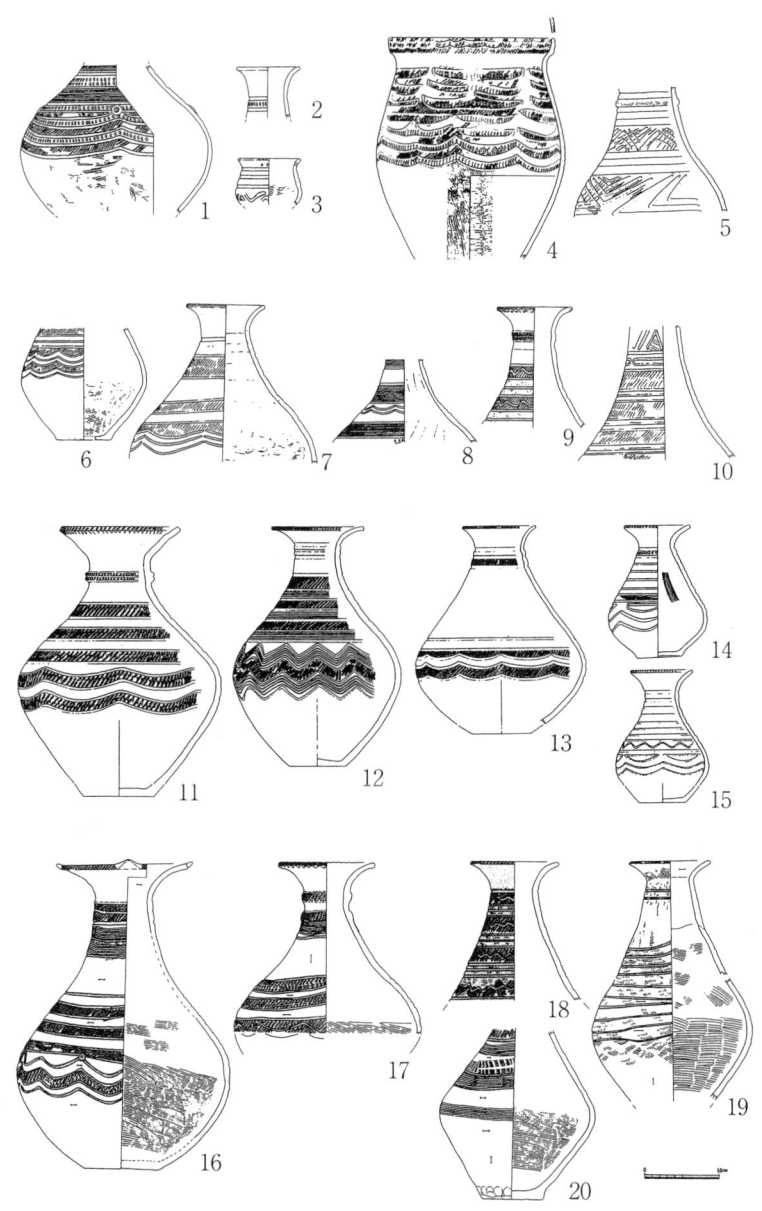

第Ⅲ部　シンポジウム後の補足研究

第3図　「栗林1」(1〜3)→「栗林2」(6〜10)→「栗林3」(11〜15)→「栗林4」(16〜20)

安藤1999、石川2002)。「栗林1」の胴部文様帯は、充填作法による頸部文様帯の直線構成が縄紋と櫛描文の互換性と共に弧線化する相同構成に出現時の特徴を認める。

「栗林2」（第3図6〜10）

：篠ノ井遺蹟群聖川堤防地点SB14（「北島栗林集成」p. 390）

・「栗林2」では寺島孝典の指摘（寺島1999）の通り、胴部文様帯は充填作法から解放され、縦方向への繰り返し作法を独立させるように文様化する現象が見られるが、頸部文様帯の延長であるかのように最上段弧線は縄紋を介して直線文と一体化している。

「栗林3」（第3図11〜15）

：栗林遺蹟2号住居址（「北島栗林集成」p. 374）

・「栗林2」の胴部文様帯は、尚縄紋を介して頸部文様帯の直線文と一体化しているが、「栗林3」ではその中間に肩部文様帯を挿入して分離し、あるいは胴部文様帯を物理的に頸部文様帯から無文分離させるなど、胴部文様帯の独立傾向が明確になる。充填縄紋による弧帯文自体は複段化傾向が強く、櫛描波帯文も同様である。

「栗林4」（第3図16〜20）

：松原遺蹟SB260（「北島栗林集成」p. 385）

・「栗林3」は胴部文様帯が頸部文様帯から独立する傾向が見られ、夫々の文様は直線か弧線化の違いを除けば共通している。「栗林4」では頸部文様帯と肩部文様帯が無文帯を挟んで分離独立すると共に、肩部文様帯と胴部文様帯が一体化する顕著な例が見られ、胴部文様帯の弧帯文は一帯化に収斂する傾向が強い。弧帯文自体の型式学が議論されない状況（寺島1999、石川2002）に違和感が強い。

この「栗林1」→「栗林2」→「栗林3」→「栗林4」という住居址出土有文壺群によるシーケンス導出は、奥東京湾周辺の「小田原式」期編年（「池

第Ⅲ部　シンポジウム後の補足研究

上式」→「小敷田式」→「上敷免（新）式」）に矛盾なく対比され、「栗林2」を除いて伴存関係も確認される。

b.【第2種】：「幾何学複合文系胴部文様帯」の変遷

「弧帯文系胴部文様帯」変遷の到達点であるかの「栗林4」における一帯化した弧帯文や波帯文は、その直後から逆に単純化した弧線文などが残存弧帯文としての変化を見せるだけでなく、他方では新たに変化した文様として異なる類型も展開する。それが弧帯文から変遷した波帯文あるいは山帯文などであり、加えて肩部文様帯との間にできた下向き三角状空間、あるいは交互に配される上向き三角状空間には三角形をベースとした補助文様を充填させる「**幾何学複合文**」作法への新たな展開である。

この「幾何学複合文」は初期の一帯化した波帯文や山帯文から変化し、一帯化を放棄し、弧帯／波帯／山帯に新たに上下弧文や上下山形文を挿入し、更に1条乃至2条による「**中軸山形線文**」に交替するが、ジグザグを呈する「中軸山形線文」上下の窪みには直前に成立した文様を上下重「V」文や上下重三角文に変えて充填する作法で生成される「**中軸山形重畳充填文**」を発達させる。他方で残存する弧帯文や弧線文からの変化も出現し、新たに「**重畳連弧文**」が展開する。胴部に広い面積を占める「中軸山形重畳充填文」では肩部文様帯は狭い横帯文に留まることが多く、逆に「重畳連弧文」の場合は肩部文様帯を広く強調する作法となることが多い。

「北島―栗林並行関係曖昧戦略」による資料の隠蔽に従えば、「栗林4」から「幾何学複合文系胴部文様帯」への滑らかな変遷を困難にするだけでなく、更には「中軸山形重畳充填文」の発展期も見事なまでに隠され（鈴木2013c）、こうした認識から以下の「**栗林5**」と「**栗林7**」は「北島栗林集成」では未明の階段となるが、今回新たに「長野県弥生土器集成図録」から補うことにした代表的な文様帯である。

この変化を住居址出土有文壺群で順次示すならば、**第4図**と**第5図**となり、「分類の標準」と出典は以下の通りである。

「**栗林5**」（第4図1～11）

：松原遺蹟SK151（「長野県弥生土器集成図録」p. 202）

所謂「栗林式」有文壺群の変遷

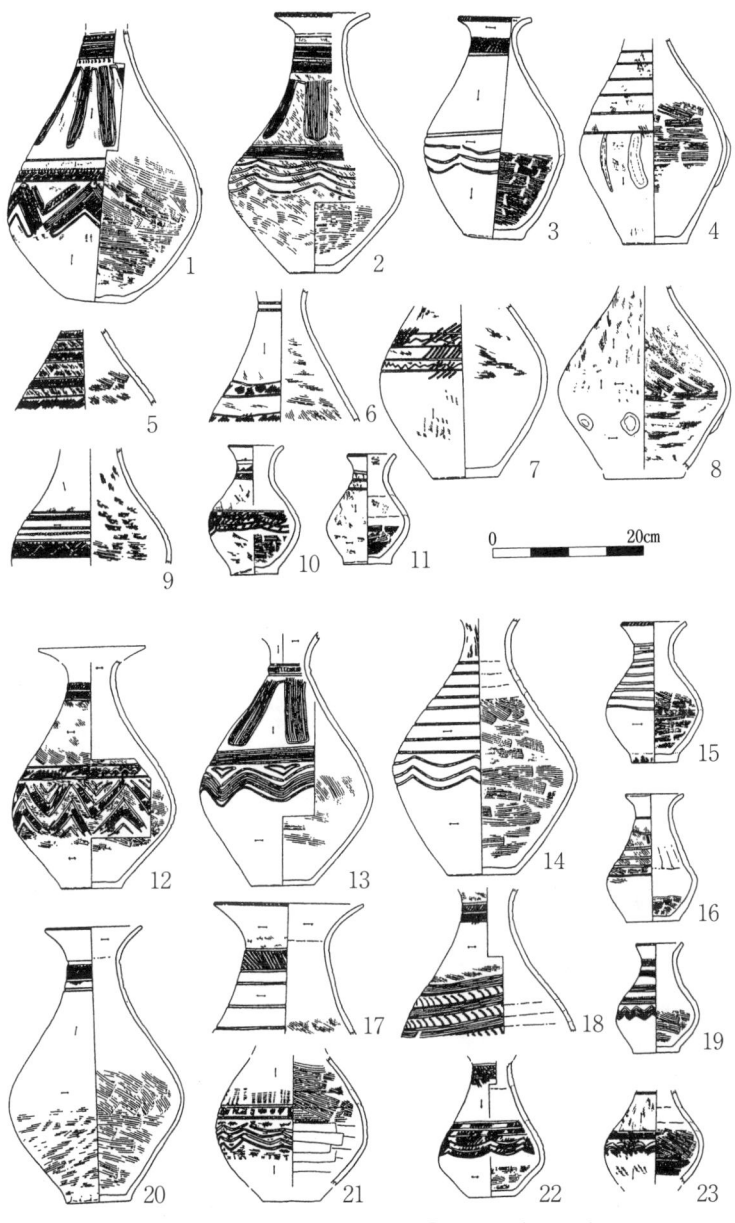

第4図 「栗林5」(1〜11) → 「栗林6」(12〜23)

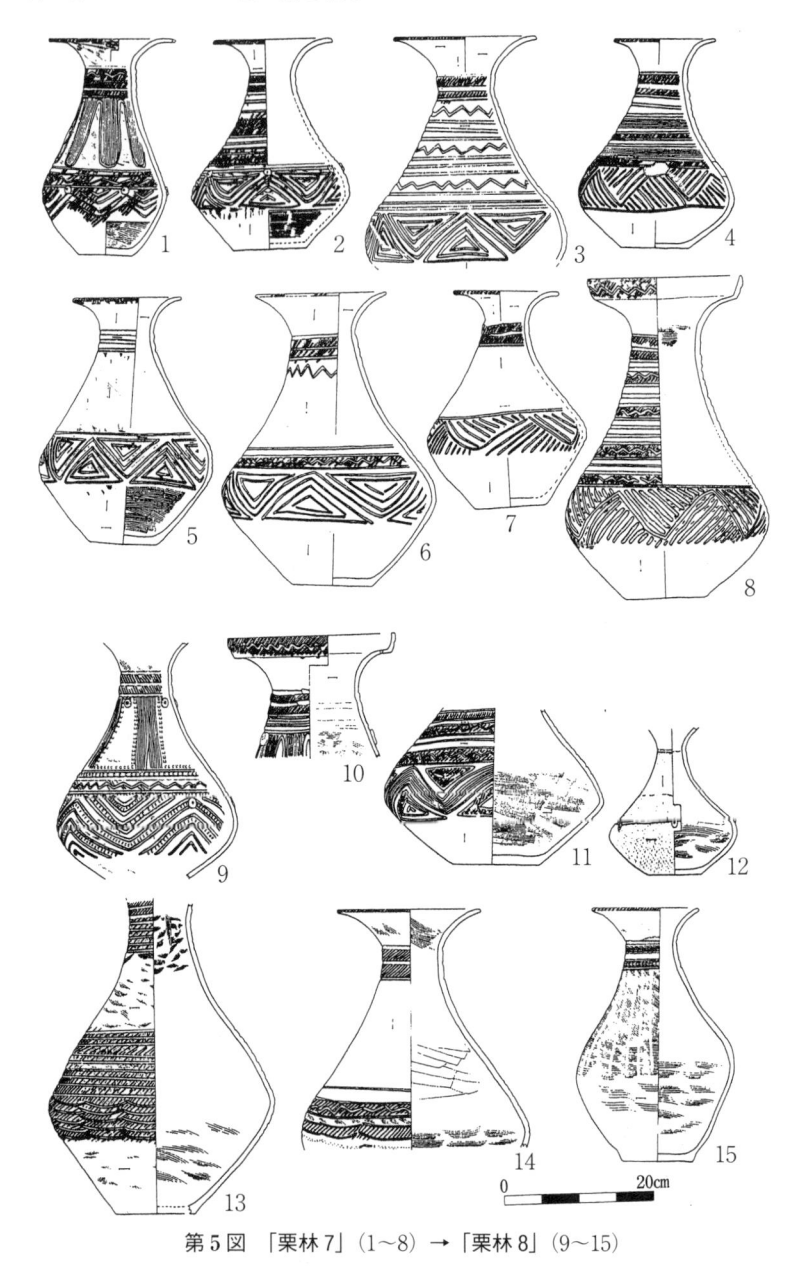

第Ⅲ部　シンポジウム後の補足研究

第5図　「栗林7」(1～8) → 「栗林8」(9～15)

★「北島栗林集成」は標識となる有文壺が未掲載。
・「栗林4」までは胴部文様帯の弧帯文が変化の中核となるが、「栗林5」の胴部文様帯は弧帯文ではなく、新たな幾何学複合文を生成し、以降の変遷を決定づける。新たな文様帯を組み込まない有文壺には、それまでと同様にそれ以前の文様伝統を簡素化して継承するが、例えば、残存弧線文が顕著である。
・弧帯文からの変化が分かり易い文様帯を補足するならば、**第2図8〜13**の柳沢遺蹟46号住居址出土壺群が該当する。

「**栗林6**」（第4図12〜23）

：松原遺蹟SK156（「北島栗林集成」p.384）
・「栗林5」から出現する胴部文様帯の幾何学複合文は尚「栗林器4式」における弧帯文様帯の伝統を残す作法も見られるが、「栗林6」では「中軸山形線文」が確立する。
・「中軸山形線文」自体は目に焼き付く強烈な文様ではなく、文様の構造を知らないとどこにそのような中軸があるのか見えないように隠されている場合が多い。全体の文様構成のために筋金として中軸が形成される良い例は第1図の2251土壙出土有文壺群にも見られるので注視して欲しい。

「**栗林7**」（第5図1〜8）

：松原遺蹟SB1146（「長野県弥生土器集成図録」pp.197-198）
★「北島栗林集成」には典型資料が欠落。
・「栗林6」では「中軸山形線文」はぼんやりと見えるだけであるが、「栗林7」では目に焼き付く文様帯へと変化する。具体的な成り立ちは、ジグザグを呈する「中軸山形線文」の空白部上下の窪みには直前に成立した文様を上下重「V」文や上下重三角文、あるいは斜線文に変えて充填する作法が**中軸山形重畳充填文**」として定着し発達する。

「**栗林8**」（第5図9〜15）

第Ⅲ部　シンポジウム後の補足研究

　　　　　：松原遺蹟 SB1135（「北島栗林集成」p.386）
　　　　　・「栗林7」がピークとなる「中軸山形重畳充填文」は、「栗林8」において残存しつつもその性質は中軸性から充填性へと変わり、他方では伝統化し残存する弧帯や弧線文からの変化も台頭し、新たな胴部文様帯として**「重畳連弧文」**が顕在化する。

　この「栗林5」→「栗林6」→「栗林7」→「栗林8」とした変遷は、「幾何学複合文系胴部文様帯」の在り方に注目し、生成から展開、そして衰退と新生への変化の軌道を具体的事例と共に追及した訳であるが、その終末である新生形態としては中軸作法の衰退から充填作法へと変化の道筋を違える状況が明瞭に導出される。

　　ｃ．【第3種】：「横帯充填文系胴部文様帯」の変遷
　大柄で派手な文様構成が胴部文様帯から姿を消すという大きな変化があり、その結果、頸部文様帯と胴部文様帯の共通化を図る構成が顕著となる。この変化を住居址出土有文壺群で順次示すと**第6図**となり、「分類の標準」と出典は以下の通りである。

　尚、ゴールとした松原遺蹟 SK-191 出土有文壺群は胴部文様帯である横帯区画が明確に描かれており、「吉田式」を後期初頭とする限り、型式学的な断絶が認められ、更に松本完の研究（松本2003）を参照しても、同様に中期末葉の位置付けではありえない。

　「栗林9」（第6図1〜7）
　　　　　：県町遺蹟16号住居址（「北島栗林集成」p.397）
　　　　　・「栗林8」までは頸部文様帯や肩部文様帯に個別にあるいは共通に展開していた細横帯小波状文が「栗林9」では胴部文様帯として展開し、同時に肩部文様帯が消失する現象が生じ、頸部文様帯と胴部文様帯の共通化を図る構成が顕著となる。系列」により細横帯小波状文ではなく、櫛描波状文が中心となる。

　　　　　　尚、松原遺蹟での標準にはSB1178（「長野県弥生土器集成図

所謂「栗林式」有文壺群の変遷

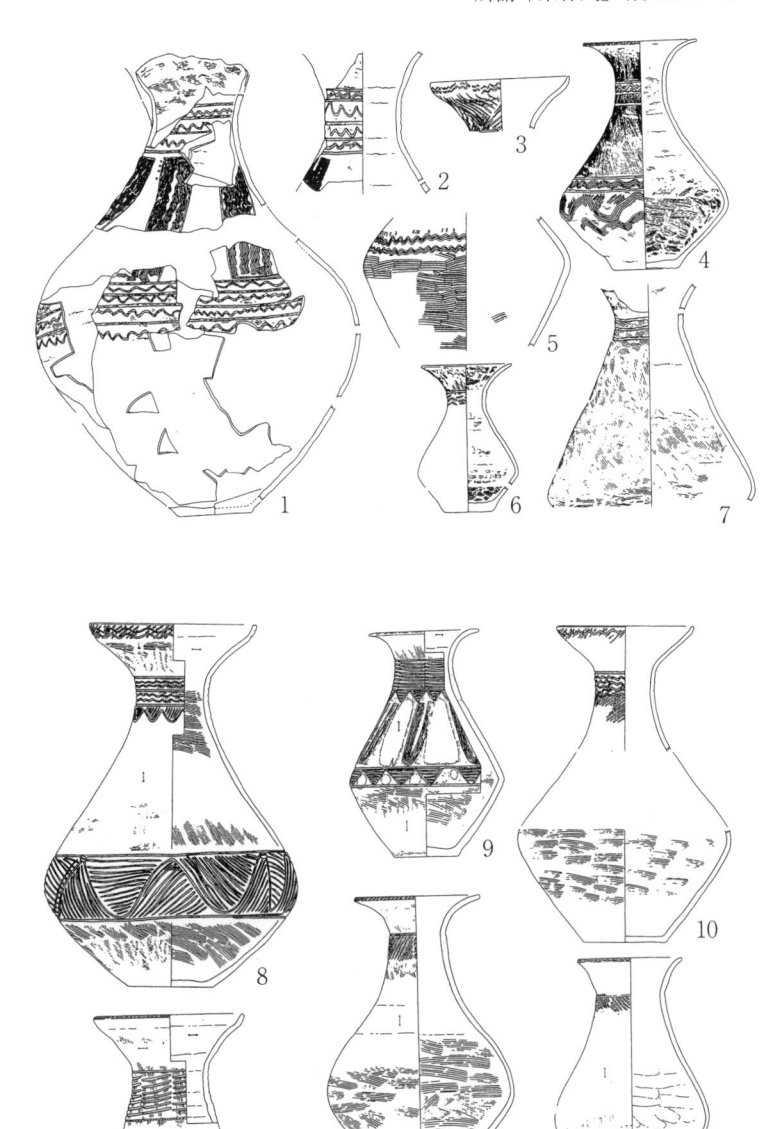

第6図 「栗林9」(1〜7) → 「栗林10」(8〜13)

第Ⅲ部　シンポジウム後の補足研究

　　　　録」p. 201)を挙げておく。
「**栗林10**」(第6図8〜13)
　　　　：松原遺蹟SK-191(「北島栗林集成」p. 388)
　　　　・「栗林9」の胴部文様帯は細横帯小波状文の充填化に特徴があり、部分的に肩部文様帯として残存する例もあるが、「栗林10」では文様帯が整理され、胴部文様帯の充填作法も三角区画に直線／斜線、あるいは区画無しの櫛描文などが中心となる。頸部文様帯は、胴部文様帯の三角区画内充填文が小形化して最下段に追加され、やや強調される兆しが定着する。
　　　　尚、：県町遺蹟での標準には7号住居址(「長野県弥生土器集成図録」p. 69)を挙げておく。

　以上、SD法に基づき導出した「栗林1」から「栗林10」へ、という有文壺群の組成を含めた順序関係の中で、「北島栗林集成」に限定した変遷列については「前中西シンポ」での議論が少しでも進展するようにと、「百瀬式」を除く既存の「細別」に照らし何とか対応させるべく公表が済んでおり(鈴木2013c)、そちらを参照願いたいが、問題は「北島栗林集成」が「栗林式系土器群」変遷の全体を網羅しないという基礎的データ取扱い上の事実である。

　例えば、本稿では「**栗林5**」と「**栗林7**」の松原遺蹟例を「長野県弥生土器集成図録」から補い、変遷列の断絶を補完したように、網羅的に先史集落の個性を分析しつつ、先史集落群から古地域への様相を体系的に纏める必要がある。かつて黒沢浩が房総で「宮ノ台式」の分析を試みた意欲(黒沢1997・1998)を「栗林式系土器群」の研究にも期待するが、誰も挑戦しない状況であれば私に残された時間を鑑み、群馬県の土器群を纏める機会に触れる心算である。

　尚、**「弧帯文系胴部文様帯」**から**「幾何学文系胴部文様帯」**への変化が何を示しているか、**「小田原型文様帯」**から**「宮ノ台型文様帯」**への変化と共鳴する現象として考察する**立場を強調したい。

　d.「栗林式系土器群」有文壺群の変遷から外れる有文壺群
　「前中西シンポ」では中期終末から後期初頭への変遷も議論の目玉として

とりあげられ、中期終末には「用土・平式」を充てる見解も見られたが、「文様帯変遷論」の立場では肩部文様帯や胴部文様帯の定着状況に照らして型式学的には更に新しい中期末葉土器群の形成が示唆される。この問題提起を踏まえるならば、中部高地においてもSD法の適用により「栗林10」よりも後続し、「吉田式」との間に納まるべき。有文壺群が認められるので、**第7図**として示し議論する。

「**百瀬1**」(第7図1〜12)

: 百瀬遺蹟竪穴住居址(「長野県弥生土器集成図録」p.77)

・「栗林10」は文様帯が統合的に整理されるものの、文様帯を構成する意識は強く、それは区画文等の展開に顕著である。「百瀬1」になると、胴部の文様に区画意識は見られず、区画文様は頸部文様帯において主流になる。櫛描文も文様帯であった部位になごりの如く施文帯あるいは装飾帯として施文される程度である。

「**百瀬2**」(第7図13〜23)

: 県町遺蹟8号住居址(「長野県弥生土器聚図録」p.70)

・「百瀬1」では区画文が関わる胴部文様帯は失われ、区画文は頸部文様帯として展開するが、「百瀬2」では頸部文様帯から区画文意識が緩和され、縄紋も沈線文様の範囲に限定されるのではなく、地文と化すかのように大雑把な施文となる。

文様帯系土器群から施文帯系土器群への移行期である「百瀬1」→「百瀬2」は、有文壺による文様の展開とは逆行する流れであり、寧ろ、甕の施文帯や装飾帯にこそ文様としての整然さが見出され、特に簾状文による簡素な施文法は壺における新たな頸部文様帯に相応しい形態である。

中央高地では「百瀬式」を「栗林式系土器群」に吸収する傾向が強いが、SD法を適用した「文様帯変遷論」からは、「栗林式系土器群」に続く中期終末の土器群として「百瀬式」を位置付ける。この結果、「用土・平式」の編年的位置は「百瀬1」の階段までは下がらず、「栗林10」の胴部文様帯との関係において議論されるべきと考察されることから、前中西遺蹟において

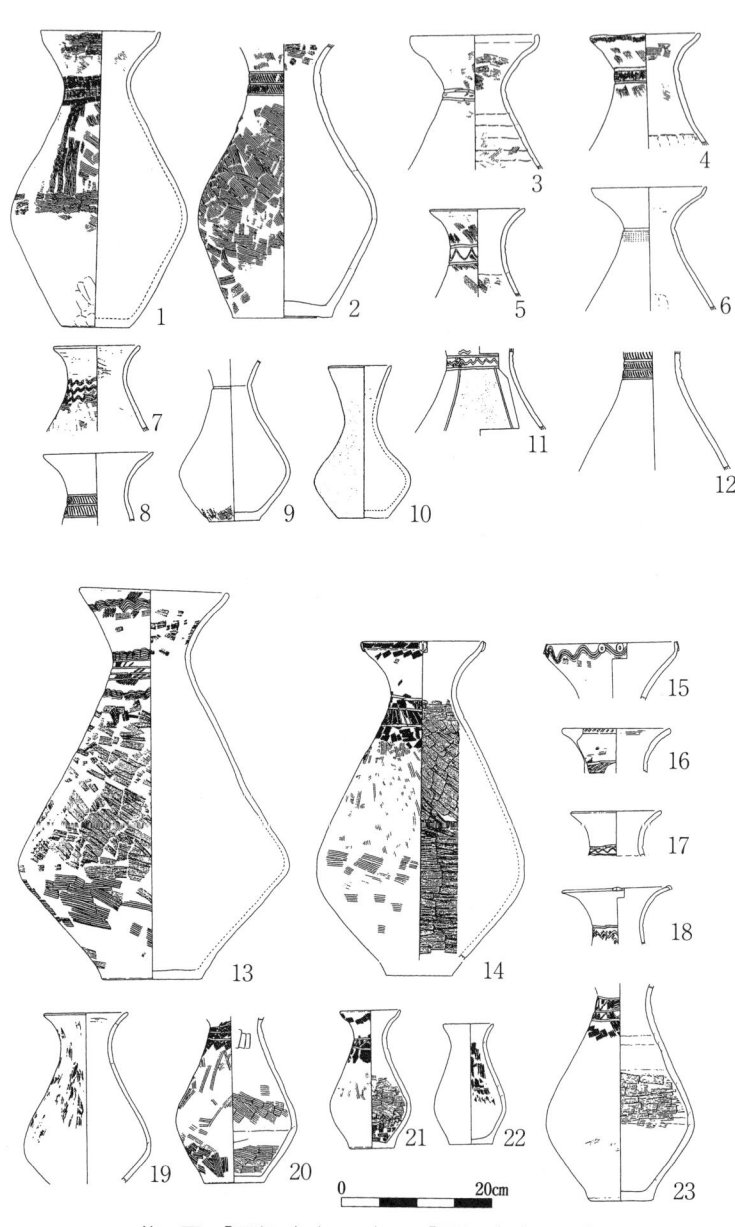

第Ⅲ部　シンポジウム後の補足研究

第7図　「百瀬1」（1〜12）→「百瀬2」（13〜23）

118

「中期末葉」とした壺群が「百瀬1」→「百瀬2」との関係において議論されねばならない。

4. 結語―「栗林式系土器群」有文壺の変遷に学ぶ―

　私は日本先史考古学の勉強と実践を通じ、倫理観として**「年代学的の組織」**に対する責任を引き受けなければならないとの立場である。「年代学的の組織」が確定することにより多くの事物や事象が年代順に並び、正しい秩序ある説明が可能となる。しかも縦の組織ばかりでなく、併せて文物による連絡・交渉から横の組織も可能となり、縦横の連絡・交渉構造が導出されることにより、地域間相互の影響や交流も具体的に垣間見られ、多くのパブリック・アーケオロジー展開を可能とする基盤が構築されるのである。

　「栗林式系土器群」研究は先史考古学の方法に則った基礎研究を怠り、寧ろ得体のしれない何かに焦り、学問としての基盤である集落における人類活動の年代や系統の整備が亡失されている印象を強く受ける。これが本稿の執筆動機であり、有文壺群の変遷を開陳するに至った理由である。

　そこで「栗林系土器群」有文壺の変遷を導出した今、「北島シンポ」と「前中西シンポ」の趣旨に従い、北島遺蹟と前中西遺蹟における「宮ノ台式」期有文壺群に対し「年代学的の組織」を与え、栃木県や群馬県に影響する福島県中通りから会津方面の「渦文系土器群」(鈴木2012b)との関係を考察するならば、概ね第1表のように展望されるであろう。

第1表　「栗林式系土器群」の変遷と妻沼低地の中期後半の「細別」

北島遺蹟と前中西遺蹟（妻沼低地）	「栗林式系土器群」	「渦文系土器群」
「続上敷免（新）式」(*)	「栗林5」	「二ツ釜式」
「北島1式」(*)	「栗林6」	「陣場（古）式」
「北島2式」(*)	「栗林7」	「陣場（新）式」
「前中西（古）式」(**)	「栗林8」	「川原町口1式」
「前中西（新）式」(**)	「栗林9」	「川原町口2式」
「前中西・中期末葉（古）式」(**)	「栗林10」	「川原町口3式」
「前中西・中期末葉（中・新）式」(**)	「百瀬1・2」	（+）

(*)「細別」の具体的な内容は『古代』第134号参照
(**)「細別」名称は『利根川』35で紹介

第Ⅲ部　シンポジウム後の補足研究

　本稿は「栗林式系土器群」の既存研究を参考にして変遷の筋金を再吟味したに過ぎない。松原遺蹟の集落を具体的な分析対象とするならば、文様系列による集団構成や住居址廃棄の「細別」内順序関係など、より実態に照らした有文壺群の分析が行われ、人類活動から観た集落構成が導出されると思われるが、今回はあくまで「北島シンポ」から「前中西シンポ」までを振り返り、問題と感じた視点から「栗林式系土器群」の型式学について多少触れたに過ぎない。

　また、「栗林式系土器群」有文壺群の変遷は、「小田原式」研究と「宮ノ台式」研究にも影響するであろうことは想像に難くないが、現時点で問題を認識すべきは千葉県の研究である。今後は南関東の弥生式研究についても有文壺の型式学に触れる機会を得たいと思う。

　最後に。埼玉土器観会設立と折々の企画並びに運営の大番頭である小出輝雄氏が、この度還暦を迎えたと聞き及び、ここに謹んで祝意を表すると共に小文を献呈するものである。今後とも埼玉県にとどまらない弥生式研究の牽引、そしてこれまでにも増して若手の育成などにその才覚ぶりを発揮頂き、益々のご活躍を祈念して擱筆したいと思う。

引用文献

青木一男 2003「長野県の遺跡と遺物」『埼土考古別冊7　北島式土器とその時代―弥生時代の新展開―』　埼玉考古学会

安藤広道 1999「『栗林式土器』の成立をめぐる諸問題」『長野県考古学会誌』92号　長野県考古学会

石川日出志 2002「栗林式土器の形成過程」『長野県考古学会誌』99・100号　長野県考古学会

石川日出志 2012「Ⅱ　栗林式土器の編年・系譜と青銅器文化の受容」『中野市柳沢遺跡』長野県埋蔵文化財センター発掘調査報告書100　長野県埋蔵文化財センター

石川日出志 2013「弥生時代研究と前中西遺跡」『シンポジウム熊谷市前中西遺跡を語る―弥生時代の大規模集落―発表要旨・資料集』　関東弥生文化研究会・埼玉弥生土器観会

北島シンポ準備委員会 2003『埼玉考古別冊7　北島式土器とその時代―弥生時代の

新展開—』埼玉考古学会

北島シンポ準備委員会 2004「シンポジウム「北島式とその時代―弥生時代の新展開―」の記録」『埼玉考古』39 埼玉考古学会

黒沢 浩 1997「房総宮ノ台式土器考―房総における宮ノ台式土器の枠組み―」『史館』第 29 号 史館同人

黒沢 浩 1998「続・房総宮ノ台式土器考―房総最古の宮ノ台式土器―」『史館』第 30 号 史館同人

埼玉弥生土器観会 2013『シンポジウム熊谷市前中西遺跡を語る―弥生時代の大規模集落―発表要旨・資料集』 関東弥生文化研究会・埼玉弥生土器観会

鈴木正博 1978「『赤浜』覚書」『常総台地』9 常総台地研究会

鈴木正博 1993「荒海貝塚文化の原風土」『古代』第 95 号 早稲田大学考古学会

鈴木正博 1994「『コンピュータ先史学』への接近」『日本考古学』第 1 号 日本考古学協会

鈴木正博 1999「本邦先史考古学における『土器型式』と縦横の『推移的閉包』―古鬼怒湾南岸における弥生式後期『下大津式』の成立と展開―」『古代』第 106 号 早稲田大学考古学会

鈴木正博 2003「『亀ヶ岡式』から『遠賀川式』へ―『文様帯クロス』関係から観た弥生式形成期の複合構造と相互の密結合―」『日本考古学協会第 69 回総会研究発表要旨』 日本考古学協会

鈴木正博 2007「『亀ヶ岡式』から『唐古式』へ―『彩色漆文様帯』から観た文化変容と環境史―」『日本考古学協会第 73 回総会研究発表要旨』 日本考古学協会

鈴木正博 2012a「第Ⅲ章 2 大宮台地を中心とした『人面文土器』―馬場小室山遺蹟の『人面文土器』から洞察する地域社会の変動―」『土偶と縄文社会』 雄山閣

鈴木正博 2012b「『陣場式』に学ぶ」『福島考古』第 54 号 福島県考古学会

鈴木正博 2013a「ペニスの承認―小松っちゃうなあ、西の家族が誘われるなんて！―」『利根川』35 利根川同人

鈴木正博 2013b「弥生式土偶と前中西遺蹟―弥生式『土偶イデオロギー』に観る形態変遷と象形変容―」『シンポジウム熊谷市前中西遺跡を語る―弥生時代の大規模集落―発表要旨・資料集』 埼玉弥生土器観会

鈴木正博 2013c「鈴木正博追加資料（討論用）ペトリーの SD 法に基づく『栗林式』有文壺の年代的推移」『シンポジウム熊谷市前中西遺跡を語る―弥生時代の大規模

第Ⅲ部　シンポジウム後の補足研究

　集落─発表要旨・資料集』　埼玉弥生土器観会
寺島孝典 1999「長野盆地南部の様相」『長野県弥生土器集成図録』　長野県考古学会
　弥生部会
長野県考古学会弥生部会 1999『長野県弥生土器集成図録』
廣田和穂編 2012『中野市柳沢遺跡』長野県埋蔵文化財センター発掘調査報告書100
　長野県埋蔵文化財センター
松本　完 2003「後期弥生土器形成過程の一様相─埼玉県中央・北西部の事例から─」
　『埼玉考古』39　埼玉考古学会
松本　完 2004「シンポジウム『北島式とその時代』を振り返って」『埼玉考古』39
　埼玉考古学会
山内清男 1964「文様帯系統論」『日本原始美術』1　講談社
吉田　稔 2003「北島式の提唱」『埼玉考古別冊7 北島式土器とその時代─弥生時代の
　新展開─』　埼玉考古学会

附 『資料集 鈴木レジュメ・図版』の解説と理論的なポイント

鈴木正博

1. 弥生式「土偶イデオロギー」の考え方
・近畿地方の研究者には秋山浩三に代表される**「なごり現象」論**が主流！しかし、『利根川』26 の**「大きい顔の居徳」**にて「なごり現象」論がイデオロギー論としては成立しないことを批判済み。
・石川日出志もパブリック・アーケオロジーとして東日本も含めて「なごり現象」論に持ち込む強制姿勢を表明！　しかし、「土偶インダストリ論」では「土偶形容器」は誤りで、「容器形土偶」として中空土偶からの展開を示したように、弥生式土偶は「なごり現象」ではなく、**「共通のアイデンティティ」**を広域に形成する社会現象として究明すべきである、と『利根川』32 で批判済み。
・この「なごり現象」論とは異なる見解として、設楽博己による**「男女セット」論**が位置付けられるが、指摘される土偶に見る男女としての形態差は、象徴の要である**「土偶文様帯」**として観ると共に女性表現と理解されることから、「男女セット」論には新たな視点からの接近が要請される。
・前中西遺蹟の重要性は 75 頁に纏めたように、**「小敷田式」**と**「上敷免（新）式」**の中空土偶あるいは容器形土偶の検出にとどまらず、その後の年代である**「前中西（古）式」**における**「女方土偶イデオロギー」**の復活、そして『利根川』35 で詳細に触れた**中期末葉の「土偶イデオロギー」**における新たな「男女セット」論の可能性を拓いた点にある。

2. 弥生式土偶の弥生社会における位相を導出する。
・まず、弥生式土偶の「土偶イデオロギー」を縄紋式以来の**集団結束**のための**「共通のアイデンティティ」**論へ、と導き、続いて弥生社会における位相を究明したい。
・74 頁の第 9 図は弥生文化博物館によるパブリック・アーケオロジーに掲

載された池上曽根遺蹟を中心とした**弥生社会の季節構成モデル**であるが、その構成要素が精神性遺物にあることに注意するならば、形象として「**鳥形木製品**」、「**男根形木製品**」、「**女神像**」と「**男神象**」の男女一対木製品、「**象形コード**」として「**シャーマン**」が、「**土偶イデオロギー**」との関係を問われるべき対象遺物である。

・「男神象」には木製男根がパーツとしてはめ込まれ、かつ巨大な「男根形木製品」が連携して定着することから、「女神像」は「鳥形木製品」と関係を有する可能性が高いであろう。そして同一素材における男女の作り分けや組み合わせ構造が縄紋式には見られないことと比較するならば、**弥生式土偶は「シャーマン」と対比**される可能性が高い。

・では、実際に弥生式土偶は「シャーマン」であることを示してみたい。そこで「**象形コード**」に眼を転じてみると、第9図上段の「**シャーマン**」の**胸には四つ足と思われる動物**が描かれている。次に73頁の第8図に示した石川県**八日市地方遺蹟の、乳房こそ表現されないが股間や腹部が明らかな女性表現となる中期後半の土偶3にも同様の「象形コード」**が描かれている。しかもこの四つ足動物は第9図下段に示した集成図から、逃げるシカの群れと正反対の構図となっており、特別な意味を担っていることが分かる。この八日市地方遺蹟の土偶表現から、**弥生式中期後半における土偶の位相は「シャーマン」と共通**していることが導出される。

・では、「女神像」と「男神象」によるイデオロギーはどのように東日本へと拡張されるのであろうか？

　それが『利根川』35の「**前中西型男女一対組み合わせイデオロギー**」で、その直前に顕在化する「**松原型土偶・注口付土器組み合わせイデオロギー**」であり、後述する。

3. 弥生式「土偶イデオロギー」における顔面形態の位相を確認する！

・「**シャーマン**」など「**象形コード**」の頭部表現には顔面表現が消失している特徴がある。他方で木偶である「**女神像**」と「**男神象**」には顔面表現が見られるものの、あたかも「**へのへのもへじ**」の如く、目や口などの解剖

学的位置のみを示すだけの素朴な表現となり、無表情である。それは八日市地方遺蹟においても定着しており、第8図4に示した木偶が典型である。
・縄紋式および弥生式の土偶は、年代や地方により、頭部や顔面形態において作出の有無や表現の有無が見られる。「**頭部の消失形態**」は「砂沢式」から中期初頭にかけての大きな特徴で、岩手県では『利根川』32で紹介した中実土偶の「**谷起島首無土偶**」が著名。
・第8図では「**顔面の消失形態**」のうち、「**顔面無文化**」について解説する。まずは関東地方における現象として第8図上段に「中実台式土偶」における中期前葉に見られる「顔面無文化」が正しければ、「砂沢式」から顕著になる首無形態と同期した現象である。
・中期後半に顕著となる「顔面無文化」現象が第8図下段に示した八日市地方遺蹟の分銅型土製品に見られる変遷である。「**象形コード**」として**女性の頭部を三角形表現する契機を分銅形に観る事は十分可能**であろう。
・また、中期後半における「顔面の消失形態」は、「顔面無文化」現象にとどまらず、「砂沢式」の口縁部残存形態から変化した**奇形土器**や、その帰結である「**口縁部の側面移行形態**」が「栗林式系土器群」において「顔面無文化」と同期した現象として顕著であり、後述する。
・しかし、**八日市地方遺蹟で特記すべきは**、第1図に示した「**女方土偶イデオロギー**」の2形象が確実に継承される動向であり、中期前葉から中葉にかけての「中空台式土偶」、第8図1と2に注目したい。ここに**東日本と「共通のアイデンティティ」を共有する「土偶イデオロギー」**の弥生式中期における北陸西部への波及が厳然と確認される。

八日市地方遺蹟においてこの階段に環濠集落を形成するならば、環濠の意味は東日本と「共通のアイデンティティ」共有に求める必要があり、「**女方土偶イデオロギー**」に「**戦争イデオロギー**」の象徴を観るには、その「**亀ヶ岡文化**」からの強き伝統性から大いなる困難が伴う。
・さらに注目すべき製作手法が第8図2には見られる。頭部を塞いでしまう「**頭部封塞型中空台式土偶**」の出現であり、71頁の「2-8.」に「**(4) U形象**」として追加する。ちなみに空気抜きの穴は体部に作出するようである。

第Ⅲ部　シンポジウム後の補足研究

この「頭部封塞型中空台式土偶」の系統は、前頭部にかけての頭髪表現も含めて弥生式後期に継承されることが判明しており、具体的には第1図7の群馬県有馬遺蹟例や群馬県西一里塚遺蹟例が好例である。もちろん、設楽博己による人物埴輪生成論とは型式学的に一線を画しておきたい意図を表明するために敢えて触れた次第である。

4. 弥生式中期後葉における「顔面の消失形態」と「土偶イデオロギー」の新たなる位相！

- では、石川県の環濠集落から離れ、いよいよ前中西遺蹟形成の理解を助けるためにも隣県に目を向け、**長野県の環濠集落**である松原遺蹟に眼を転じてみるならば、72頁の第7図が「**栗林式系土器群**」における「**土偶イデオロギー**」の代表例となる。**第7図に示された文様帯**は、昨年報告された**中野市柳沢遺蹟の46号・52号・6A区礫床木棺墓群南周溝、そして2251土坑より確実に新しい階段**で、この明確かつ大きな違いが石川日出志氏の2012年編年表では反映されていないため遺憾に思い、詳細はパネル・ディスカッションに譲るが、88頁に北島シンポ2003年時点にその資料集から作成した鈴木の「**栗林式系土器群**」壺の編年表を掲げておく。当時も今も気になっていることだが、北島シンポの長野県担当者が作成した資料集では、「**栗林式系土器群**」の変遷や中期末葉について議論するにはどうしても「土器型式」としての連続性に断絶が出てしまう「様式論」的な操作が目についてしまうが、**一括的傾向のある複数類型の壺群に文様帯の変化を追う方法を、ペトリーによるSD法に求めてみてはいかがであろうか。**

- 『利根川』35で「中期末葉」における「**前中西型男女一対組み合わせイデオロギー**」の形成を議論したのは、「**小松式**」を淵源とし、より直接的には石戈の道から受けた影響として「男女一対」の組み合わせ形態に着目し、至る経緯の追及も含めた新たな「土偶イデオロギー」論である。

そこで『利根川』35を受けての発表となる今回は、「**中期末葉**」の正に**直前に生起している「土偶イデオロギー」現象**がどのようなものであるか、具体的な組み合わせを第7図として提示し、訴求する。

・第7図左上のSB1178出土の「**O形象**」が「**栗林式系土器群**」でも「**前中西（古）式**」に並行する階段の典型例である。「顔面の消失形態」で、必ずしも壺の口縁形態そのものではないが、前述の「**口縁部の側面移行形態**」であろう。この「O形象」はそれぞれ別個体の破片としてSB1162やSD12から出土しており、SB1162例は文様の簡素化が進んでいることから年代差を有する継承関係にある。

・次は第7図右上のSB1108出土の「中実土偶」の頭部形態「**P形象**」が八日市地方遺蹟の「T形象」との関係で興味深い。あるいは前中西遺蹟の「中実台式土偶」である「D形象」に影響を与えた可能性が高い。興味深いのは耳の形態で、あたかも「O形象」の頭部を中実にした作法に「**栗林式系土器群**」として形成された「中実土偶」の意義を見抜く。

・さらに関東地方との関係で注目すべきが、第7図左下のSD1089出土の中空土偶「**Q形象**」である。神奈川県ひる畑遺蹟例との類似に着目しているが、そればかりではなく、高い鼻筋や眼の形態は70頁の第6図右下の写真にある栃木県**大塚遺蹟SK-16**出土の「N形象」とも共通しており、このSK-16の年代が昨年『福島考古』第54号で論じた「**川原町口1式**」並行であり、「前中西（古）式」並行であることからも年代的な共通性が措定される。

・松原遺蹟における「土偶イデオロギー」の展開は、「O形象」・「P形象」・「Q形象」の特定にはとどまらない、新たな組み合わせ現象として状況化する。何と組み合うか？それが柳沢遺蹟では見られなかった注口付土器との関係である。「O形象」はSB1162で、「P形象」はSB1108で、それぞれ注口付土器が関係し、この現象が「**松原型土偶・注口付土器組み合わせイデオロギー**」であり、「女方土偶イデオロギー」に対する新たな関係性の出現を示唆する。

　併せて関東地方との関係が窺える「Q形象」では、注口付土器との関係が判然としない状況があり、重要な点である。もちろん、前中西遺蹟でも非日常の器種である注口付土器が出土しており、「**栗林式系土器群**」とは「O形象」の土偶に示される特定年代における非日常の特定器種との連

第Ⅲ部　シンポジウム後の補足研究

絡・交渉が注目される。
・さて、「小松式」に見られる**男女一対の木偶の風習**、そして前中西遺蹟で顕現した「**前中西型男女一対組み合わせイデオロギー**」を東西における展開現象として配するならば、地理的にも系統的にも年代的にもその中間に「**松原型土偶・注口付土器組み合わせイデオロギー**」が位置付けられるであろう。とするならば、注口付土器には「男神象」としての位相が想定され、注口部はペニスと見立ててよいであろう。
・では、東日本ではその是非が常に問題となる**環濠集落における「戦争イデオロギー」**との関係はどうであろうか。「シャーマン」の「顔無し」は「O形象」として具現化している可能性もある。「へのへのもへじ」顔は「P形象」に見ることが可能である。しかし、問題は「**女神像**」と「男神象」の構成であり、「**女神像**」には「シャーマン」が位置付けられる混在現象から考察するならば、**伝統的な「シャーマン」機能が優勢なイデオロギーと判断したい。これは「戦争イデオロギー」を知る立場にあるが、「Q形象」の受け入れなども考慮するならば、「戦争イデオロギー」の行使が成立しやすいとは思われない社会構成**である。
・すなわち、**松原遺蹟の環濠集落が戦争用として設営された可能性は低い。**

5. 中空遮光器土偶の2形象の弥生式における継承こそが「女方土偶イデオロギー」の真髄！そして「女方土偶イデオロギー」を解体した「前中西型男女一対組み合わせイデオロギー」とは！

・64頁の第1図1と2が「**女方土偶イデオロギー**」を構成する**弥生式中期前葉の2形象**である。その2形象は継承され、中段には**弥生式中期後葉〜末葉の2形象**、下段に**弥生式後期の2形象**を示すが、7の有馬遺蹟例は前述のとおり変容しており、「**頭部封塞型中空台式土偶**」である。
・具体的な製法について解説するならば、第1図2は大型中空遮光器土偶に観られる「**王冠型頭部開口製法**」の伝統を維持した、口縁部をそのまま用いて頭部開口製法とした形象で、65頁の第2図3に示したように「**砂沢式**」には既に確立している製法である。

第1図1は、70頁の第6図左上に示した岩手県出土の中型中空遮光器土偶に観られる**「額部封塞型後頭部開口製法」**の伝統をそのままに継承した形象で、関東地方では65頁の第2図6の神奈川県**中屋敷遺蹟**例に全形が代表される形象である。第2図5・7〜9の類例が中心となる分布を示しており、甲信地方には2個体セットとなる例が見られる。

・このような「女方土偶イデオロギー」の展開に当たり、大きな転換現象が『利根川』35で追及することになった前中西遺蹟2号溝から出土した第1図5の2個体で、**「前中西型男女一対組み合わせイデオロギー」**としての確認である。

　以上、**「女方土偶イデオロギー」**から**「前中西型男女一対組み合わせイデオロギー」**への転換の意味する所は、何故か唐突で貫入的な印象があり、それは**「前中西型男女一対組み合わせイデオロギー」**が後期へと継承されないことからも明白である。

【結語】

・前中西遺蹟を語るには、「北島式」直後に観られる**「前中西（古・新）式」の独立性と変容性を認識**しなければならない。しかも「土偶イデオロギー」からも在地との**「共通のアイデンティティ」**が判明しているばかりか、「土偶イデオロギー」として**「北島式」との連絡は未明**である。ここに集団制御に関わる継承性のギャップが存在するが、現状では年代差系統差として理解しておくべきが、これまでの資料の語るところである。

・さらに**中期末葉に生起する「前中西式」からの転換現象**は、さらに**一層強力な外的影響**が及んだ結果と考えられるが、**それが可能なのは遠隔地からの影響ではなく、隣接地域からの影響のみ**である。

（編者注　本稿はシンポジウム「当日の発表内容の概要」とのことで発表者から登壇者に手渡されたが、時間不足のため早口となり聞き取りにくかったものである。そのため、内容の興味深さから、ここに「附」として編者の責任において入れた。なお、文中の図・番号はシンポ資料集のものである。）

第Ⅳ部　前中西遺跡の研究

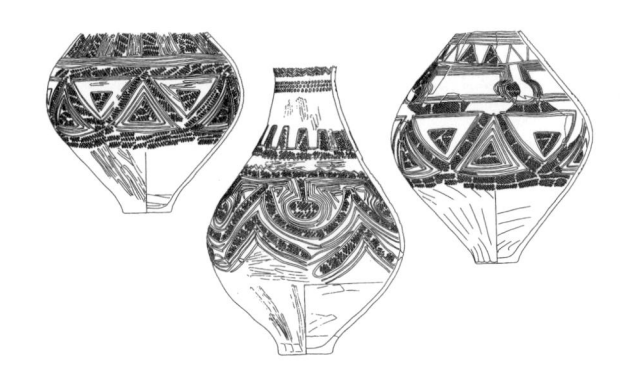

熊谷前中西遺跡を訪ねて（やませ吹くとき）

菊 池 健 一

はじめに

　2013年9月29日明治大学リバティータワーにて「熊谷前中西遺跡を語る」と題したシンポジウムが開かれた。このシンポジウムに参加して新たなる知見とともに、疑問点が生まれた。

　打ち上げの席で小出輝雄氏から原稿を書いてくれないかとの依頼があった。酒宴の席であり簡単に引き受けたのだが後が大変。後でうかつさに泣くことに……、ついでに原稿を病室にて書くことに。

　私にとっては一度も熊谷を訪ねたことはなく、通過地点であった。つまり、なにも知らない、（だから楽しい……）。

　シンポジウムで理解したことは遺跡の概要として弥生時代中期中葉から後期初頭を中心とし、遺跡規模は東西約750mから南北約400mおよそ30ha、簡単にいえば東京ドーム6個分ということになる。

　なんという広大な遺跡だという驚き、同時期のいくつかの遺跡が脳裏に走る、本当か…そんな大きな遺跡がなぜ熊谷の土地に存在したのだろうか？

　関東弥生文化研究会・埼玉弥生土器観会主催のシンポジウムの論点は、分からないことだらけと伝えられる石川先生の弥生時代全体像の中での前中西遺跡についての位置づけに始まって、調査担当者である松田氏の遺跡概要説明、宅間氏の土器論、鈴木氏の強調したい部分については太ゴチィクを用いた土偶を使った土偶イデオロギー論の展開、柿沼氏の妻沼低地における弥生時代中～後期の墓制について触れられた。

　この中で、柿沼氏の論に触れ、現地を訪れ、松田氏にお会いすることで、わずかながらの一文をしたためる事とした。

第Ⅳ部　前中西遺跡の研究

　原稿作成の目的は最終的には前中西遺跡の保存に向けたアピール、今回のシンポジウムを企画運営された小出輝雄氏へ捧げる事にある。

　文章の構成は最初に浮かんだ疑問、遠く北には榛名山、赤城山、この間に谷川岳が、西側には秩父山系を望み全く平らに見える土地である、この土地に以前から知られる池上・小敷田遺跡や北島遺跡があり、更に前中西遺跡の発見と続く何故この地区に弥生時代集中するのだろう遺跡の動態はどうなっているのだろうという件について、熊谷市史編さんで荒川の流路と遺跡中の弥生時代遺跡基礎データおよび分布図（第1図）を元に集落の動態についての若干の解釈を加え、はたして昔、我々の描いた弥生時代は米作りが始まり、一貫して社会が発展していく、春には村人総出で、籾を蒔き、秋には稲を刈り取り、翌年に備えるというのどかなイメージが正しいのかという単純な疑問の解釈に始まる。荒川沿いを松田氏に案内してもらっているとき、河川から離れた地点で重機が荒川の氾濫の際にもたらされた玉石を採掘していた。千葉での様相とはだいぶ異なる感覚である。この状況を理解するために、現在、筆者の持てる知識は多くないが、弥生時代の大きな流れとしての気候変動と荒川の河川の変動について述べる。

　ついで、前中西遺跡の現地踏査の所見を元に遺跡の今後の研究の可能性についての期待をつづる。この事によって現在、考えうる遺跡の筆者なりの解釈を浮かびだせたら幸せである。

1. 周辺の弥生時代遺跡からみた前中西遺跡

　遺跡には訪ねてみなければ見えてこない顔がある。その土地ならではの空気、春には霞立つ畑や田に吹く、やわらかな春風、冬には上毛三山から吹き下ろす空っ風、筆者も体験した事であるが、実はこの空っ風発掘調査の現場泣かせで、時には土を運ぶ箕さえ吹き飛ばす、さて時空を超えた弥生時代には何がみえてくるのだろう。

　大村氏は養老川流域弥生時代集落分布を述べる中で「開発地拡大の方向が沖積地ではなく谷奥へ進んでいくことは、近畿地方や東海地方と異なる」と述べている。下総台地を分析する視点と他の地域を分析する視点には当然、

違いが生じる。熊谷周辺地域ではどのように展開するのであろう。

　大きくみると、弥生時代から始まり、弥生時代後期には分布範囲が変わってしまう。前シンポの中で、吉田氏は分布図を使い、遺跡の立地条件の中から集落の分布を論じているが、前中西遺跡に焦点を当てるために動態を北から順に見てゆくと櫛引丘陵の北側に分布する、弥生時代前期の福川の自然堤防上に展開する上敷免遺跡（2）から始まり、同中期後葉の奈良川沿いの一本木前遺跡までのAグループ、当時の荒川が流れていたと考えられる推定流路沿いに展開する、中期前葉から後葉にかけての集落及び墓域である飯塚遺跡・同北・南遺跡のBグループ、本題の中心となる前原西遺跡をふくむ妻沼低地周辺の衣川・福川・星川といった小河川沿いの自然堤防に営まれた中期中葉を中心とした遺跡群、この中には前期末から後期初頭まで継続する集落・墓域である北島遺跡や池上・小敷田遺跡が含まれるCグループに分けられる。大まかな分布を確認すると以上のようになるが、中期の遺跡はここで消える。この姿を広瀬氏は『熊谷市史』の中で「比較的浅い部分で礫層にあたる場所も認められる事から、洪水等の理由により居住条件に適合しなかった」と述べる。前中西遺跡等の現地の遺跡に立った時に感じた飽くまで平坦な平野に展開した穏やかな集落群と言う事に感じた違和感は広瀬氏の論で納得がいく。Cグループ内部でも池上・小敷田遺跡→北島遺跡→前中西遺跡への展開には自然との共存及び闘いの姿が見えるのではなかろうか。

　さらに、後期になると遺跡数も極端に減り、集落の立地も江南台地沿いの富士山遺跡・姥ヶ沢遺跡や中期と後期の遺跡の比高差を比較すると40m程の差がある。ここで若干の推測を含めた解釈をくわえると、中期末から後期初頭は寒冷期に当たり、年平均気温が2度減少したとの説がある[1]、世界的におこった現象で最近では南極の氷等に火山噴火の形跡が認められる。初期農耕の主体は、稗・アワが主体で、米がわずかに作られるとされる。年平均2度の気温低下は植物の種子が発芽しないという結果を及ぼす。

　気温上昇が起きるまでの間、作物に期待できなかったであろう。でも人間はその土地を諦めたとしても、耕作可能な土地を求めた移動や耕作方法の改良・作物の品種改良に務め、再び暖かな春が来ることを待ち、闘ったであろ

第Ⅳ部　前中西遺跡の研究

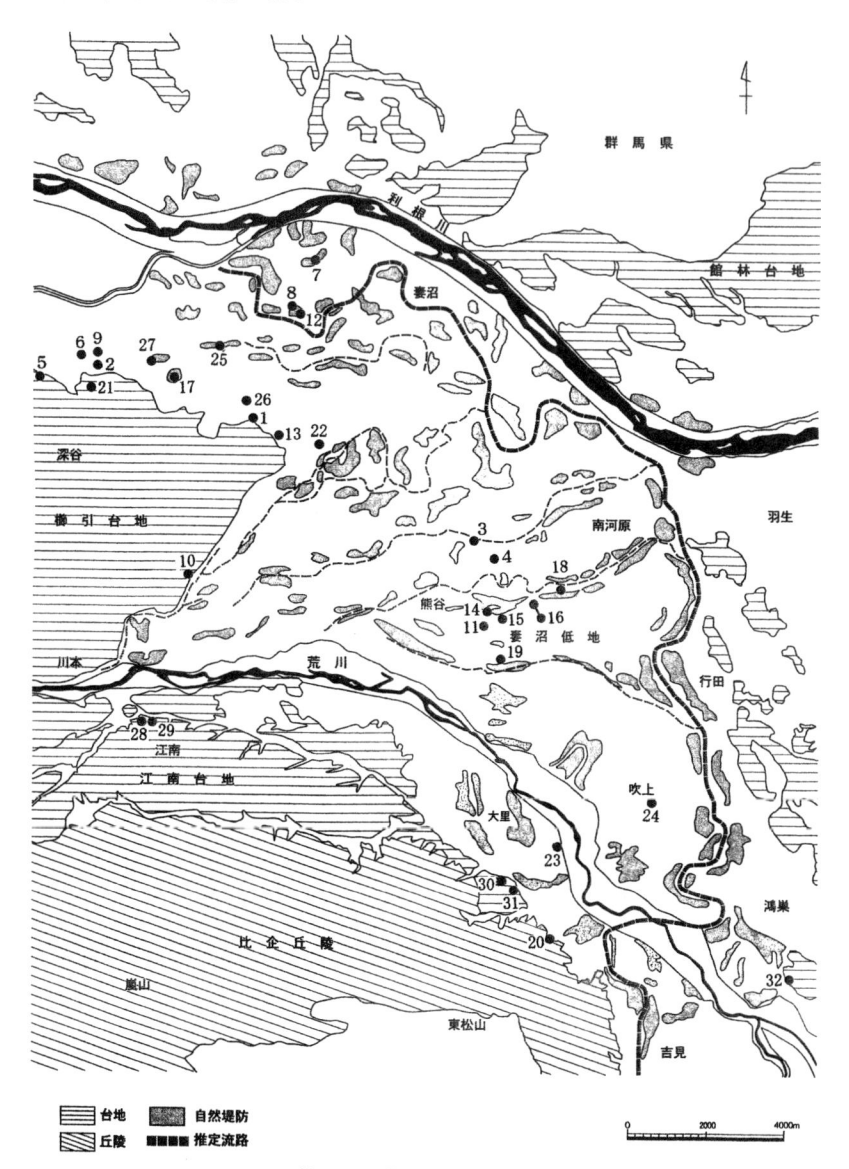

第1図　荒川の流路と遺跡

熊谷前中西遺跡を訪ねて（やませ吹くとき）

第1表　弥生時代遺跡基礎データ表

番号	遺跡名	行政区	時期	性格	標高	基盤土壌	隣接する河川等	備考
1	横間栗	熊谷市	前期末～中期中葉	墓域	28m		別府沼	沼地脇微高地
2	上敷面(2)	深谷市	前期～中期後葉	河川包含層・集落跡	34m	2次堆積ローム	福川	自然堤防・埋没河川
3	天神	熊谷市	前期末～後期初頭	散布地	24m	青灰色シルト		自然堤防
4	北島	熊谷市	前期末～後期後葉	集落・墓域	23m	青灰色シルト	星川	自然堤防・埋没河川
5	堀東	深谷市	中期前葉～中葉	墓域	34m	2次堆積ローム	福川	自然堤防
6	上敷面森下	深谷市	中期前葉～中葉	墓域	34m		小山川・唐沢川	自然堤防
7	飯塚北	旧妻沼町	中期前葉～中葉	墓域	30m	ローム台地	利根川右岸	
8	飯塚	旧妻沼町	中期中葉	墓域		埋没ローム？	利根川右岸	
9	上敷面(1)	深谷市	中期中葉	墓域			小山川・福川・唐沢川	自然堤防
10	三ヶ尻上古	熊谷市	中期中葉	墓域	54m	ローム台地	荒川左岸	比企丘陵末端
11	前中西	熊谷市	中期中葉～後期前葉	中期中葉～後期前葉	23.5m	青灰色シルト	衣川	自然堤防・埋没河川
12	円山	旧大里町	中期中葉～後期前葉	中期中葉～後期前葉		ローム	荒川右岸	
13	飯塚南	旧妻沼町	中期中葉～後葉	集落		埋没ローム？	利根川右岸	
14	寺東	熊谷市	中期中葉～後葉	散布地	31m	ローム台地？		台地東縁
15	藤之宮	熊谷市	中期中葉～後葉	散布地	24m		衣川	自然堤防
16	諏訪木	熊谷市	中期中葉～後葉	集落・墓域	20m	青灰色シルト	衣川	自然堤防・埋没河川
17	池上・小藪田	熊谷市―行田市	中期中葉～後葉	集落・墓域	20～21m	青灰色シルト	星川・忍川	自然堤防・埋没河川
18	宮ヶ谷戸	深谷市	中期中葉～後葉	集落	31m		福川	自然堤防
19	古宮	熊谷市	中期中葉～後葉	集落	21m	青灰色シルト	星川	自然堤防
20	平戸	熊谷市	中期中葉～後葉	？			衣川・忍川	沼地
21	船木	旧大里町	中期中葉～後葉	集落・墓域	36m	ローム	荒川右岸	比企丘陵末端
22	桜ヶ岡	深谷市	中期後葉	散布地	53m	ローム	唐沢川	櫛引台地
23	一本木前	熊谷市	中期後葉	散布地	54m		奈良川	自然堤防
24	下田町	旧大里町	中期後葉～後期	墓域・散布地	17m	灰色粘土	荒川・和田吉野川	自然堤防
25	袋・台	旧吹上町	中期後葉	集落	18m	2次堆積ローム？	新忍川・元荒川	自然堤防
26	清水上	深谷市	後期前葉	包含層	29m			自然堤防
27	関下	熊谷市	後期前葉	集落	34m		別府沼	自然堤防
28	明戸東	深谷市	後期前葉	集落	30m		小山川・福川	自然堤防
29	富士山	旧江南町	後期後葉	集落	65m	ローム	荒川右岸・和田吉野川	江南台地
30	姥ヶ沢	旧江南町	後期後葉	集落	63m	ローム	荒川右岸・和田吉野川	江南台地
31	玉太岡	旧大里町	後期後葉	集落	24m	ローム	荒川右岸	比企丘陵末端
32	登戸新田	鴻巣市	後期後葉	墓域	20m	ローム	荒川右岸	大宮台地

第Ⅳ部　前中西遺跡の研究

う。作物を枯らす山瀬吹く時もその先にはいつか日の光が差すと信じたであろう。この現象が中期の平野部の村から後期の山住の村へとの移行と理解される。

2. 調査の成果

土器や遺跡の特徴についてはシンポジウムの予稿集に詳しいので、私は江南文化財センターにて丸山遺跡・前中西遺跡等の資料を実見させて頂き、その中から生まれてきた問題と解釈を加える。特に千葉産の土器では、まず、円山遺跡では四隅が切れる方形周溝墓の溝内より、胎土に金雲母を含む壺型土器が出土し、これは千葉の土器で、久ヶ原式古相の土器である。

前中西遺跡Ⅷ報告中の第7土坑中からは宮の台式系の壺が出土している。しかし、この土器は胎土が粗く千葉のものではない。この他に茨城県の久慈川系統と考えられる高坏が前中西遺跡Ⅱの第5号住居跡から確認されている。栗林式系統の土器の多さとともに異系統の新たな知見と考えられる。

石製品の問題としては新潟の小糸川産の珠のほかに、佐渡産の赤色発色の管玉、コバルト発色のガラス玉等があり、石材の今後の分析に期待したい。農耕関係の資料としては打製石斧とされるのは石鍬と考えられる。また、本遺跡の報告Ⅴに記載される第32号溝跡の1の底部には稲籾跡を確認した。

3. 小　　結

席上での感想としては一度調査してしまえば、2度と元に戻らぬ遺跡は調査すべきでないと思ったが、今回の遺跡は区画整理事業で発見され、地下1m下でやっと確認されるものであり、ローム層を基盤とする南関東・千葉では考えられない。この他に集落の問題等多くの疑問を含むが、多くの研究者が今後解明していくであろう。

追記　今回の私の行動は、昔の象を語る3人の目の不自由な人の例え話のように、見えてこないものが多いと思う。しかしながら、後続する者たちを勇気づけ、100年後には熊谷の土地にはとバスをしたてた団体が見学に来てくれるお役にたてれば幸いで

す。ご指導いただいた江南文化財センター松田哲、柿沼幹夫、栗島義明の諸氏に感謝します。

註
1) この件を実証するためには年輪年代法・放射性炭素分析と土器型式のすり合わせが行われ時期比定が正確に行われるという前提が必要になる。

参考文献

考古専門部会 2011「座談会　荒川の流路と遺跡」熊谷市史研究　第3号　熊谷市教育委員会

諸岡勝ほか 1987「Ⅲ歴史・地理（1）」『荒川　人文Ⅰ』　埼玉県

大村　直ほか 2002「弥生時代・古墳時代の村研究」『村研究の方法』　帝京大学

安田喜憲 1980『環境考古学事始』　NHK放送出版

前中西遺跡の弥生石器について

杉山 浩平

はじめに

　前中西遺跡は、主に弥生時代中期中葉から後期初頭に営まれた遺跡であり、その中心は中期後葉から後期初頭である。前中西遺跡からは、隣接する大形集落の北島遺跡同様に多種多様の石器群が出土している。前中西遺跡の成果により、中期中葉の池上遺跡および小敷田遺跡から連綿とつづく埼玉県熊谷市・行田市域の遺跡群の変遷のなかで、後期初頭までの石器群の変遷も捉えることができる。本稿では、前中西遺跡出土の石器について、資料見学時に抱いた論点に沿って記させていただきたい。

1　問題点の抽出

　前中西遺跡からは筆者の集計（2013年秋、報告書段階にて）で179点の石器が出土している。石器の器種も多彩である[1]（第1図）。装身具類・軽石・剥片・環状石器を除いた主要器種（164点）に絞り、周辺遺跡と器種組成を比較した（第2図）。筆者は以前、北島遺跡の石器を評価した中で、土掘り具・打製加工具（剥片刃器など）と礫加工具の多さを関東地方北西部の地域的な特徴としてあげた（杉山2010b）。その視点で前中西遺跡の石器を概観してみると相違点と共通点が明らかである。相違点は北島遺跡などで多く出土した剥片刃器（北島遺跡での有肩扇状石器を含む）が前中西遺跡では14点と少ない。この点は、遺跡における生業差もしくは時期差に基づくと考えられる。共通点としては、土掘り具や磨石や敲石などの礫加工具が石器器種の主要な位置を占めている点である。磨石には様々な形態があり、用途も異なるであろう。特に厚みの薄い円礫を素材とした磨石が前中西遺跡・北島遺跡

第Ⅳ部　前中西遺跡の研究

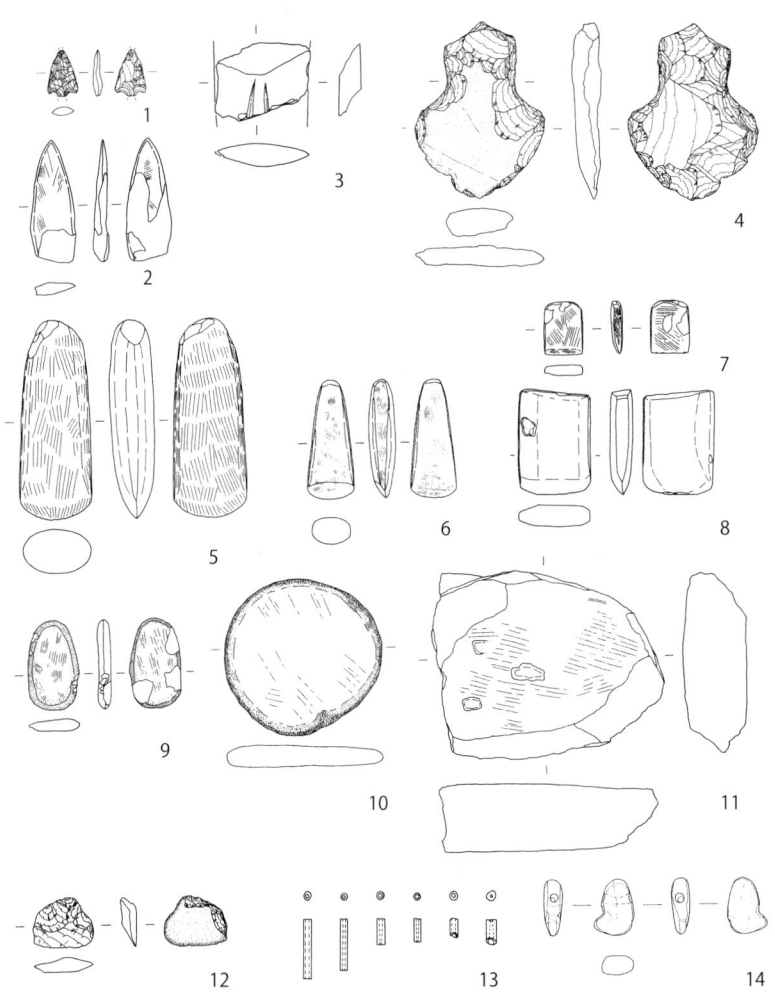

1：打製石鏃（Ⅳ1方形周溝墓），2：磨製石鏃（Ⅴ遺構外），3：磨製石戈（Ⅲ9号方形周溝墓」
4：打製土掘り具（Ⅶ7号住居），5：太形蛤刃石斧（Ⅷ4号住居），6：定角式石斧（Ⅳ19号住居）
7：扁平片刃石斧（Ⅶ12号住居），8：扁平片刃石斧（Ⅲ5号住居），9：扁平磨石（ⅥⅠ号住居）
10：台石（Ⅵ10号住居），11：砥石（Ⅶ11号住居），12：剥片刃器（Ⅶ4号住居），
13：管玉（ⅢⅠ号墓），14：勾玉（Ⅳ16号住居）

第1図　前中西遺跡出土の主な石器器種

前中西遺跡の弥生石器について

遺跡	砂田台	折本西原	大崎台	飛鳥山	北西の久保	西迎	清里庚申塚	北島	前中西
狩猟具	16	3	1	0	52	1	4	15	6
土掘り具	18	11	0	2	8	1	12	25	59
収穫具	0	9	1	0	13	0	0	1	0
木工具	128	45	96	40	21	2	5	15	12
礫加工具	126	64	12	27	10	16	23	234	56
打製加工具	35	2	0	1	6	15	18	298	14
砥石	132	24	44	10	27	1	1	52	17
合計	455	158	170	81	137	36	63	350	164

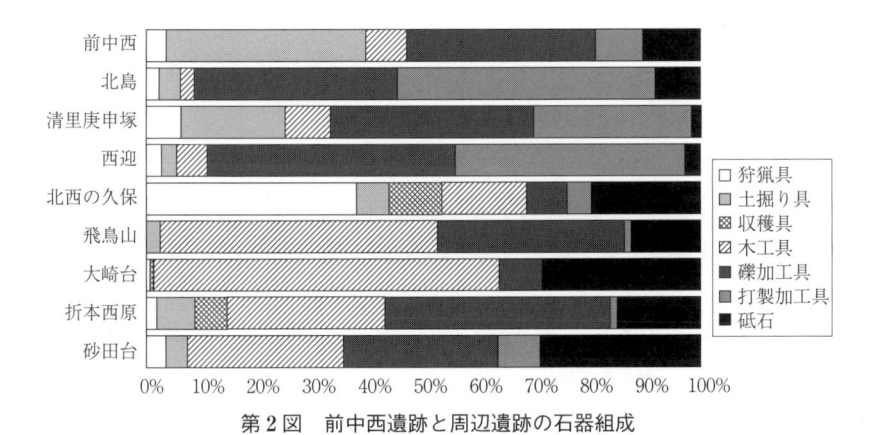

第2図　前中西遺跡と周辺遺跡の石器組成

でともに多く出土しているが、その機能は不明である。そこで植物質食糧の加工に用いられた可能性を考え、本稿では残存デンプン粒分析を行い、検討する。また、楕円形状から半円球状の磨石のなかには、鏡面状の光沢を持つ磨石がある。同様の特徴を持つ石器は、北島遺跡でも確認されるほか、関東地方の多くの遺跡でも出土している。これまで、ほとんど検討が行われてこなかった石器である。本論では、出土事例を集成し、その出現について検討を加える。

そして、関東地方北西部では、主に長野盆地で製作された緑色岩製磨製石器が数多く搬入されている。北島遺跡では、長野市榎田遺跡で磨製石器の生産が行われている栗林2式（新）段階に対応する北島遺跡Ⅰ期・Ⅱ期に、多くの緑色岩製磨製石斧が出土している。しかし、榎田遺跡での石器生産が終

143

第Ⅳ部　前中西遺跡の研究

焉を迎える北島遺跡Ⅲ期には、在地産石材による磨製石器の製作が行われている（杉山2010b）。前中西遺跡の集落が営まれた中心的な時期は、北島遺跡に継続する中期末から後期初頭であるが、木工具（伐採斧と加工斧）は12点出土している。各石器を観察した上で生産と流通について、検討したい。

2　扁平磨石の用途

a　残存デンプン粒分析の結果

前中西遺跡からは49点の磨石が出土している。磨石は、自然礫をそのまま用いているため、様々な形態がある。もっとも多い形態は平面形が楕円形や四角形を呈して、厚みが薄いタイプである（26点）。この磨石の用途については、これまで実証的な検討が加えられたことはない。浜田晋介氏は、弥生時代の遺跡から出土する磨石・石皿について、主に出土状況と形態学的分析から、堅果類・穀物類の製粉に用いられたのではないかと推測している（浜田2007）。

そこで、筆者は前中西遺跡で多く出土している磨石類の用途を検討するために、残存デンプン粒分析を行った。残存デンプン粒分析とは、石器表面の凹部に付着した土壌の中に残るデンプン粒を抽出し、現生植物のデンプン粒と比較して、被加工物を推定する研究である。日本国内では渋谷綾子氏が旧石器時代から縄文時代の資料を積極的に分析し、植物利用史を明らかにしている（渋谷2010、ほか）。デンプン粒は、植物により大きさや形状が異なる。筆者が観察し、現生植物のデンプン粒をもとに分類したのが第3図である。第3図下段には、数あるデンプンの中から代表的な4種について偏光顕微鏡で観察したデンプン粒の写真（左：オープン・ニコル、右：クロス・ニコル）を呈示した。第3図上段をみると、形状が楕円形（Ⅲ類）や半円形（Ⅳ類）のデンプン粒は、非常に多くの根茎類・堅果類で確認される。一方、アワ・キビなどの雑穀類に多い五角形（Ⅶ類）・コメの六角形（Ⅷ類）のデンプン粒は大きさと平面形が上記植物類との違い、明瞭に区別される。この点を根拠に、各石器を観察し多角形体のデンプン粒が確認されれば、石器による穀物類の製粉が行われていたことを証明することができる。

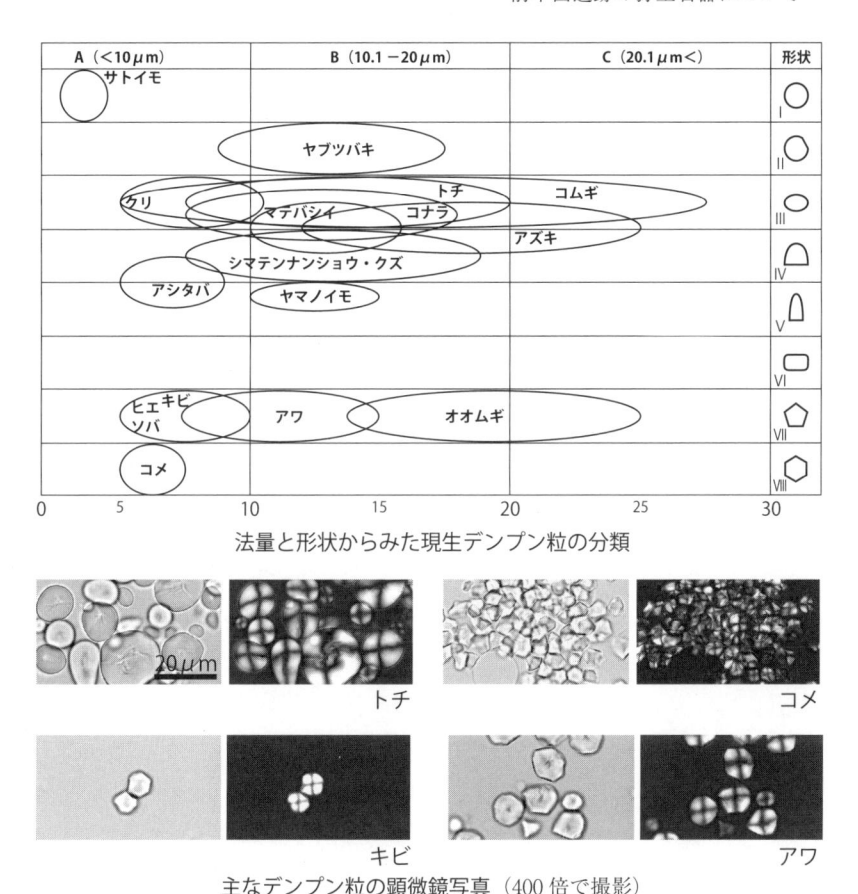

法量と形状からみた現生デンプン粒の分類

主なデンプン粒の顕微鏡写真（400倍で撮影）

第3図　現生植物のデンプンの分類と主なデンプンの写真

　今回、前中西遺跡出土の磨石等14点から、サンプルを採取し観察した[2]。その結果、6点の石器から残存デンプン粒を検出した（第1表・第4図・第5図）。デンプン粒が検出された石器は、敲石・扁平磨石や台石などである。特に第4図4の敲石の先端部分からは多くのデンプン粒が検出された。しかし、同じ遺構で共伴した凹石（第4図7）からはデンプン粒が検出されなかった。また、第4図6の台石からも多くのデンプン粒が検出された。第4図3のように単一種のデンプン粒が検出された石器もあれば、2・4・6のよう

第Ⅳ部　前中西遺跡の研究

第1表　残存デンプン粒分析を行った石器

図番号	報告書番号	器種	スライド番号	デンプン形状	大きさ（μm）	デンプン写真No.
3	報Ⅳ　第35図43	円礫磨石	S1-1-1	Ⅶ	10.8	4
	報Ⅴ　第12図20	砥石・台石				
2	報Ⅵ　第17図59	扁平磨石	S2-1-2	Ⅱ or Ⅲ	12.5	2
			S2-2-1	Ⅰ or Ⅱ	12.5	3
	報Ⅵ　第17図60	扁平磨石				
6	報Ⅵ　第27図4	台石	S1-1-1	Ⅲ or Ⅶ	12.5	10
			S1-1-2	Ⅰ	8.8	11
			S1-2-1	Ⅱ／Ⅲ	7.5〜20	12
			S2-1-1	Ⅲ	5.8	13
			S2-1-2	Ⅱ／Ⅲ	17.5	14
4	報Ⅶ　第7図74	敲石	S1-1-1	Ⅶ	8.75	5
			S1-2-1	Ⅰ or Ⅱ or Ⅲ	13.8	6
			S1-2-2	Ⅲ	10	7
			S1-2-3	Ⅱ and Ⅳ	13.3〜17.5	8
			S1-2-3	Ⅶ	11.3〜15	8
	報Ⅶ　第7図75	赤色顔料付き台石				
	報Ⅶ　第7図76	凹石				
5	報Ⅶ　第12図65	砥石・台石	S1-1-1	Ⅷ	12.5〜15	9
	報Ⅶ　第35図203	砥石				
	報Ⅶ　第49図66	扁平磨石				
1	報Ⅶ　第51図38	扁平磨石	S2-2	Ⅶ or Ⅷ	17.5	1
	報Ⅷ　第44図139	扁平磨石				
	報Ⅷ　第44図140	敲石				

／中間、or 判断難、and 複数形態

に多種のデンプン粒が検出された石器もある。第4図1・3・4・5からは穀物類に特徴的な多角形を呈するデンプン粒が検出された。また、2・4・6からはトチやクリなどに特徴的なⅡ・Ⅲ類のデンプンが検出されている。つまり、前中西遺跡では、磨石・台石類を使った堅果類ならびに穀物類の製粉が行われたと考えられる。

b　弥生時代中期の植物質食糧の利用

近年、組織的な遺跡土壌の水洗選別やレプリカ法の普及により、コメをはじめアワ・キビなどの穀物類の出土例が増加してきた結果、弥生時代には、複合的な栽培農耕が行われていたことが明らかになりつつある（設楽2009）。前中西遺跡に近い北島遺跡においても、遠藤英子の分析の結果、イネおよびアワの種子圧痕が確認されたとのことである[3]。

その穀物類がどのような調理加工されたのか、その方法については、これまで土器に残るススやコゲなどの使用痕の分析から、主に炊くという行為が

前中西遺跡の弥生石器について

1
(VII51 図 38)

2
(VI17 図 59)

3
(IV35 図 43)

4
(VII7 図 74)

5
(VII12 図 65)

6
(VI27 図 4)

7
(VII7 図 76)
(参考資料)

黒囲み数字は、サンプルの採取位置を示す。

0　　　　　　20cm

1（1：S2-2）

2（2：S2-1-2）

3（2：S2-2-1）

4（3：S1-1-1）

5（4：S1-1-1）

6（4：S1-2-1）

7（4：S1-2-2）

8（4：S1-2-3）

(石器 No.：スライド No.‐個体 No.)

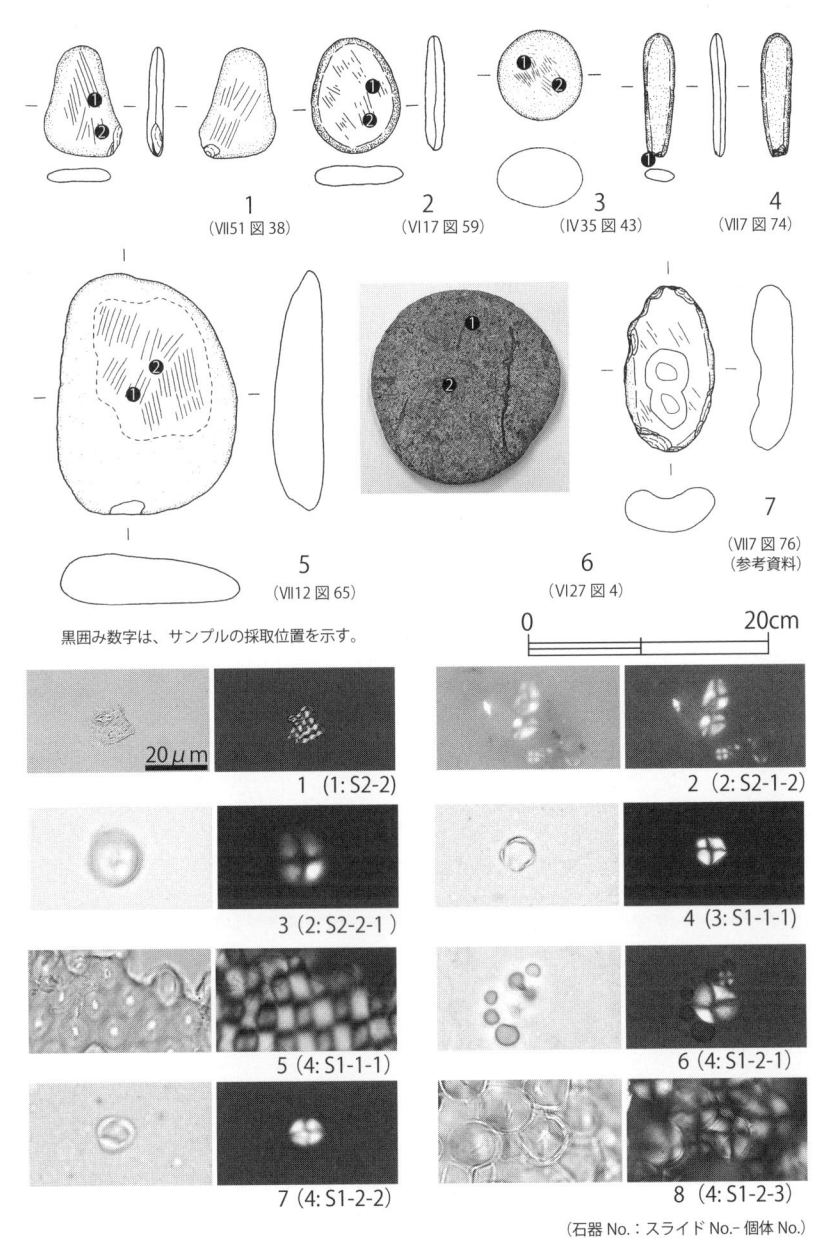

第 4 図　前中西遺跡で検出された残存デンプン粒(1)

147

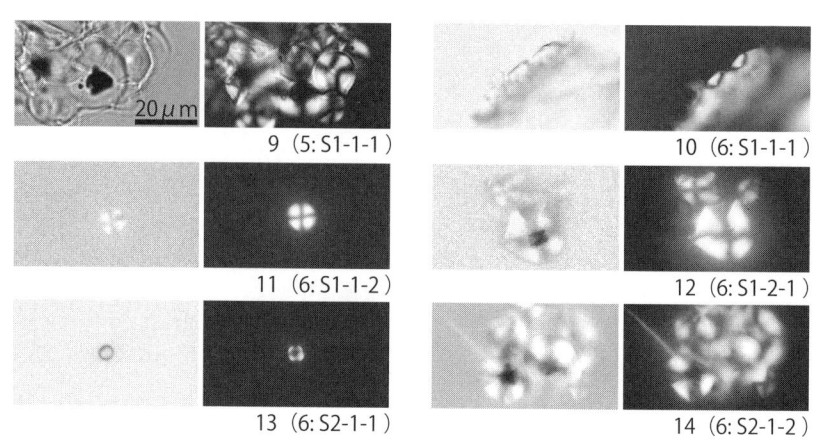

第Ⅳ部　前中西遺跡の研究

　　　　　　9（5:S1-1-1）　　　　　　　　10（6:S1-1-1）

　　　　　　11（6:S1-1-2）　　　　　　　　12（6:S1-2-1）

　　　　　　13（6:S2-1-1）　　　　　　　　14（6:S2-1-2）

(石器No.：スライドNo.-個体No.)

第5図　前中西遺跡で検出された残存デンプン粒(2)

推定されてきた（長友編2007）。しかし、今回の残存デンプン粒分析から、炊飯による粒食という調理以外に製粉加工を行う調理法が存在していたと考えられる。浜田も日本列島に残る穀物類の粉食に関する民俗事例を示す中で、アワやキビは粉食することが多く、コメについても脱穀や精白の段階で小さくなってしまったものが、粉食用に用いられたと推定している（浜田2011 87-88頁）。また、筆者も伊豆諸島の三宅島の弥生時代中期の遺跡（大里遺跡・坊田遺跡）出土の石皿や磨石の残存デンプン粒分析を行った際、雑穀類を示すⅦ類のデンプンを多く検出することができた（杉山2014）。伊豆諸島の弥生時代中期の遺跡は、黒曜石や南海産貝類などの資源を獲得するために、本土から移住した集団である（杉山2010a）。そのゆえ、島での調理加工技術は、移住元での伝統的な技術・方法を持ち込んでいると考えられる。つまり、南関東地方の弥生時代中期においても、穀物類の粉食が行われていたものと推定される。今回の前中西遺跡の事例とあわせれば、関東地方の弥生時代中期後葉においては、複合的農耕栽培が行われ、炊飯による粒食とともに収穫物を最大限に利用するための粉食も調理文化として存在していたと言えるであろう。

3 鏡面状光沢を持つ磨石

a 鏡面状光沢を持つ磨石について

　前中西遺跡出土の磨石のなかには、磨面が鏡面状の光沢を持つ石器が3点、台石状の石器が1点ある（第6図）。同様の石器は、北島遺跡をはじめ、関東地方から東海地方東部において弥生時代中期から後期の遺跡から出土している。磨石は円形の自然礫を素材として、1面もしくは2面の平坦もしくは凸面状の磨面があるだけでほかの部位に目立つ加工痕はない。ただし、第6図2の磨面には研磨面の下に一部剥離面があるので、磨面を形成する部位で剥離分割して、その剥離面を研磨して最終的な形状に至っている可能性もある。磨面はほかの磨石と異なり、非常に密に研磨されており、その多くは鏡面状の光沢をもつのが特徴である。鏡面状の光沢を持つ磨石は、すでに赤色顔料の微粉作業と関連があることが知られており（浜田2007）、ここでは、前中西遺跡および周辺地域と併せた特徴について所見を述べたい。

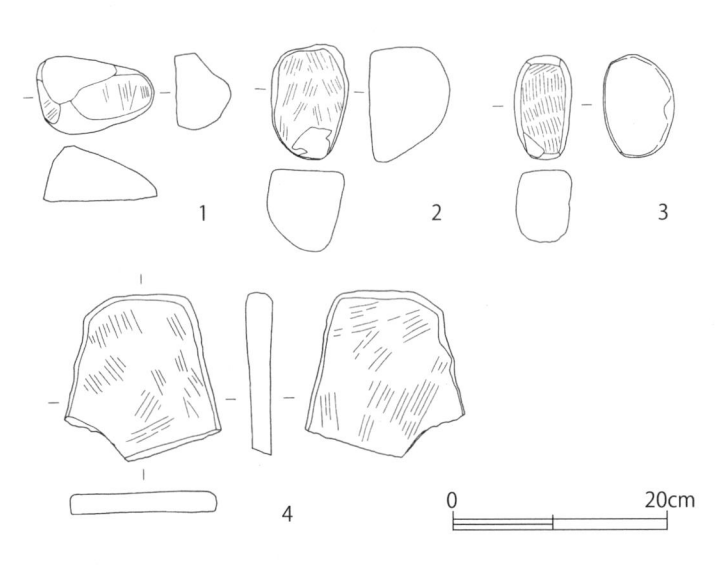

第6図　前中西遺跡出土の鏡面状光沢を持つ石器

第Ⅳ部　前中西遺跡の研究

b　前中西遺跡出土資料の特徴

第6図には、前中西遺跡出土の石器を示した。1（報文Ⅷ、第72図5）は、破損しているため、もとの形状は不明である。この磨石では2面（図の右側の磨面をA面とし、左側をB面とする）の磨面が確認された。A面は、凸面になっており全体的に光沢がある。B面は同心円状に筋になった光沢がある。A面に比べれば、光沢は弱い。A面の磨面そのものよりも握部との境付近に薄く赤色物資が付着している。2（報文Ⅷ、第31図103）は、断面形が半円状を呈する。磨面は1面で、直線的である。磨面には鏡面状の光沢が確認されたが、赤色物資の付着は確認されなかった。3（報文Ⅶ、第20図19）は断面形が半円状を呈する。磨面は1面で凸面になり、鏡面状の光沢がある。磨面上の小さな凹みのなかに赤色物資の残存が確認された。4（報文Ⅶ、第7図75）は、扁平な台石である。実測図左をA面・右をB面とする。A・B面ともに光沢を帯びている。A面はほぼ平坦な磨面であり、中央やや右側の凹み部に赤色物資が残り、実測図A面下端部においても薄く赤色物資が付着しているように見える。B面はやや中央がくぼんでいるが、赤色物資は確認されなかった。

前中西遺跡出土の鏡面状光沢を持つ石器には、赤色顔料の付着および僅かな残存が確認される。つまり、これらの石器は、浜田が既に指摘したように赤色顔料の微粉化作業において用いられたものと考えられる。

c　鏡面状光沢を持つ石器・赤色顔料の付着した石器の集成

関東地方ならびに東海地方東部の遺跡から出土した鏡面状光沢を持つ石器、もしくはその可能性のある石器および赤色顔料が付着した石器は、管見の限り44点確認された（第2表）。すべての石器を実見しているわけではないが、報告書の記載や形態に基づき集成した。

この特徴を持つ石器は、関東地方では弥生時代中期中葉から出土し、後期後葉まで継続して用いられる。古墳時代以降は、石杵など定型的な石器へと変化していくものと考えられる。古墳時代以後の石杵がおもに古墳から出土するのに対して、弥生時代の資料では、墓域から出土したのは静岡県静岡市川合遺跡のみであり、他の磨石は竪穴住居内など生活区域からの出土が多い。

鏡面状の光沢もしくは赤色顔料が付着した石器の器種は概ね4種である。磨石のほか敲石・台石・破損した太形蛤刃石斧を加工したものである。磨石は、原則として円礫・亜円礫・亜角礫を用いている。もっとも多い形態は円礫を半截したような半円球状で、手の内にすっぽりはまる大きさのものである。そのほか、楕円形や棒状のものもあるが、それらはオリジナルの礫の形状に基づいている。そして、磨面は凸面状になることが多い。赤色顔料は、磨面全体で確認されることはなく、細かい凹部などに残存していることが多く、側面部分にも残存していることもある。

　赤色顔料が付着する敲石は、北島遺跡から出土している。敲石には2種あり、一つは亜角礫の頂部を敲打面としているものであり、もう一つは緑色岩製の太形蛤刃石斧の基部を敲打面としているものである。いずれの形式にしろ、敲打面の凹部に赤色顔料が残存していたのが確認された。台石は北島遺跡・梶ケ谷神明社上遺跡・日詰遺跡で出土している。いずれの台石も同じ遺構内で鏡面状の光沢面を持つ磨石と共伴している。また、赤色顔料が認められる緑色岩製磨製石斧も先にあげた敲石として用いられた2点以外に、北島遺跡から2点出土している。石斧の身の凹み部に赤色顔料が認められた。緑色岩製磨製石斧が破損後に磨石として転用される例は、長野県長野市松原遺跡で多く確認されており、そのほか東信地域の佐久市北西の久保遺跡や新潟県上越市吹上遺跡でも出土している。つまり、栗林式土器が多く分布する地域において、緑色岩製の太形蛤刃石斧を赤色顔料用の敲石や磨石に転用する例が多く認められる。また、石斧の北島遺跡の出土例のように斧身に赤色顔料の一部が残存している例は、北陸地方でも筆者は確認している。

d　赤色顔料が付着した石器類の意味

　赤色顔料が付着した石器は、主に赤色顔料（水銀朱やベンガラ）の微粉化の作業が遺跡内で行われたことを意味している。まず、今回石器類を集成した地域では、弥生時代における水銀朱の使用例は確認することができない。数少ない分析例を見ても、その全てがベンガラである。つまり、これらの石器はベンガラの微粉化に用いられた可能性が高い。ただし、北島遺跡からは敲石の一部から赤色顔料が確認されており、粉砕→微粉化という工程が考え

第Ⅳ部　前中西遺跡の研究

第2表　鏡面状光沢のある石器

遺跡名	所在地	出土遺構	器種	特徴	形状	時期	出典
用土・平	埼玉県寄居町	9号住居	磨石	凸面状の磨面。	棒状	中期後葉	丑野毅1984
大野田西	埼玉県嵐山町	第9号住居	磨石	凸面状の磨面。	棒状	後期後半	佐藤康二1994
		第9号住居	磨石	凸面状の磨面。	棒状	後期後半	
		第22号住居	磨石	鏡面状の光沢。凸面。	おにぎり形　棒形　破片資料	後期後半	
		第25号住居	磨石	凸面状の磨面。	棒状	後期後半	
北島	埼玉県熊谷市	上段堰	磨石	磨面縁辺部に赤色顔料が残る。	半円球形	中期後葉	吉田稔2003
		第198号住居	敲石	礫の稜部に赤色顔料が残る。	球形	中期後葉	
		第214号住居	太形蛤刃石斧（緑色岩製）	基部の敲打面に赤色顔料が残る。		中期後葉	
		第228号住居	剥片	礫面と打点部に赤色顔料が残る。	片面礫面	中期後葉	
		第303号住居	磨石	鏡面状の光沢。凸面。	半円球形？	中期後葉	
		第324号住居	磨石	凸面状の磨面。磨面の1箇所に赤色顔料残る	半円球形？	中期後葉	
		第339号住居	磨石	凸面状の磨面。側面に赤色顔料残る	半円球形？	中期後葉	
		第339号住居	台石	両面端部に赤色顔料が残る。		中期後葉	
		上段堰	台石（報文記載礫器）	点として赤色顔料が残る。	楕円形	中期後葉	
		上段堰	敲石	先端部の凹部に赤色顔料が残る	楕円形	中期後葉	
		第426号住居	敲石	端部の敲打痕内部に赤色顔料が残る。	断面三角形の角礫	中期後葉	
		遺構外	太形蛤刃石斧（緑色岩製）	胴部中位から刃部にかけて赤色顔料が残る。		中期後葉	

前中西遺跡の弥生石器について

遺跡名	所在地	出土遺構	器種	特徴	形状	時期	出典
北島	埼玉県熊谷市	遺構外	太形蛤刃石斧（緑色岩製）	刃部鎬に赤色顔料が残る。		中期後葉	吉田稔 2003
前中西	埼玉県熊谷市	Ⅲ-50号溝	磨石	磨面は長辺側。破断面附近に赤色顔料が残る。	楕円形	中期末葉	吉野健 2003
		Ⅶ-第1号住居	台石	鏡面状の光沢。磨面端に赤色顔料が残る。		中期末葉	松田哲 2012
		Ⅶ-第6号住居	磨石	鏡面状の光沢。磨面に赤色顔料が残る。	半円柱状	中期末葉	
		Ⅷ-第8号住居	磨石	鏡面状の光沢。	半円球形	中期後葉	松田哲 2013
		Ⅶ-第1号方形周溝墓	磨石	鏡面状の光沢。磨面端に赤色顔料が残る。	おにぎり形	後期初頭	
小敷田	埼玉県行田市	1区1号住居	磨石	鏡面状の光沢。凸面。赤色顔料が磨面凹部に残る	おにぎり形	中期中葉	吉田稔 1991
		1区1号住居	太形蛤刃石斧（緑色岩製）	基部敲打痕。赤色顔料が凹部に残る		中期中葉	
		3区8号住居	磨石	凸面状の磨面。少量赤色顔料が残る。	棒状	中期中葉	
		4区河川跡	磨石	鏡面状の光沢、凹部に赤色顔料が残る	おにぎり形	中期中葉	
		5区河川跡	磨石	鏡面状の光沢、側面と磨り面についている。凹部に赤色顔料が残る	棒状	中期中葉	
台の城山	埼玉県朝霞市	6号住居	磨石	鏡面状の光沢。凸面。縄文の凹石の転用？	楕円	中期後葉	谷井彪ほか 1975
		6号住居	磨石	鏡面状の光沢。凸面。	おにぎり形	中期後葉	
岡・向山	埼玉県朝霞市	6c号住居跡	磨石	鏡面状の光沢。凸面。	おにぎり形	中期後葉	朝霞市教育委員会 1994

153

第Ⅳ部　前中西遺跡の研究

遺跡名	所在地	出土遺構	器種	特徴	形状	時期	出典
西原	埼玉県さいたま市	47号住居	磨石	鏡面状の光沢。	円形おにぎり	中期後葉	宮崎朝雄ほか1972
明花向A	埼玉県さいたま市	第1号住居	磨石	鏡面状の光沢。凸面。	おにぎり形	中期後葉	剱持和夫・田中英司1984
子ノ神	神奈川県厚木市	77号住居	磨石	側面4面の凹部に赤色顔料が残る。磨面にはない。	おにぎり形 角張っている	後期後半	望月幹夫・山田不二郎1983
観福寺北	神奈川県横浜市	19号住居	磨石	凸面状の磨面。	おにぎり形 角張っている	中期後葉	平子順一・鹿島保宏1989
砂田台	神奈川県秦野市	11号溝	磨石	凸面状の磨面。	半円球形	中期	宍戸信悟・谷口肇1991
三ツ俣	神奈川県小田原市	SI012	磨石	凸面状の磨面。	おにぎり形 角張っている	中期後葉	市川正史・伊丹徹1986
梶ヶ谷神明社上	神奈川県川崎市	竪穴住居	磨石	鏡面状の光沢。凸面。	半円球形	中期後葉	新井清・持田春吉1970
		竪穴住居	台石	両面ともに光沢がある。赤色顔料が残る		中期後葉	
川合	静岡県静岡市	2号方形周溝墓	磨石	鏡面状の光沢。凸面。	半円球形	中期後葉	山田成洋・伊藤律子1992
雄鹿塚	静岡県沼津市	包含層	磨石	凸面状の磨面。	半円球形	中期・後期	鈴木裕篤1989
日詰	静岡県南伊豆町	C-4区	磨石	鏡面状の光沢。側縁部には剥離痕がある	半円球形	中期後葉	鈴木敏弘1978
		YW-1住床上	磨石	鏡面状の光沢。頭部に敲打痕がある。	半円球形	中期後葉	
		YW-1住床上	台石	鏡面状の光沢。磨石と共伴。		中期後葉	

られる。また、北島遺跡では西日本域で水銀朱の煮沸に用いる広片口鉢も出土しており、興味深い。

　弥生時代における赤色顔料は、主に墓への散布や土器・木器の装飾に用いられている。現在のところ東日本では、弥生時代の墓の主体部に赤色顔料が散布・塗布される例はない（石井 2013）。管見の限り、赤色顔料は主に弥生土器等の装飾に用いられている。北島遺跡の土器について分析を行った宅間清公によれば、弥生時代中期中葉の池上遺跡・小敷田遺跡では赤彩土器は極めて少ないが、中期後葉の北島遺跡では、壺形土器・高坏形土器に高い比率で赤彩が認められるという[4]。また、数多くの磨製石斧転用の磨石が出土している長野盆地においても栗林式土器の壺形土器には赤彩されるものが多く、赤色顔料の微粉を行うための磨石と台石、そして生産される赤色顔料、そして赤彩される土器の量産との間に相関関係を認めることができるであろう。

　一方、集成に示した赤色顔料の微粉を行う石器の出土分布をみれば明らかなように、この石器は南関東地方での出土量は少ない。南関東地方の弥生時代中期後葉の宮ノ台式土器もその後半期になれば、壺形土器の多くは赤彩されている。しかし、管見のかぎり川崎市梶ケ谷神明社上遺跡・秦野市砂田台遺跡・小田原市三ツ俣遺跡から出土しているだけである。この赤色顔料の生産具と赤彩された弥生土器という生産品の量的不均衡さの背景には、赤色顔料（ベンガラ）そのものの流通を想定しなければ理解することができない。中期の例ではないが、埼玉県さいたま市東裏西遺跡（弥生時代後期）からは、壺形土器に入れられた赤色顔料が検出されている。また、桶川市西Ⅰ遺跡の竪穴住居からは、台付甕形土器の脚部片を赤色顔料で満たし、壺形土器の胴部片を蓋にした状態のものが検出されている。これらの遺跡では、赤色顔料の生産具が出土しておらず、今後は、土器の生産を考える際に、赤色顔料そのものの流通の可能性を考慮する必要がある。

4　磨製石斧の流通

a　石斧の器種

　前中西遺跡からは12点の磨製石斧（太形蛤刃石斧4点・扁平片刃石斧5

第Ⅳ部　前中西遺跡の研究

点・縄文系伐採斧3点）が出土している。前中西遺跡では、弥生時代中期中葉から後期初頭までの竪穴住居は59軒検出されている（松田2013）ことを考えれば、磨製石斧の出土数は決して多いとは言えない。同時期の南関東地方の宮ノ台式期の集落に比較すると、その差は歴然としている。この差の要因は、南関東地方の石器に多いノミ形石斧が、前中西遺跡や北島遺跡をはじめ関東地方北西部の遺跡からは出土しないためである。また、もう一つ、関東地方北西部の弥生時代の石器から欠落する器種として、抉入柱状片刃石斧がある。つまり、関東地方北西部の木材加工具は太形蛤刃石斧・大形の扁平片刃石斧のみで構成されている。

　信州地方も石斧の器種構成のなかで抉入柱状片刃石斧が欠落するが、伐採から細部加工に至るまでの石器に各種バリエーションがある。南関東地方では、抉入柱状片刃石斧と大・中・小形の扁平片刃石斧とノミ形石斧、そして鉄器が伴っており、木器加工が行われている。磨製石斧の偏在性から、筆者はかつて建築部材や水田に用いる畦の木杭や矢板の製作は、関東地方北西部の集落内で可能であるが、ほぞ穴加工や精緻な加工を要する木製品の製作は、製作不能であるため、木製品の他所からの搬入を想定した（杉山2010b）。前中西遺跡の出土石器を観ても、細部加工に用いる石器類が欠落しているため、前書での認識を追認したい。

b　磨製石斧の特徴

　関東地方北西部から出土する磨製石斧の多くが、中部高地からの搬入品であることは早くから指摘されてきた（平野・相京1992、石川1992・1998、村松2004）。筆者は北島遺跡の磨製石斧を分析する中で、北島遺跡においても磨製石斧の大部分が中部高地産（長野盆地で製作された緑色岩製磨製石斧）であることを追認した。しかし、集落の変遷で石器を観た場合、先に記したように長野盆地で石器の生産活動が盛行を迎えた栗林2式新段階に併行する北島遺跡2期では、緑色岩製磨製石斧が搬入されるのみであるが、石斧の生産が低調化する北島遺跡3期になると、少ないながらも北島遺跡内部で磨製石斧の製作が行われている（杉山2010b）。

　前中西遺跡の石器を概観しても、上記傾向を改める要素はない。前中西遺

跡からは未成品および失敗品の出土はなく、磨製石斧は、すべて他地域からの搬入品と考えられる。太形蛤刃石斧は4点（第7図1～4）出土しているが、すべて緑色岩製の磨製石斧である。馬場伸一郎が指摘した榎田型磨製石斧の特徴である基部面や刃部側面の研磨（馬場2001）は、北島遺跡同様に前中西遺跡の資料においても1例（Ⅷ4号住居出土資料の側面片側の研磨）を除いて確認することはできなかった。

　扁平片刃石斧では、緑色岩製は1点（第7図5、Ⅱ5号住居）のみで、ほかはすべて緑色岩以外の石材が用いられている。緑色岩以外の石材を用いた扁平片刃石斧についても、Ⅷ9号住居・Ⅶ4号住居出土の扁平片刃石斧（第7図6・7）、Ⅶ12号住居・Ⅶ13号溝出土の扁平片刃石斧（第7図8・9）は、そ

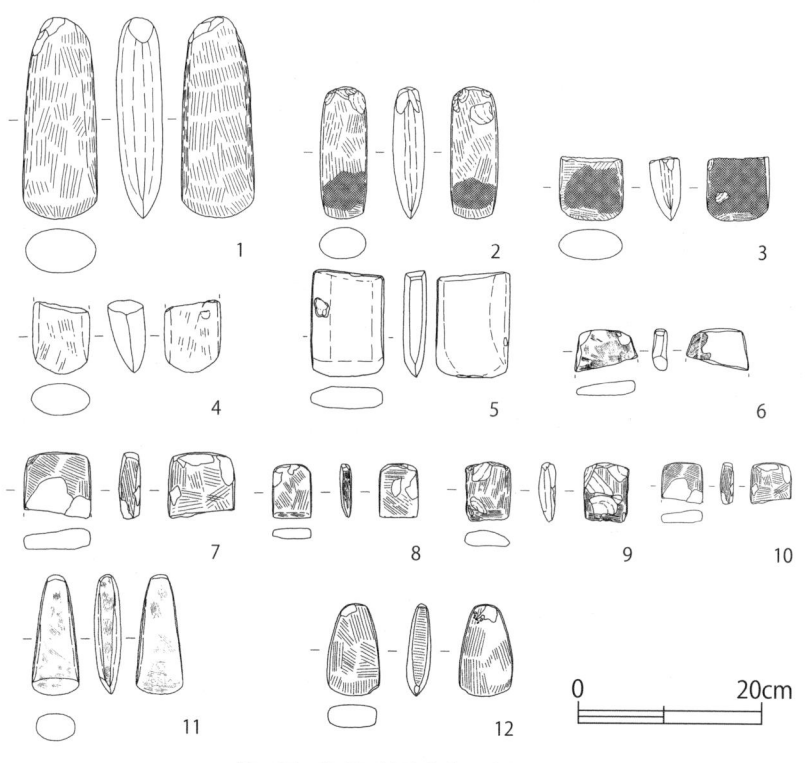

第7図　前中西遺跡出土の磨製石器

第Ⅳ部　前中西遺跡の研究

れぞれ長野県の松原遺跡・千曲市力石遺跡に類例を求めることができる。特に後者の石器2点については、刃部の鎬の稜がつかず、後主面においてはやや刃部にかけて湾曲するような研磨（裏研ぎ）を施している点も、力石遺跡の石器と類似しており、これらも搬入品である可能性が高い。

　そのほか、3点の磨製石斧が出土している。Ⅷ15号住居出土の磨製石斧（第7図10）は、厚みが薄く、平面が楕円の礫素材を用いており、端部に表裏両面から研磨を施し、刃部を形成している。この磨製石斧は、製作技術などからみて在地製作であろう。Ⅳ19号住居出土の磨製石斧（第7図11）とⅦ58-152・153G Pit1出土の磨製石斧（第7図12）は定角式磨製石斧である。前者の磨製石斧には、片側主面に弱い鎬状の稜線があり、やや体部から刃部に向けて屈曲している。抉入柱状片刃石斧の影響を受けた可能性がある。後者の石器は蛇紋岩製である。蛇紋岩製の伐採斧は、縄文時代に多い石斧であるが、新潟県佐渡の平田遺跡（弥生時代中期後葉）で製作しており（杉山2010b）、搬入品である可能性が高い。

　以上、前中西遺跡の磨製石斧について所見を述べてきた。前中西遺跡出土の磨製石斧は、その多くが中部高地からの搬入である。特に8・9のように比較的刃部幅の狭い磨製石斧までも集落内で製作することなく、完成品を搬入しているのは、南関東地方の遺跡と大きく異なる。

　ただ、今後検討を要することは、栗林2式新段階（＝北島2期）以後の遺構（前中西遺跡Ⅷ4号住居）から緑色岩製磨製石斧が出土している点である。長野盆地で大量の磨製石斧を生産している榎田遺跡は栗林2式新段階で終焉を迎えており、栗林3式の磨製石斧の生産遺跡は知られていない。しかし、関東地方で出土する緑色岩製磨製石斧の多くは、すでに安藤広道氏が指摘しているように、宮ノ台式土器の最終段階の資料が多く、長野での生産の様相と時期的な齟齬がある（安藤2002）。宮ノ台式土器の最終段階で出土する緑色岩製磨製石斧、とりわけ太形蛤刃石斧はほとんど破損していない完形品が多いのも特徴である。これらの石斧が栗林3式の段階で流通してきたにもかかわらず廃棄されたのか、栗林2式新段階で流通してきており、3式の時期まで破損せずに使用されてきたのか、中部高地の様相とともに今後明らかに

しなくてはならない。

おわりに

　前中西遺跡の石器について、扁平磨石・鏡面状の光沢を持つ石器・磨製石斧について分析を行った。その結果、扁平磨石の一部からは、植物質食糧、特にコメ・雑穀の残存デンプン粒が検出され、穀物類が粒食だけではなく、粉食が行われていたことを明らかにした。

　鏡面状の光沢を持つ石器は、赤色顔料の微粉化に用いられる石器であり、埼玉県下では特に多く出土している。今後土器の生産と赤色顔料の生産との関わりを明らかにする必要性を指摘した。鏡面状の光沢を持つ石器は、弥生時代中期中葉に出現する。石井智大氏によれば中期中葉から近畿地方や東海地方西部で赤色顔料の使用が認められる（石井2013）。中期中葉の小敷田遺跡からは、サヌカイト製の打製短剣が出土しており（杉山2009）、そうした文物と共に関東地方へ赤色顔料そのものが生産・技術とともに持ち込まれた可能性を示している[5]。

　磨製石斧は他の関東地方北西部の遺跡と同様に中部高地からの搬入品で占められており、集落内での製作事例は、極めて少ない。また、磨製石斧の器種も大形品に限られており、精美な木器などは周辺地域からの搬入で賄われていた可能性を指摘した。

　「熊谷市前中西遺跡を語る」シンポジウムでは、栗林式土器の出土や集落構造などに中部高地との共通性が多く指摘された。前中西遺跡や北島遺跡は、長野盆地から離れているが、在地化された栗林式土器・緑色岩製磨製石斧・鏡面状の光沢を持つ石器が揃って出土した。日本海側では新潟県の吹上遺跡も同じ様相である。つまり、長野盆地を囲む外縁帯に類似性の強い集落が築かれ、その外界となる地域の宮ノ台式・小松式のそれぞれ文化圏と交流を行っている。こうした点から観ても、前中西遺跡が中部高地との強いつながりをもつ集落遺跡であると言える。

第Ⅳ部　前中西遺跡の研究

註
1) 前中西遺跡の出土資料は多数の報告書に掲載されているため、ローマ数字で報告書名を示し、次に遺構名を記した。
2) 筆者による残存デンプン分析の方法ならびに現生植物のデンプン写真等については別の著書に記載しているので、参照願いたい（杉山 2014）。また、渋谷綾子氏による分析についても参照されたい（渋谷 2010）。
3) シンポジウム席上での遠藤氏の発言に基づく。
4) 2004年3月20日土曜考古学研究会における宅間氏の口頭発表「北島式土器とその周辺―弥生中期から後期へ―」に基づく。
5) 墓へ散布・塗布など観念的な部分の導入については不明である。

参考文献
朝霞市教育委員会 1994『岡・向山遺跡』
新井清・持田春吉 1970「川崎市梶ケ谷神明社上遺跡発掘調査報告」『高津郷土史料集』　高津図書館
安藤広道 2002「弥生時代後期の石器・青銅器の流通」『弥生時代のヒトの移動』　六一書房
石井智大 2013「埋蔵施設における赤色顔料使用の変化と歴史的背景」『弥生研究の群像』　大和弥生文化の会
石川日出志 1992「関東台地の農耕村落」『新版 古代の日本　8　関東』　角川書店
石川日出志 1998「弥生時代中期関東の4地域の併存」『駿台史学』第102号　駿台史学会
市川正史・伊丹徹 1986『三ツ俣遺跡』　神奈川県立埋蔵文化財センター
丑野　毅 1984『寄居町史』寄居町教育委員会
劔持和夫・田中英司 1984『明花向・明花上ノ台・井沼方馬堤・とうのこし』　埼玉県埋蔵文化財調査事業団
佐藤康二 1994『大野田西遺跡』　埼玉県埋蔵文化財調査事業団
宍戸信悟・谷口　肇 1991『砂田台遺跡Ⅱ』　神奈川県立埋蔵文化財センター
設楽博己 2009「総論 食糧生産の本格化と食糧獲得技術の伝統」『弥生時代の考古学』第5巻　同成社
渋谷綾子 2010「日本列島における現生デンプン粒粒標本と日本考古学への応用―残

存デンプン粒粒の形態分類をめざして─」『植生史研究』第18巻第1号　日本植生史学会

杉山浩平 2009「小敷田遺跡出土のサヌカイト製打製石器について」『考古学雑誌』第93巻第4号　日本考古学会

杉山浩平 2010a「弥生時代における伊豆諸島への戦略的移住の展開」『考古学雑誌』第94巻第4号　日本考古学会

杉山浩平 2010b『東日本弥生社会の石器研究』　六一書房

杉山浩平 2014『弥生文化と海人』　六一書房

鈴木敏弘 1978『日詰遺跡』　南伊豆町教育委員会

鈴木裕篤 1989『雄鹿塚遺跡発掘調査報告書』　沼津市教育委員会

谷井　彪ほか 1975『台の城山遺跡発掘調査報告書』　朝霞市教育委員会

長友朋子編 2007『土器研究の新視点─縄文から弥生時代を中心とした土器生産・焼成と食・調理─』考古学リーダー9　六一書房

馬場伸一郎 2001「南関東弥生中期の地域社会（上）・（下）」『古代文化』第53巻第5号・6号　古代学協会

浜田晋介 2007「弥生時代の石皿と磨石・再考1─植物加工具としての分析─」『西相模考古』第16号　西相模考古学研究会

浜田晋介 2011『弥生農耕集落の研究─南関東を中心に─』　雄山閣

平子順一・鹿島保宏 1989『観福寺北遺跡・新羽貝塚』　横浜市埋蔵文化財調査委員会

平野進一・相京建史 1992「群馬県出土の弥生時代磨製石斧」『群馬県立歴史博物館紀要』第13号　群馬県立歴史博物館

松田　哲 2009『前中西遺跡Ⅳ』　熊谷市教育委員会

松田　哲 2012『前中西遺跡Ⅶ』　熊谷市教育委員会

松田　哲 2013『前中西遺跡Ⅷ』　熊谷市教育委員会

松田　哲 2013「熊谷市前中西遺跡の調査」『シンポジウム　熊谷市前中西遺跡を語る』　関東弥生文化研究会・埼玉弥生土器観会

宮崎朝雄ほか 1972『加倉・西原・馬込・平林寺』　埼玉県遺跡調査会

村松　篤 2004「シンポジウム「北島式土器とその時代─弥生時代の新展開─」の記録」『埼玉考古』第39号でのコメント

望月幹夫・山田不二郎 1983『子ノ神遺（Ⅱ）』　厚木市教育委員会

山田成洋・伊藤律子 1992『川合遺跡　遺物編2』　静岡県埋蔵文化財調査研究所

第Ⅳ部　前中西遺跡の研究

吉田　稔 1991『小敷田』　埼玉県埋蔵文化財調査事業団
吉田　稔 2003『北島遺跡Ⅵ』　埼玉県埋蔵文化財調査事業団
吉野　健 2003『前中西遺跡Ⅲ』　熊谷市教育委員会

前中西遺跡と地域間交流
―宮ノ台式期の南関東地方との交流について―

轟　直行

1　はじめに

　妻沼低地に位置する前中西遺跡では弥生時代中期後半の南関東地方との交流を示唆する土器が出土（石川 2013）し、一方で南関東地方でも当該期の妻沼低地との交流を示唆する土器が出土している（吉田 2003b）。このように両地域の交流を示唆する土器が認められるが、こうした交流が両地域にどのような影響をもたらしたのかという点はほとんど検討されてこなかった。そこで本稿はこの課題について若干の検討を行った上で、今後の課題について触れることとする。

2　南関東地方と妻沼低地の編年的併行関係

　併行関係を述べる前に妻沼低地の型式名称に関する説明が必要である。
　現在、弥生時代中期後半における妻沼低地の土器型式の名称は混乱している。なぜなら、同じ基準資料に対して、異なる土器型式の名称が使用されているからである。
　鈴木正博は深谷市上敷免遺跡出土資料を基準として上敷免新式土器（以下上敷免新式）を設定（第1図、鈴木 2001）し、吉田稔は熊谷市北島遺跡出土資料を基準として北島式土器（以下、北島式）を設定した（第2図、吉田 2003b）。さらに、今回のシンポジウムでは前中西遺跡出土資料を基準に北島に後続する土器型式として「前中西式土器」（以下、「前中西式」）が提唱された（第3図、松田 2013a、宅間 2013b）。
　これに対し石川日出志は上敷免新式に対応する段階として「北島式古段

第Ⅳ部　前中西遺跡の研究

第1表　妻沼低地と南関東地方の編年対照表

地域	妻沼低地			南関東地方			
文献	鈴木2001, 吉田2003b, 松田2013	石川2013	本稿	安藤1996	小倉1996	伊丹・大島・立花2002	本稿 （轟2014）
中期中葉	上敷免新式	北島式 古段階	上敷免新式	SiⅠ期	ETⅠ期	Ⅳ-1様式	宮ノ台式 初頭
^	^	^	^	SiⅡ期	^	Ⅳ-2様式	^
中期末	北島式	北島式 中段階	北島式～ 「前中西式」	SiⅢ期	ETⅡa期	Ⅳ-3様式	宮ノ台式 中頃
^	前中西式	北島式 新段階	^	SiⅣ期	ETⅡb期	Ⅳ-4様式	^
^	型式未設定	用土・ 平式	用土・平式	SiⅤ期	ETⅢ期	Ⅳ-5様式	宮ノ台式 終末期

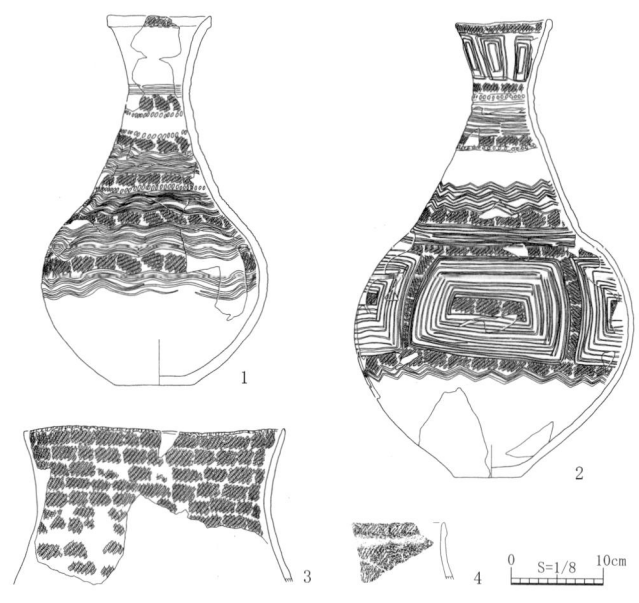

第1図　上敷免新式土器

階」、従来の北島式に対応する段階として「北島式中段階」、「前中西式」に対応する段階として「北島式新段階」という名称を新たに提示した（石川2013）。

このように妻沼低地の弥生時代中期後半をめぐっては異なる型式名称が併用されている状況にある。そのため、どちらの型式名称を使用するか悩ましいところだが、石川の提唱した名称は議論の俎上にのったばかりであり、その評価も定まっていないことから、本稿では既存の上敷免新式、北島式という名称を用いることとする。また、北島式に後続する段階に対して石川による「北島新段階」を使用しては混乱するため、本稿では「前中西式」として扱う。「前中西式」後にあたる段階については長らく型式設定がなされなかったが、石川が「用土・平式土器」（以下用土・平式）を提唱（石川2013）し、型式の基準を明示したため、本稿でも石川にしたがって用土・平式とする。

以上の点を踏まえ、既存の編年案を参考に南関東地方と妻沼低地の併行関係を示したものが第1表である。宮ノ台式土器（以下宮ノ台式）の編年については、安藤広道や小倉淳一によって4〜5期に細分されたが、ここでは筆者の3期区分で検討を進める（轟2014）。一方、妻沼低地については「前中西式」の全貌が明らかでないため、南関東地方で出土した妻沼低地の影響を受けた土器に対して北島式と「前中西式」を分離して捉えられないことから、北島式と「前中西式」を北島式・「前中西式」というように1つの時期として扱う。

3 前中西遺跡で出土した宮ノ台式の影響を受けた土器

北島式が提唱されるきっかけとなった熊谷市北島遺跡では宮ノ台式の影響を受けた土器がほとんど出土しなかったが、前中西遺跡では一定量出土しており、妻沼低地と南関東地方の交流を考える上で重要な資料と言える。

宮ノ台式の影響を受けた土器の中で最も古いと思われるのは擬似流水文が施された壺形土器（以下壺）と（第5図5）、口縁部内面に櫛目鎖状文が施された甕形土器（以下甕）で（第5図6）、宮ノ台式初頭と考えられる。1と2は羽状縄文が施された壺と広口壺形土器で、宮ノ台式終末期に位置づけられ

第Ⅳ部　前中西遺跡の研究

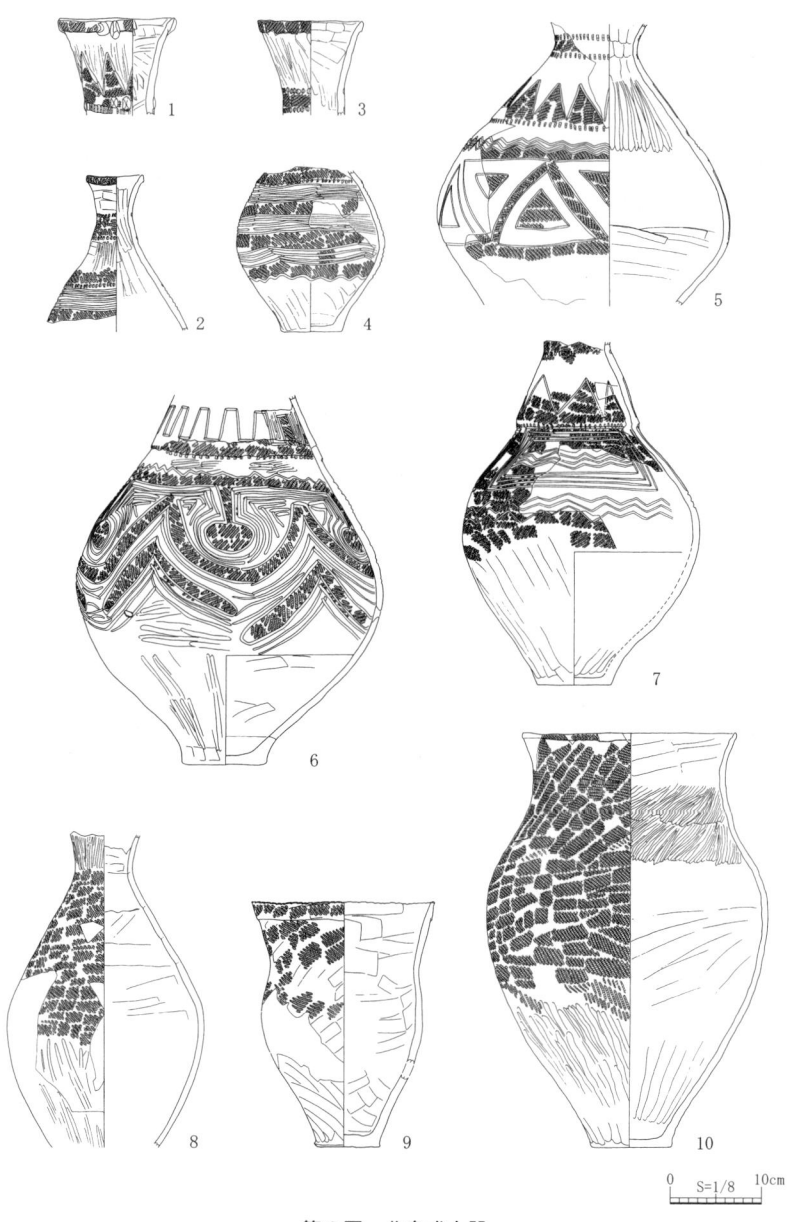

第2図　北島式土器

前中西遺跡と地域間交流

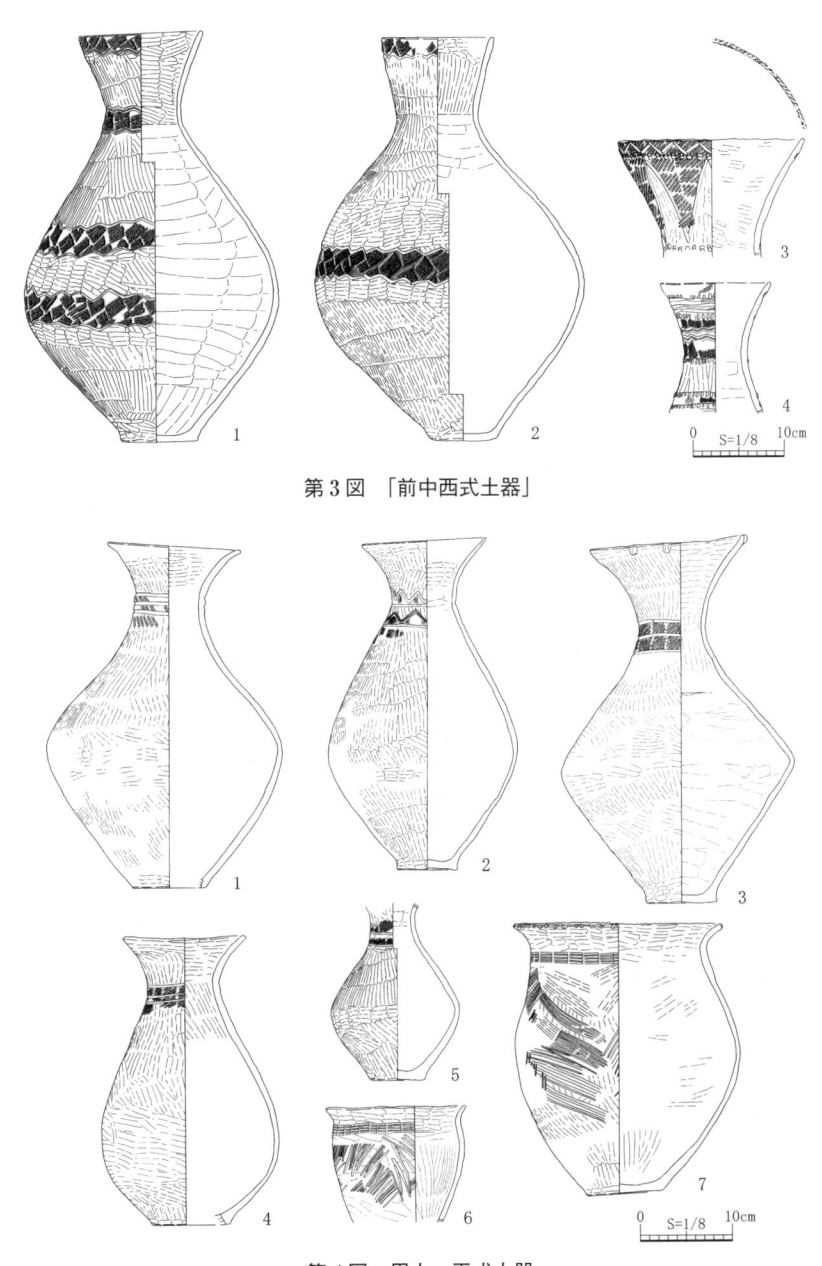

第3図 「前中西式土器」

第4図 用土・平式土器

167

第Ⅳ部　前中西遺跡の研究

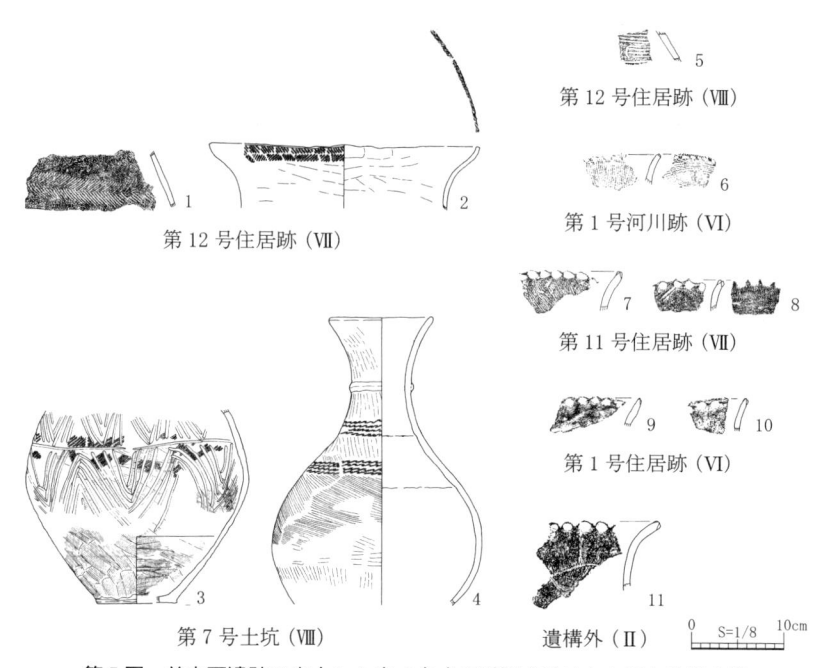

第12号住居跡（Ⅶ）
第12号住居跡（Ⅷ）
第1号河川跡（Ⅵ）
第11号住居跡（Ⅶ）
第1号住居跡（Ⅵ）
第7号土坑（Ⅷ）
遺構外（Ⅱ）

第5図　前中西遺跡で出土した宮ノ台式の影響を受けた土器と共伴土器

る。4は頸部に突帯文が貼り付けられ、肩部に2帯のS字状結節文が施文されており、宮ノ台式中頃～終末期に位置づけられる。第5図7～11は指頭による表裏押捺が施された甕で、口縁部内面に櫛目鎖状文が見られないことから宮ノ台式中頃～終末期と思われる。

　以上のように前中西遺跡で出土した宮ノ台式の影響を受けた土器は宮ノ台式初頭～終末期に位置づけられ、南関東地方との継続的な交流があったと考えられる。

4　南関東地方で出土した妻沼低地の影響を受けた土器

　次に南関東地方で出土した妻沼低地の影響を受けた土器について触れる。
　上敷免新式期に相当する土器としては、市原市台遺跡B地点出土の第6図1や北区赤羽台遺跡出土の第6図2が挙げられる。ただし、1については

168

前中西遺跡と地域間交流

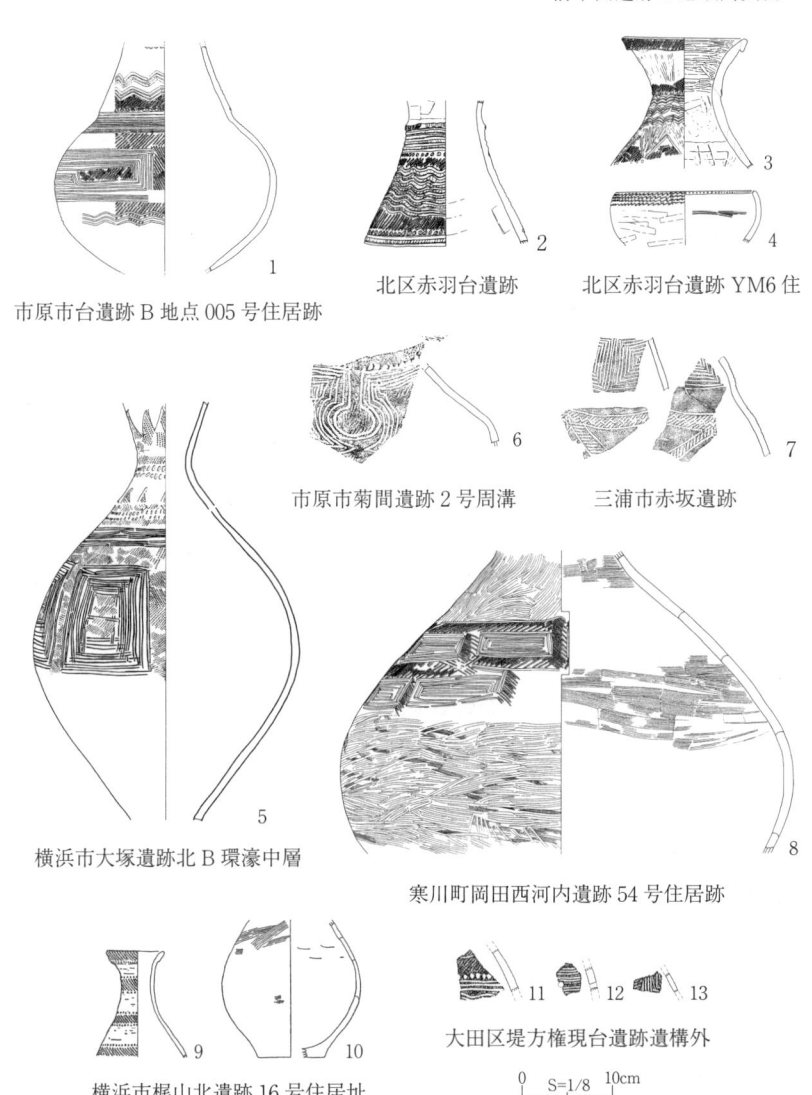

市原市台遺跡B地点005号住居跡

北区赤羽台遺跡

北区赤羽台遺跡YM6住

市原市菊間遺跡2号周溝

三浦市赤坂遺跡

横浜市大塚遺跡北B環濠中層

寒川町岡田西河内遺跡54号住居跡

横浜市梶山北遺跡16号住居址

大田区堤方権現台遺跡遺構外

0　S=1/8　10cm

第6図　南関東地方で出土した妻沼低地の影響を受けた土器と共伴土器

注意が必要である。なぜなら、1には地文縄文が施されており、上敷免新式の特徴である充填縄文が認められないからである。地文縄文は栃木県で比較的よく見られる施文方法であるため、1は栃木県の影響を受けた可能性もあるだろう。

北島式・「前中西式」期の影響を受けた土器としては第6図3・5〜9・11〜13が挙げられる。当該期に特徴的な三角文や重四角文（第6図3・5・7・8）、フラスコ文（第6図6）などに加え、北島式・「前中西式」の複合口縁装飾帯と形態的に類似したものも見られる（第6図9）。また、出土遺跡を見てわかるように北島式・「前中西式」の影響は東京湾東岸や西岸、相模湾沿岸など南関東地方の各地で認められる。

以上のように、南関東地方で出土した妻沼低地の影響を受けた土器は上敷免新式〜北島式・「前中西式」に位置づけられた。一方で、用土・平式期の妻沼低地の影響を南関東地方が受けたかどうかは現状で不明と言わざるをえない。なぜなら用土・平式は中部高地の栗林式土器（以下栗林式）や群馬県域に分布する竜見町式土器（以下竜見町式）と酷似するため、宮ノ台式終末期に南関東地方で出土するいわゆる中部高地系土器がどの地域から影響を受けたものか明らかでないからである。これは今後解決すべき課題である。

5 妻沼低地の影響によって変化した南関東地方の土器

ここまで双方の交流を示す資料を概観したが、こうした交流が南関東地方や妻沼低地の土器に変化をもたらすことはなかったのだろうか。この点を考える上で重要な資料が第6図9である。この壺には北島式・「前中西式」に特徴的な刺突文区画や複合口縁装飾帯が見られ（第2図1—3）、妻沼低地の影響が強く表れた土器だからである。当該期は南関東地方の宮ノ台式に複合口縁装飾帯が出現する段階であり、形態的類似性などから妻沼低地の影響によってこの口縁部形態が出現したと考えられる（轟2014）。そして、複合口縁装飾帯は複合部の厚みが増した宮ノ台式終末期を経て（第7図1・3・5）、久ヶ原式土器（以下、久ヶ原式）へと継承される（第7図8）（轟2012）[1]。

さてこうした現象が生じた要因としてどのようなことが考えられるだろう

前中西遺跡と地域間交流

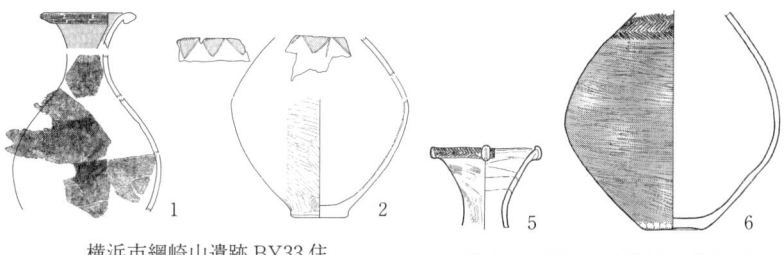

横浜市綱崎山遺跡 BY33 住
(宮ノ台式終末期)

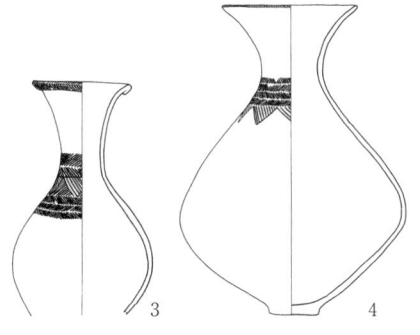

三浦市赤坂遺跡 8 次調査 7 号住居址
(宮ノ台式終末期)

横浜市綱崎山遺跡 BY26 号住居跡
(宮ノ台式終末期)

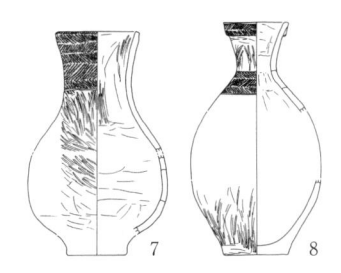

平塚市真田北金目遺跡群 19 区 SI004
(久ヶ原1式)

第 7 図　宮ノ台式土器終末期～久ヶ原 1 式の複合口縁

か。この点を考える上で、宮ノ台式中頃の大宮台地は重要である（石川 2013）。なぜなら、当該期の大宮台地では宮ノ台式と北島式・「前中西式」、そして栃木県域に分布する仮称「大塚式土器」が共存し、各地域が交流する中継地点のような様相が認められるからである（第 8 図）。こうした地域が現れたことで南関東地方と妻沼低地の交流関係が強まり、宮ノ台式中頃の南関東地方に複合口縁装飾帯を持つ壺が現れたと考えられる[2]。

ところで、複合口縁装飾帯以外の属性で同様の現象はないのであろうか。この点を考える上で、さいたま市岩槻城跡第 5 地点第 3 号住居跡出土資料は重要である（第 9 図）。当該遺構からは成形段階で粘土紐の厚みを変えて口縁部に段を作り出して器面全体に縄文が施された妻沼低地でよく見られる甕（第 9 図 1）と輪積みによって口縁部の段が形成された宮ノ台式の甕が共伴し

171

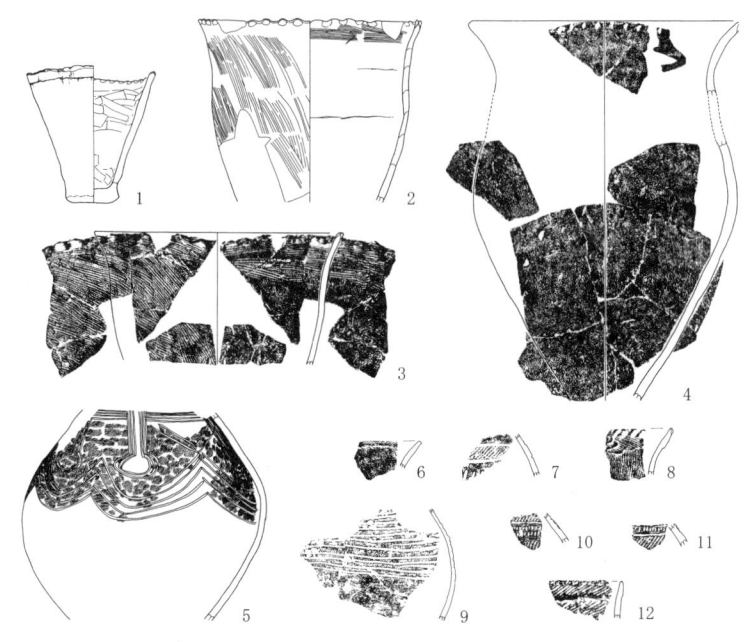

第Ⅳ部　前中西遺跡の研究

さいたま市上野田西台遺跡第3号土壙

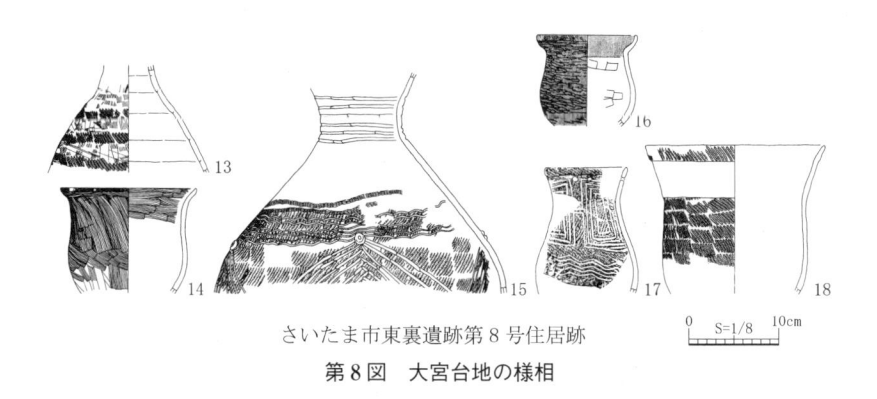

さいたま市東裏遺跡第8号住居跡

第8図　大宮台地の様相

ているからである（第9図2・3）。宮ノ台式中頃の南関東地方に出現した口縁部直下に一段輪積み装飾を持つ甕の系譜を考える上で示唆的である。

　一方、南関東地方の影響によって妻沼低地の土器に変化があったのかどうかについては現状で不明と言わざるをえず、今後検討すべき課題である。

172

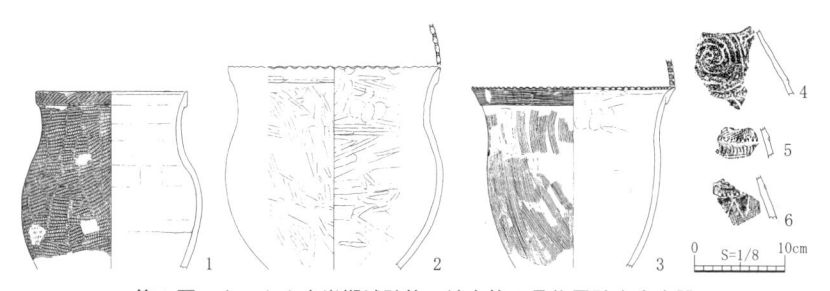

第9図　さいたま市岩槻城跡第5地点第3号住居跡出土土器

6　用土・平式期の妻沼低地と南関東地方

　宮ノ台式終末期併行になると、妻沼低地で中部高地の影響が強く表れた用土・平式が出現する。一方、南関東地方の下末吉台地でも用土・平式と同じく中部高地の影響が強く表れた仮称「受地だいやま式土器」(以下、「受地だいやま式」)(橋本1986)が出現しており、用土・平式の出現と連動した動きであった可能性がある。現状では上述した中部高地系土器の分離の問題があるため、これ以上言及することはできないが、前中西遺跡において宮ノ台式終末期の土器が出土した点は注目される。

7　おわりに

　今回の検討によって妻沼低地と南関東地方の継続的な交流が明らかとなった。さらに、宮ノ台式における複合口縁装飾帯の出現には各地をつなぐ中継地点のような様相を呈する大宮台地が重要であることを指摘した。
　一方で、今後の課題としては以下の点が挙げられる。
・宮ノ台式における複合口縁装飾帯の出現は妻沼低地の影響によるものと考えられるが、他の属性でも同様の現象はあったのか。
・南関東地方の影響が妻沼低地の土器に変化を与えた可能性はないのか。
・用土・平式と栗林式、竜見町式の分離と、用土・平式と仮称「受地だいやま式」の成立の関連性。
　これらの課題を克服するには、各遺跡から出土した土器がどのような系譜

第Ⅳ部　前中西遺跡の研究

のもとで成立したかを型式学的に検討することが重要である。

註
1) 今回は触れていないが、南関東地方では少ないながらも栃木県域の影響と見られる複合口縁装飾帯があり、宮ノ台式における複合口縁装飾帯の出現には栃木県域からの影響も考慮する必要がある。

　　ただし、注意しなくてはならないのは宮ノ台式中頃以前にも南関東地方と妻沼低地に交流があったことを示す土器が認められる点である（第5図5・6、第6図1・2）。こうした資料が今後蓄積されることで南関東地方において宮ノ台式中頃を遡る複合口縁装飾帯の例が発見され、今回の解釈が覆る可能性もある。

参考・引用文献

相原俊夫ほか 1985『梶山北遺跡発掘調査報告書』 ㈱玉川文化財研究所

青木義脩ほか 1987『上野田西台遺跡発掘調査報告書』浦和市遺跡調査会報告書第73集　浦和市遺跡調査会

安藤広道 1996「南関東地方（中期後半・後期）」『YAY！（やいっ！）弥生土器を語る会20回到達記念論文集』 弥生土器を語る会

石井　寛 2012「早淵川流域の弥生時代中期集落址群―綱崎山遺跡の資料追加報告を中心に―」『横浜市歴史博物館紀要』VOL.16 ㈶横浜市ふるさと歴史財団

石川日出志 2012「栗林式土器の編年・系譜と青銅器文化の受容」『中野市柳沢遺跡 千曲川替佐・柳沢築堤事業関連　埋蔵文化財発掘調査報告書―中野市内その3―』 長野県埋蔵文化財センター発掘調査報告書100　長野県埋蔵文化財センター

石川日出志 2013「弥生時代研究と前中西遺跡」『シンポジウム熊谷市前中西遺跡を語る―弥生時代の大規模集落―　発表要旨・資料集』 関東弥生文化研究会・埼玉弥生土器観会

石黒立人 2002「様式編年の対照について」『弥生土器の様式と編年　東海編』木耳社

伊丹　徹・大島慎一・立花　実 2002「相模地域」『弥生土器の様式と編年　東海編』木耳社

大谷　猛 1986『赤羽台・袋低地・舟渡』　東北新幹線赤羽地区遺跡調査会

大谷　猛ほか 1992『赤羽台遺跡―弥生時代～古墳時代前期―』　東北新幹線赤羽地区遺跡調査会

岡本　勇ほか 1992『赤坂遺跡―第3次調査―』 赤坂遺跡調査団
岡本　勇ほか 1994『大塚遺跡Ⅱ　港北ニュータウン地域内埋蔵文化財調査報告Ⅳ』㈶横浜市ふるさと歴史財団埋蔵文化財センター
小倉淳一 1996「東京湾東岸地域の宮ノ台式」『史館』第27号　史館同人
柿沼幹夫 2013「妻沼低地における弥生時代中～後期の墓制」『シンポジウム熊谷市前中西遺跡を語る―弥生時代の大規模集落―　発表要旨・資料集』関東弥生文化研究会・埼玉弥生土器観会
小林克利編 2012『神奈川県高座郡寒川町　岡田西河内遺跡』㈲吾妻考古学研究所
小松　清ほか 2003『平塚市真田・北金目遺跡群発掘調査報告書4』都市基盤整備公団
斎木　勝ほか 1974『市原市菊間遺跡』㈶千葉県都市公社
坂詰秀一ほか 2013『武蔵　堤方権現台遺跡―弥生集落・古墳発掘調査報告―』雄山閣
鈴木正博 2001「弥生式中期「雲間式」と「富士前式」の間」『栃木県考古学会誌』第22集　栃木県考古学会
鈴木正博 2004「南関東弥生式中期『小田原式』研究の基礎―俗称須和田式」を廃する構えと所謂『小田原式』期に学ぶ型式学―」『土曜考古』第28号　土曜考古学研究会
武井則道編 2004『綱崎山遺跡』㈶横浜市ふるさと歴史財団埋蔵文化財センター
轟　直行 2012「久ヶ原式土器の成立に関する再検討」『考古学集刊』第8号　明治大学文学部考古学研究室
轟　直行 2014「久ヶ原式土器の装飾帯―複合口縁装飾帯と口頸部装飾帯の系譜―」『考古学集刊』第10号　明治大学文学部考古学研究室
萩野谷正宏 2003「関東中期弥生土器の展開過程における一様相―埼玉県上敷免遺跡住居跡等出土土器群の分析から―」『法政考古学』第30集　法政考古学会
萩野谷正宏 2005「北島型文様帯の成立―埼玉県北島遺跡出土弥生土器の研究（Ⅰ）」『法政考古学』第31集　法政考古学会
橋本裕行 1986「弥生時代の遺構と遺物について」『奈良地区遺跡群Ⅰ　発掘調査報告（第2分冊）No.11地点　受地だいやま遺跡』上巻　奈良地区遺跡調査団
半田堅三 2003『市原市台遺跡B地点』千葉県市原市教育委員会
松田　哲 2010『前中西遺跡Ⅴ　熊谷都市計画事業上之土地区画整理事業地内遺跡発

第Ⅳ部　前中西遺跡の研究

掘調査報告書Ⅵ』埼玉県熊谷市埋蔵文化財調査報告書第 7 集　埼玉県熊谷市教育委員会

松田　哲 2011『前中西遺跡Ⅵ　熊谷都市計画事業上之土地区画整理事業地内遺跡発掘調査報告書Ⅶ』埼玉県熊谷市埋蔵文化財調査報告書第 9 集　埼玉県熊谷市教育委員会

松田　哲 2012『前中西遺跡Ⅶ　熊谷都市計画事業上之土地区画整理事業地内遺跡発掘調査報告書Ⅷ』埼玉県熊谷市埋蔵文化財調査報告書第 12 集　埼玉県熊谷市教育委員会

松田　哲 2013a『前中西遺跡Ⅷ　熊谷都市計画事業上之土地区画整理事業地内遺跡発掘調査報告書Ⅸ』埼玉県熊谷市埋蔵文化財調査報告書第 16 集　埼玉県熊谷市教育委員会

松田　哲 2013b「熊谷市前中西遺跡の調査」『シンポジウム熊谷市前中西遺跡を語る─弥生時代の大規模集落─　発表要旨・資料集』　関東弥生文化研究会・埼玉弥生土器観会

諸橋千鶴子編 2001『赤坂遺跡　第 8 次調査地点の調査報告』　三浦市教育委員会

柳田博之ほか 2013『岩槻城跡三の丸武具蔵跡（第 5 地点）（仮称）岩槻人形会館整備事業に伴う埋蔵文化財発掘調査』さいたま市遺跡調査会報告書第 143 集　さいたま市遺跡調査会

山田尚友 2000『東裏西遺跡（第 2 次）・東裏遺跡（第 4 次）・稲荷原遺跡（第 3 次）・大門西浦南遺跡（第 2 次）発掘調査報告書』浦和市遺跡調査会報告書第 277 集　浦和市遺跡調査会

山本　靖編 1993『上敷免遺跡　一般国道 17 号深谷バイパス関係埋蔵文化財発掘調査報告書Ⅴ』埼玉県埋蔵文化財調査事業団報告書第 128 集　㈶埼玉県埋蔵文化財調査事業団

吉田　稔 2003a『北島遺跡Ⅵ　熊谷スポーツ文化公園建設事業関係埋蔵文化財発掘調査報告Ⅱ』埼玉県埋蔵文化財調査事業団報告書第 286 集　㈶埼玉県埋蔵文化財調査事業団

吉田　稔 2003b「北島式の提唱」『北島式とその時代─弥生時代の新展開─』埼玉考古別冊 7　埼玉考古学会

吉野　健 2002『前中西遺跡Ⅱ　平成 13 年度熊谷市埋蔵文化財調査報告書』　埼玉県熊谷市教育委員会

挿図出典
第1図：山本1993、第2図：吉田2003a、第3図1・2：松田2010、3：2013a、4：松田2012、第4図1・2・5：松田2011、3・4・6・7：松田2012、第5図1・2・7・8：松田2012、3：松田2013a、6・9・10：松田2011、11：吉野2002、第6図1：半田2003、2：大谷1986、3・4：大谷ほか1992、5：岡本ほか1994、6：斎木ほか1974、7：岡本ほか1992、8：小林編2012、9・10：相原ほか1985、11～13：坂詰ほか2013、第7図1・2：石井2012、3・4：武井編2004、5・6：諸橋編2001、7・8：小松ほか2003、第8図：1～12：青木ほか1987、13～18：山田2000、第9図1～16：柳田ほか2013

前中西遺跡の栗林式系甕の検討

大木紳一郎

1 編年的位置づけの検討

　前中西遺跡のシンポジウムで壺の編年的位置づけはすでに検討されているので、ここでは栗林式系甕について検討してみる。栗林式の甕について、これまでの先学の研究成果に基づき型式推移は以下のように理解できる。
① 口径の大きい深鉢形から、次第に上半の胴径が増し、球形へと形状が変化する。
② 頸部文様は無文・櫛描横線文・櫛描波状文から簾状文へと主流が移行する。
③ 体部文様が細かく整ったものから、乱雑で大振りなものが多くなる。
④ 体部文様の種類については、櫛描羽状文（縦・横位）・櫛描斜格子文・櫛描波状文を基本とするが、栗林式の古段階に組み合わされた刺突列点文や櫛描縦線文は中途で姿を消す。

　①は漸移的変化をたどり、これにあわせて頸部屈曲の形状が曲線的な弓なりから「く」の字状、そして口縁部の伸長へと移行していく。②の頸部への櫛描簾状文施文は栗林式では新段階以降に定着する。ただし、簾状文そのものは下伊那地方の北原式や北陸地方の小松式から見られるが、栗林式での普及はかなり遅れ、しかもほとんど甕に限って採用されるのが特徴といえよう。③と④は相互に連動していると考えられ、古段階に見られる横位刺突列点文によって文様帯の横位区画とし、これに合わせて櫛描文を整然と施文する構成となっている。新段階ではこの刺突列点文を失うことで体部施文域がフリーとなり、やがて乱雑とでも表現すべき大振りで不整な文様表現になっていくと理解される。

第Ⅳ部　前中西遺跡の研究

　さて、ここで前中西遺跡出土の櫛描文甕について、型式的特徴から区分をしておきたい。その際、最も出土例の多い体部に羽状文・斜格子文・斜行文を描く甕を取り上げる。口縁形態から単口縁を甕A、受け口を甕Bと仮称し、更に甕Aを器形・文様の特徴からa1～a7と分類した。甕Bの形状及び文様の類別は、甕Aとほぼ同じため、重複を避けて甕Aの記述のみにとどめる。

a1—口縁は短く外反し、頸部はほとんどくびれず、ほぼ直線的に下がる体部に続く。頸部には櫛描簾状文か波状文・横線文を廻らす。

a2—口縁は短く外反か外傾し、頸部くびれは弱く体部やや上位が弱く張る。頸部に簾状文・波状文・横線文を廻らすか、無文も見られる。

a3—口縁は短く外傾し、頸部は「く」字状にくびれ、体部は全体に丸みを帯びて張る。頸部に簾状文・波状文・横線文を廻らす。口縁が伸長する新相もa3類に含める。

a4—口唇がやや上方に向き甕Aと甕Bの折衷形態となる。頸部は強く「く」字状にくびれ、体部上位が強く張り「無花果」形となる。頸部に簾状文か簾状文と組み合わせた1帯の波状文を廻らす。

a5—口縁はやや長く外傾し、「く」字状に屈曲する頸部から全体に丸みを持つ体部に続く。頸部に簾状文と1帯の波状文の組み合わせを廻らす。

a6—口縁は長く延び全体に弱く外反し、胴部形状はa5とほぼ同じ。頸部に2連止め簾状文、肩に2帯波状文を廻らす。

　上記の甕Aにおける細分型式の時系列上の位置づけをしておきたい。その際、頸部文様と器形の特徴を基準にa1→a6へ順次変化を辿る組列を仮定している。

　a1類は栗林1式（石川2012）の「深鉢形」といってもよい甕形状を継承するが、頸部簾状文と体部縦位羽状文の文様構成から栗林2式併行期のなかで理解すべきと思う。a2類はa1類に後出する形状と捉えておくが、同時存在の別系統の器形の可能性もある。これも文様構成から、やはり栗林2式併行期の範疇であろう。a3類は体部が丸みを帯びる形状で、同一形状の甕Bや共伴する他の櫛描波状文が頸部への櫛描簾状文を多用することから、栗林3式併行期と考えてよい。a4類は口縁伸長化とともに口唇部上方への伸びが

前中西遺跡の栗林式系甕の検討

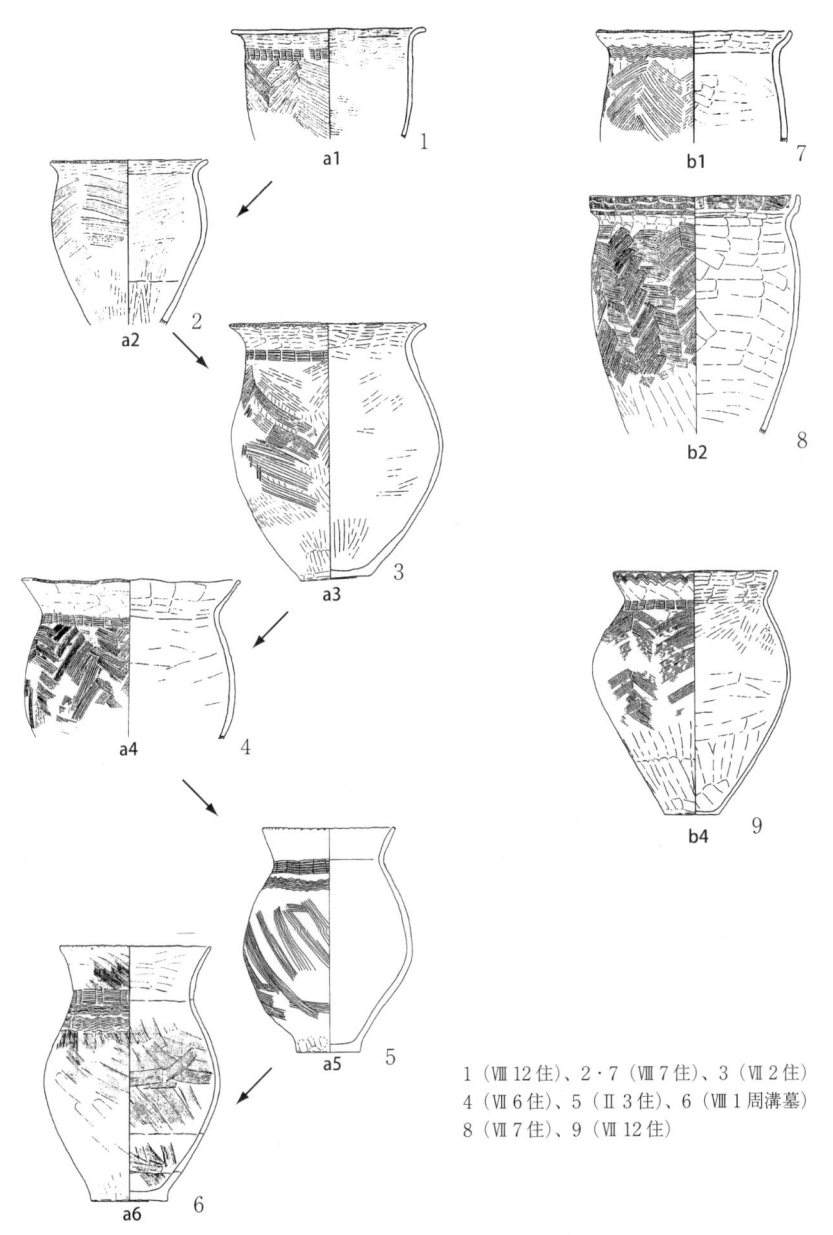

1（Ⅷ12住）、2・7（Ⅷ7住）、3（Ⅶ2住）
4（Ⅶ6住）、5（Ⅱ3住）、6（Ⅷ1周溝墓）
8（Ⅶ7住）、9（Ⅶ12住）

第1図　前中西遺跡の栗林式系甕の変遷

181

特徴で、甕Aと甕Bの明瞭な口縁形態の差が無くなる。これらは大部分が頸部簾状文を廻らせることから栗林3式併行の新しい段階以降に位置づけられよう。a5類は簾状文下の櫛描波状文が特徴で、体部羽状文もかなりまばらか、崩れているものがほとんどで後期初頭～前半に位置づけられる。なお、この段階にa5類と同一文様構成ながら宮ノ台式の甕形態を継承すると考えられる前中西Ⅱ3住例（前中西Ⅱ報告書掲載第11図22）がみられ、また朝光寺原式系統の甕（前中西Ⅵ報告書第54図11・13等）の存在も明瞭である。a6類は文様構成から後期中葉に位置づけられ、樽式の2期（飯島・若狭1988）を遡らない。この場合、a5・a6類は榛名山東南麓よりも群馬県南西部の鏑川流域の地域色を持つ樽式（大木2007）に共通する点が多い。

2 課題の提示

栗林式系の甕には、時期区分の指標となりうる文様種と文様構成がある。横位文様帯区画の意味を持つ列点文の消滅、縦位文様区画ともいえるスリット状垂下文の出現消滅、頸部文様帯の出現、頸部簾状文と横位波状文の組み合わせの出現などがその代表的な例といえる。この文様変遷は器形の変化と連動した現象と想定すべきで、単に文様のみの推移での時期認定は避けたいと思う。

ここでは、甕の器形に一定の経時的変化を認めたうえで上記の組列とした訳だが、大きさの差違を含め同時期に数種の異なる形状が存在する事に注意する必要がある。その要因としては、異系統土器の影響や使用法の違い、他器種との交差現象などが考え得る。

甕体部の櫛描羽状文について、密で整った構成から次第に疎らで粗雑なものに変化するとの捉え方がある。ただしこれは程度の問題であって、時期区分の有効な指標とはし難い。栗林1式や2式古段階に見られる体部上半に限って整った文様構成をとるものから、体部下半が施文部位として解放された時点で文様の粗雑化は始まったと考える。丁寧に描かれた文様と粗雑な文様は作風の違いもあるので、必ずしも手抜きの方向性で考える必要はない。むしろ、羽状文の形状が全く崩れて乱れた斜格子文や単なる斜行文に変化して

しまう a5 類の出現こそが大きな意味を持つと考える。

　さて、ここでは石川日出志の栗林式編年観（石川 2012）に対比してみたわけだが、石川の時期区分は①壺を基準としていること、②甕の器形については時系列区分の指標としていないこと、また③編年対象土器が北信地域に絞られていることから、実際のところ直接的な対比は難しい。①については、共伴資料による甕型式組列との検証が必要になると思う。②は栗林遺跡、松原遺跡等の北信地域の甕例でも、ここで試みた器形の変遷は概ね認められると考えている。③については、古段階における縦位より横位羽状文の優位、また新段階における簾状文定着時期の遅れ（直井 1991）といった地域性に注意しておく必要がある。この点で、前中西遺跡はもとより群馬県や埼玉県北西部の栗林系土器の対比にあたっては、北信よりも地理的に近い佐久地方や中信地方を対照とすべきだろう。なお、頸部の簾状文は栗林 2 式古段階から既に見られるが、かなり少数派であって 3 式以降に増加し、北信では 3 式でも新段階以降に普遍化すると理解されている。

　ここで試みた甕型式の組列については、既に提示されている壺を軸とする編年観との整合性によって検証する必要があろう。筆者自身はまだその準備が整わないため今後の課題とするつもりである。ただ現時点でいえることは、頸部簾状文が定着し主体を占めるようになる a3 類は、前中西遺跡において北島式及び「前中西」式（シンポジウムでの仮称表記に従う）のいずれにも伴うことから、この 2 種の甕が他より長い時間幅をもつと考えるか、それとも北島式と「前中西」式にさほどの時間差はないと捉えるか、という疑問点である。さらに一部の矛盾点も見られる。シンポジウム発表要旨で前中西遺跡Ⅶ 12 号住出土土器は北島式期に位置づけられているが（松田 2013）、甕を見る限りでは中期末と考えるほぼ完形の a4 類を伴っており、その編年上の位置づけにはさらなる検討を要するようである。

　石川の広域編年表（石川 2012、『発表要旨』7 頁）では、北島式を栗林 2 式新段階、前中西遺跡Ⅵ 1 号方形周溝墓出土土器を栗林 3 式に併行させている。上述したここまでの検討結果からすれば、前中西遺跡における北島式に伴う栗林系甕は a1 類から a3 類に及び、しかもその多くは頸部に簾状文が波及し

第Ⅳ部　前中西遺跡の研究

主流として定着した段階までのものである。この点を重視したうえで、北信或いは中信・佐久地方の編年観と対比すれば、栗林2式（新）～3式に相当すると考えるがいかがであろうか。栗林3式に併行するとされたⅥ1号方形周溝墓では、甕は小破片ばかりで編年対比が難しいが、壺は栗林3式でも新段階に相当すると考えられる。

　なお、シンポジウムで「前中西」式として提示された資料（松田 2013）に、Ⅷ5号住出土例がある。これには a3 類と受口系の b4 類の甕が見られ、北島式に伴うとされた甕と比較する限りではやや新しいとはいえ明確な時間差は認めがたく、後出型式として分離することは難しいようだ。「前中西」式の定立にはなおも検討の余地が多いように思われるが、現時点では北島式の最も新しい段階の一部を構成すると考えたらどうか。更に、中期末に位置づけられている「用土・平」段階の土器群は「前中西」式に伴うとする栗林式系壺・甕とほぼ同一の型式的特徴を有するようだ。とすれば、これも時系列の先後関係に置くのではなく、ひとまず北島式の最新段階に併行させて検討する必要があると思う。ちなみに、この段階に併行する群馬県例としては前橋市清里庚申塚遺跡をあげておく。

　以上、前中西遺跡の甕について、主にその編年的位置づけについて検討を試みた。その結果、北島式期に伴う甕は栗林2期～3期に属し、北島式新段階では「前中西」式も用土・平段階もさほどの時間差を考える必要はないとの見通しを得たことになる。このことは、在来系である北島式と外来の栗林式が同一地域で併存していた可能性をも示唆している。

引用参考文献

飯島克巳・若狭徹 1988「樽式土器編年の再構成」『信濃』40-9　信濃史学会
石川日出志 2012「栗林式土器の編年・系譜と青銅器文化の受容」『中野市柳沢遺跡』長野県埋蔵文化財センター発掘調査報告書 100
大木紳一郎 2007「岩鼻式と樽式土器」『埼玉の弥生時代』埼玉弥生土器観会編
直井雅尚 1991「松本平における百瀬式土器の実態」『長野県考古学会誌』63 p. 19
松田 哲 2013「基調報告1　熊谷市前中西遺跡の調査」『シンポジウム熊谷市前中西

遺跡を語る発表要旨・資料集』p.52

「北島式」の再考
―重三角文とフラスコ形文の系譜と
「前中西式」の成立をめぐって―

吉田　稔

1　はじめに

　「熊谷市前中西遺跡を語る」のシンポジウムにおいて前中西遺跡の特異性が明らかとなった。特に土器の変遷から見た遺跡の継続期間は、中期中葉の池上式から後期前葉の岩鼻式までにわたる。弥生時代中期中葉から後期にまたがる集落は関東でも類を見ないほどの長期間に及び、かつ集落の規模も関東地方で有数の規模をほこる。その中心となる時期が弥生時代中期後葉の北島式から中期末葉までにあたる。

　埼玉県内では、北島式に後続する土器型式として用土・平段階が設定されているが、前中西遺跡では該期の資料を含むとともにさらに北島式の後続型式として設定することが可能な特徴ある土器が出土した。

　本稿では、この後続型式の内容について詳述するだけの資料提示を今回は持ち合わせておらず稿を改めたいが、後続型式となりうる「前中西式」に至るまでの経過について、特に北島式の意匠文様として位置づけられる重三角文とフラスコ形文成立の系譜と展開、そして前中西遺跡の中でのこれらの文様のありかたについてまとめておきたい。

　これまで、鈴木の池上式の成立[1]（鈴木 2000）、石川の御新田式の成立[2]（石川 1998）などによって、新期荒川扇状地末端部に立地する池上遺跡・小敷田遺跡・北島遺跡などを代表とする中期中葉から後葉にかけての遺跡は、北関東地域（東北地方南部地域を含む）及び中部高地、南関東地域そして微弱ではあるが東関東地域の各時期の土器型式の影響を受けながら在地基盤を築い

187

第Ⅳ部　前中西遺跡の研究

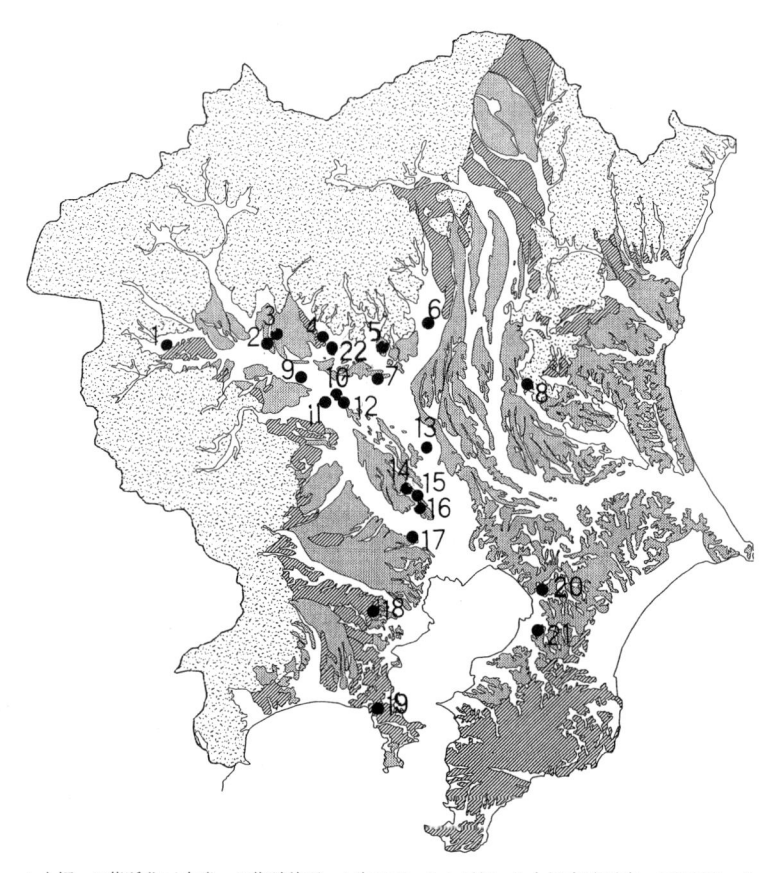

1小塚　2荒砥北三木堂　3荒砥前原　4鹿の川　5ヘビ塚　6大塚古墳群内　7飯野辻　8北原　9上敷免　10北島　11前中西　12池上・小敷田　13須釜　14上野田西台　15東裏　16戸塚上台　17飛鳥山　18大塚　19池子桟敷戸　20新田山　21菊間　22西の原

第1図　関東地方における北島式重三角文・フラスコ形文・重四角文関連遺跡

てきた。鈴木・石川の土器型式の分布圏（第2図・第3図）を参考にすればこの地域が分布圏の重なり合いの中心地域に位置することが明らかである。所謂集合要素でいえば「和」の部分にあたり、それだけ各地域の土器型式が複雑にからみあう様相を呈することとなる。また、集合の「和」の中ではそれぞれの土器型式の諸要素（文様構成）の取捨選択が行われ特徴ある文様が新たに形成される。その一つが北島式を代表し複合文様を施文する第4図1〜

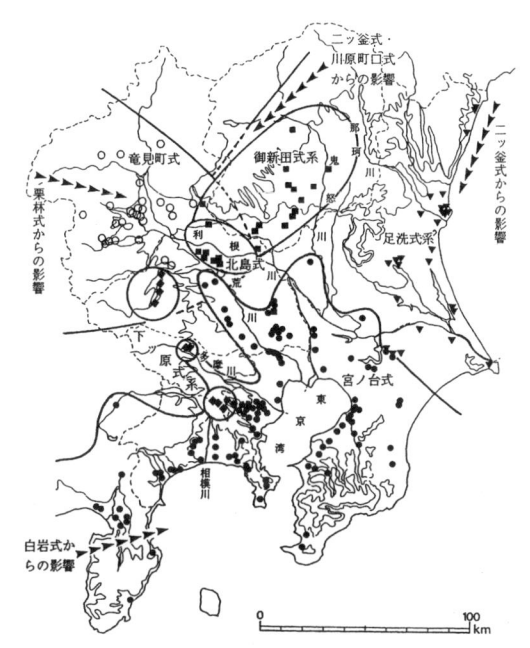

第2図　関東地方における弥生中期後半の土器型式分布圏（石川 2008）

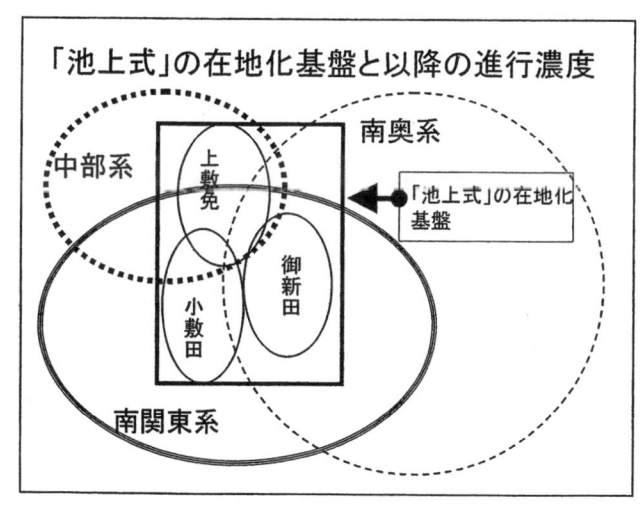

第3図　「池上式」の在地化基盤と以降の進行濃度（鈴木 2000）

第Ⅳ部　前中西遺跡の研究

3の壺形土器である。1は磨消懸垂文を直線文で区画して胴部最大径部分に重三角文を施文する壺形土器である。2は頸部縄文地文に山形沈線を重畳して施文し、その下に刺突列を3段設けている。頸胴部境界に矩形の鋸歯文を施文している。胴部はフラスコ形文を周回させ下段に磨消連続弧線文と端末が切れた弧線文をそれぞれ1段ずつ施文する壺形土器で縄文部を赤彩している。3は頸胴部境界に上向き鋸歯文を施文し、胴部に重四角文とフラスコ形文の複合文様を施文している。また、胴部最大径部分には磨消重三角文を施文している。この3点の資料は、文様構成が石川の説く栗林式の装飾帯区分

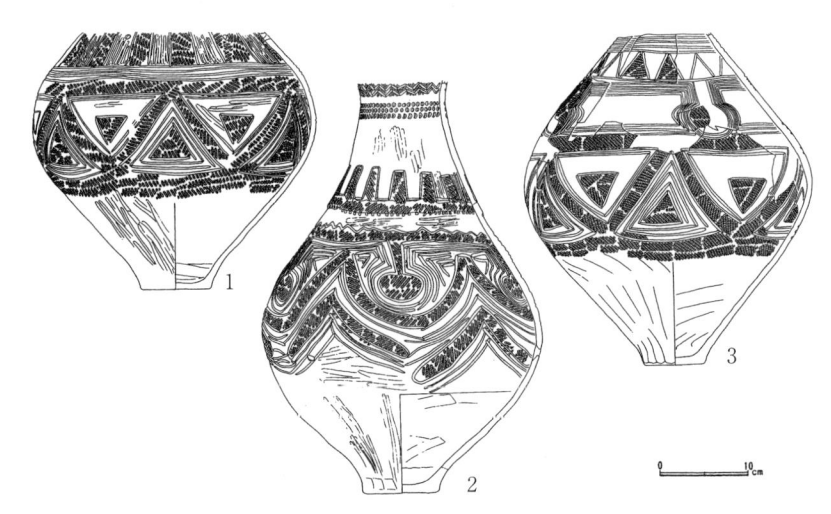

第4図　北島式を代表する複段・複合文様

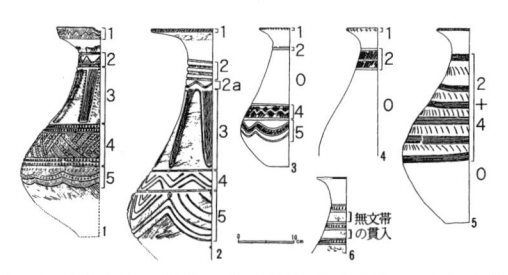

第5図　栗林式土器装飾帯の呼称と構成　(石川2002を改変転載)

原理の基準（第5図1・2）[3]（石川2002）としているうちの5装飾帯構成と同調し、北島式の重三角文や下向きの弧線が胴部最大径以下（5装飾帯）に位置する点でも一致している。また、栗林式の4装飾帯は施文幅が狭いが、4装飾帯に相当する北島式の胴部文様帯は第4図2・3のように重四角文やフラスコ形文など幅広で大ぶりの単位文を施文している。これらの特徴ある文様が複段構成となるのが北島式の最大の特徴である。

2 重三角文の系譜

北島式の胴部に単体で施文されるフラスコ形文や重四角文などとともに複段構成をとる重三角文について、筆者はかつて池上式の三角連繋文や東北地方南部の南御山Ⅱ式からの系譜として想定したことがあるが（吉田2003）、重三角文が磨消縄文による施文（充填縄文タイプ）によって単位文として施文されていることを重視し、再度類例にあたって検証したい。

第6図1〜3は群馬県みどり市（旧笠懸村）鹿の川遺跡出土壺形土器の資料である。いずれの壺形土器も頸部より上を欠失している。1は地文縄文施文後2条の沈線による振幅の大きい連続山形文を施文している。図では沈線間は無文になっているが、実際には地文が残存している。また、山形文の頂部下に円文が挿入されている。2は1と類似した文様構成であるが、上部区画併行沈線を施文し、2条沈線間を細かい条痕で充填していること、また山形沈線周囲の部分は沈線に沿って縄文が施文されていること、円文内部が刺突充填であることなどの相違点がある。3は上部区画併行沈線下に5単位の磨消重三角文（充填縄文タイプ）を施文している。また、この壺形土器は他の2個体に比べて胴部が張りだす特徴がある。これら3個体の土器が共伴資料であるかどうかについては報文からは読み取れないが、おおむね同一時期として捉えてよいものと考えられる。特に3の土器は、磨消手法を用いた重三角文が胴部最大径部分にかけて施文されていることは、北島式の重三角文の施文技法の祖形として位置付けることができる。また、1・2の資料は後述するが栗林式の壺形土器第5文様帯に施文される連続山形文間に配置する重三角文の施文技法に通じるところがある。

第Ⅳ部　前中西遺跡の研究

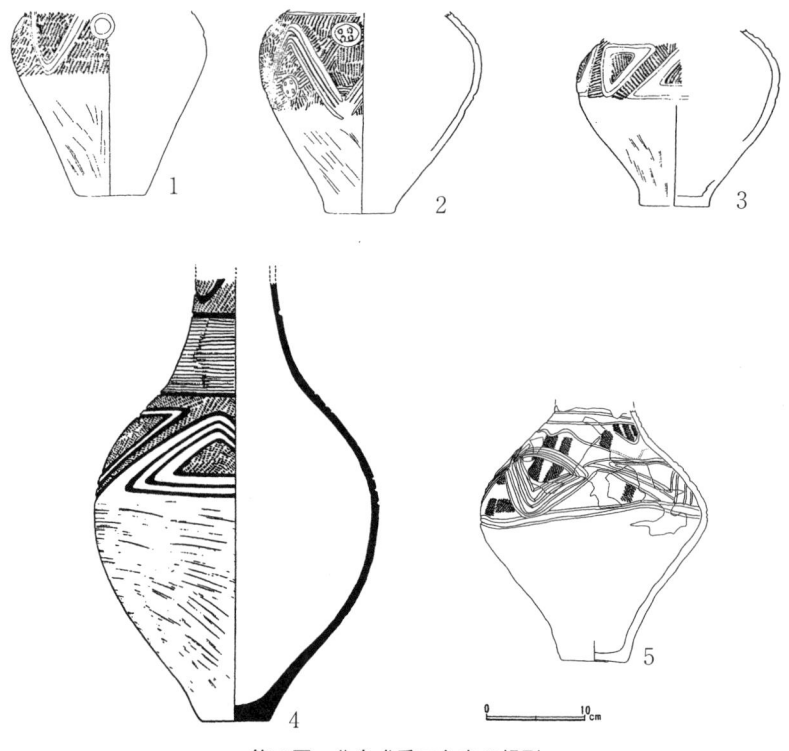

第6図　北島式重三角文の祖形

　同様の例は、千葉県千葉市新田山遺跡出土壺形土器（第6図4）にも認められる。また、埼玉県熊谷・行田市小敷田遺跡（第6図5）からも縄文施文が粗雑で胴部下端区画併行沈線が施文され、鹿の川遺跡資料（第6図3）と類似する壺形土器が出土している。
　このような磨消縄文による文様帯を特徴とする土器は、北関東地域における野沢式との関連性を重視することが肝要であり、これらの主要分布範囲を考えると鈴木の説く渡良瀬・思川水系文化圏の影響が北島式の重三角文に要素として取り込まれていくこととなる。

3 フラスコ形文の系譜

　北島式の文様構成を代表する胴部文様に重三角文と共にフラスコ形文がある。フラスコ形文を構成する複合文様帯には2つのパターンが認められる。1つは第4図3のように重四角文とフラスコ形文との組み合わせを構成するタイプ、もう一つは第4図2のようにフラスコ形文とその下段に連続弧線文の組み合わせを構成するタイプである。フラスコ形文の系譜についてかつての見解（吉田2003）では、池上遺跡や小敷田遺跡、上敷免遺跡など在地の土器からの変化形態で捉えていた。しかし、フラスコ文単体としての生成を考慮した場合には大筋で認められるものであると考えているが、その後第7図1の地文縄文に円文と「アレイ」状の文様を交互連続配置しフラスコ形文と「ネガ・ポジ」の組み合わせになる群馬県飯野辻遺跡出土の壺形土器の例。第7図2の地文縄文に胴部上下の区画併行沈線から円文を取り囲む形でフラスコ形文風に上下に交互配置する埼玉県春日部市（旧庄和町）須釜遺跡3号再葬墓出土壺形土器の例。第7図3の磨消縄文による端部解放のフラスコ形文を上下交互配置する東京都三宅島大里東遺跡出土壺形土器の例など、フラ

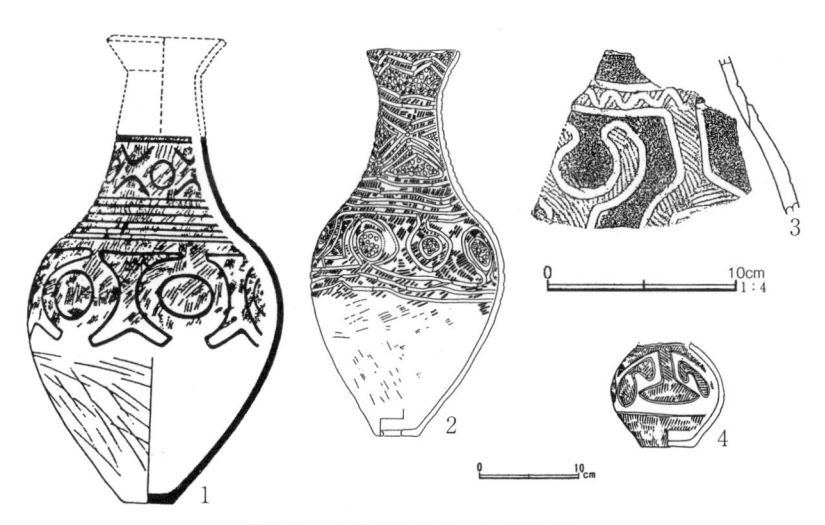

第7図　北島式フラスコ形文の祖形

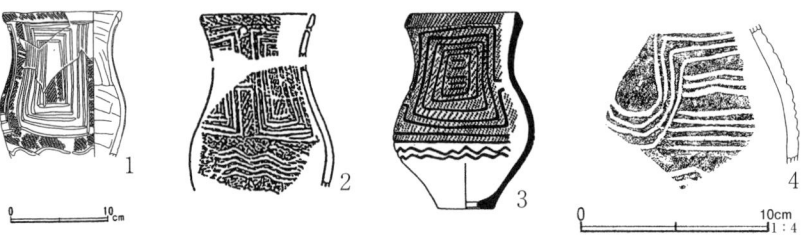

第Ⅳ部　前中西遺跡の研究

第8図　北島式併行期の筒型土器とフラスコ形文への変化形

スコ形文の祖形になりうる事例を加えることがフラスコ形文の生成に繋がると判断した。また鈴木正博が掲載した（鈴木2003）茨城県真壁郡協和町北原遺跡出土壺形土器（第7図4）は磨消施文を基調としており「幾何学文の曲線化」の一例として時期的に遡る資料であるが十分祖形となりうる資料である。

　一方組み合わせ文様として考えた場合、下向きの連続弧線文との組み合わせは、栗林式の5装飾帯に施文される連続弧線文（第5図1・2）との共鳴現象として捉えた方が説明しやすい。また、重四角文との組み合わせにおいては筒形土器の文様構成と比較検討することが重要な視点となる。

　北島遺跡（第8図1）やさいたま市東裏遺跡（第8図2）、東京都北区飛鳥山遺跡（第8図3）出土の筒形土器は、重四角文間に縄文を充填しているが、その中央部を2条の沈線で各重四角文と連結している。この連結部の2条沈線を上下の懸垂文とみて、下方へ押し出し変形させた深谷市上敷免遺跡出土資料（第8図4）を変化形態の一例と捉え北島式の重四角文とフラスコ形文へと文様構成が繋がる。この組み合わせ文様を持つ壺形土器は、先の筒形土器とほぼ併存し、他の文様構成を持つ壺形土器に施文される胴部下端区画波状沈線が筒形土器の下端区画波状沈線と同調して施文されていることも併せて、これらの壺形土器の文様構成が筒形土器の文様構成と共振構造を示しているものと考えられる。

4　筒形土器と北島式壺胴部磨消文様帯

　筒形土器の分布については石川・鈴木・宅間（石川2002・2003、鈴木2002、

194

宅間2003）などによって考察が加えられているが、東北地方南部地域から北関東地域にかけて、特に群馬県域・栃木県域を中心として帯状に分布し、渡良瀬・思川水系や利根川・荒川水系などを主な経路として南関東地域へも波及している。またその影響は、中部高地まで及んでいる[4]。

　先述した北島式土器は、それ以前の在地型式である池上式や上敷免新式までの壺胴部文様構成と異なり、磨消縄文を伴う単位文の比率を大幅に増加させている。

　その要因に、筒形土器をはじめとする磨消文系土器群との文様構成の共鳴現象が認められる。この共鳴現象は、北関東地域において栃木県栃木市大塚古墳群内遺跡（第9図1・2）や佐野市ヘビ塚遺跡（第9図3）・群馬県太田市西の原遺跡（第9図4）・前橋市荒砥前原遺跡（第9図5）・荒砥北三木堂遺跡（第9図6）などに認められ、西毛地域から中部高地にかけては、群馬県富岡市小塚遺跡（第9図7）、長野県佐久市北西の久保遺跡（第9図8）・長野市松原遺跡（第9図9・10）[5]、埼玉県南部地域（大宮台地）では、さいたま市（旧浦和市）上野田西台遺跡（第9図11）・川口市戸塚上台遺跡（第9図12）などに及んでいる。

　このように、弥生時代中期中葉以降の筒形土器の分布圏及び影響圏と重なるようにして北島式の磨消文様帯を構成する壺形土器が分布している。

5　他型式との併行関係と出土状況

　北島式と他地域の土器型式の併行関係は、栃木県域では藤田典夫によって提唱された「大塚式」（第9図1・2）（藤田2008）と広義の併行関係を有し、他の器種と合わせて親和関係を示す。中部高地においては、石川・馬場の栗林2式新段階（石川2002、馬場2008）に位置づけられる。南関東地域は安藤の宮ノ台式SIⅢ期に併行する（安藤1996）。

　北島式土器の出土状況は、群馬県域では住居跡や包含層などから、栃木県域（「大塚式」）では住居跡や住居跡近くの土壙から出土している。長野県域でも住居跡からの出土が多くを占める。南関東地域では、大宮台地まで住居跡や周辺に展開する土壙から出土しているが、東京都北区飛鳥山遺跡（第

第Ⅳ部　前中西遺跡の研究

第9図　他地域における北島式（「大塚式」）重三角文・フラスコ形土器

「北島式」の再考

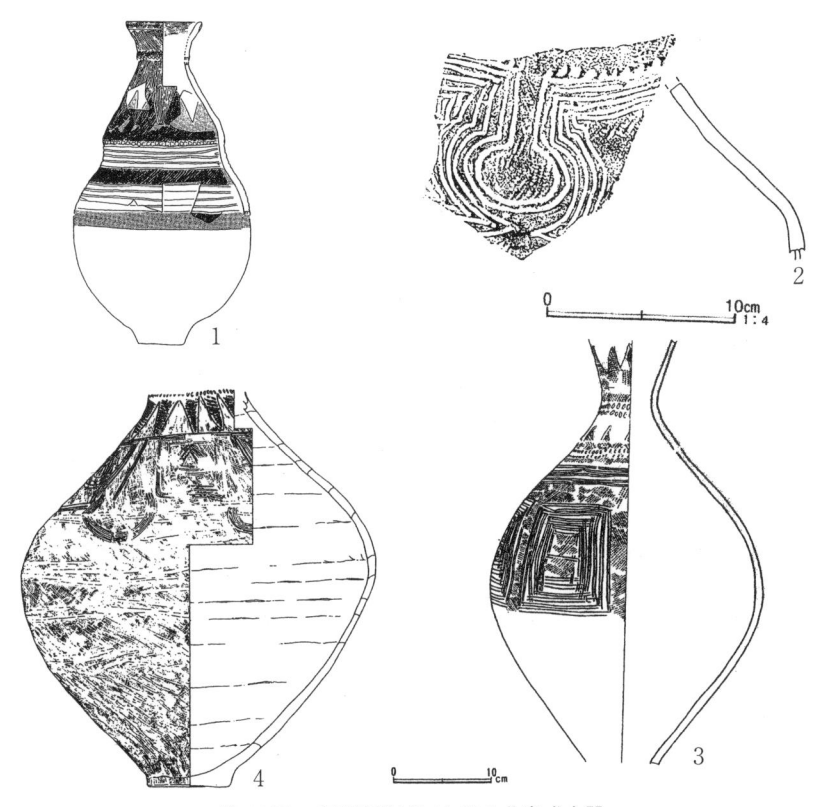

第10図 南関東地域における北島式土器

10図1)は環濠(溝)から、千葉県市原市菊間遺跡(第10図2)は方形周溝墓から、神奈川県横浜市大塚遺跡(第10図3)は環濠(溝)から、池子市池子桟敷戸遺跡(第10図4)は方形周溝墓から出土している。大宮台地以南の南関東地域は、住居跡等の生活遺構に伴わず集落の外縁施設や墓などから出土しており、北島式土器に対する扱いに明らかな相違が認められる。

6 北島式と前中西遺跡出土土器

熊谷市前中西遺跡は先述したように大規模かつ長期にわたって営まれた集落跡である。その継続期間は弥生時代中期中葉の池上式から後期前葉にまで

197

第Ⅳ部　前中西遺跡の研究

及び、最も盛行する時期は、北島式から中期末葉までの間である。

　前中西遺跡での北島式土器の出土分布は、広範な遺跡の中でも東側の北島遺跡に近い区域にかたより、住居跡などから出土している。北島式の特徴である重三角文の出土比率は北島遺跡に比べて極めて低く、重四角文やフラスコ形文の比率も低い。また、北島式に伴う筒形土器が前中西遺跡では認められないことは重要な点である。一方、直線文系及び波状沈線文系土器や栗林式系の土器の比率が高く、筒形土器と類似した器形として小型の「コ」の字甕（第11図1）が比較的多く出土している。

　北島式の重三角文やフラスコ形文を出土しない住居跡は、よりこの傾向が強くなる。そして、前中西遺跡で特徴ある磨消縄文による波状横帯文を施文する壺形土器（第11図2・3）が見いだされる。その他にも、北島式に伴う頸部上向きの鋸歯文が逆転して、下向きの鋸歯文に変換する（第11図4）などの現象が認められる。これらの土器は、北島式の磨消単位文が横帯文に変化してゆくと共に胴部文様帯の消失の方向性を一層強めている。その要因は栗林式の影響が増大したことによるものと考えられるが、前中西遺跡からはわずかではあるが南関東地域に分布する宮ノ台式土器も出土しており、文様の横帯化に関与している可能性も否定できない。

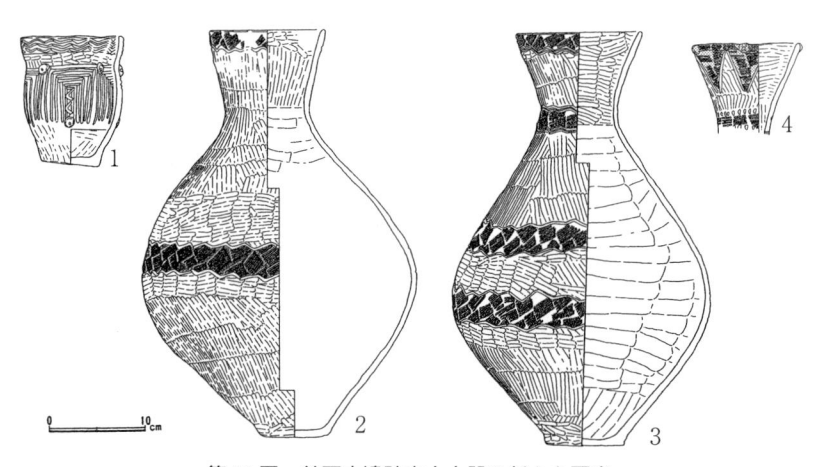

第11図　前西中遺跡出土土器の新たな要素

より新しい要素として用土平段階の土器も多く出土しているが、用土平遺跡の壺形土器に認められる胴部文様帯の採用は、前中西遺跡ではほとんど認められず前中西遺跡との大きな相違点となっている。前中西遺跡に多く認められる地文縄文に「高密度充填手法」による沈線文系土器を中心に据えた土器群をもって前中西式を設定する鈴木の見解もあるが、北島式の磨消単位文の減衰から、胴部文様帯を消失した用土平段階の土器の出現までをもって「前中西式」を設定することは可能であると考えるが、本稿では深く言及しない。

7　ま と め

　北島式の成立に関して筆者はかつて個々の文様（単位文等）については、在地及び周辺地域の土器型式からの影響を受けて生成するとした。また文様構成は在地の基盤を受け継ぐものの、壺胴部最大径以下に施文され複合かつ複段構成を示す土器については、栗林式との共鳴現象を示すものとして捉えていた。今回の再検討により磨消縄文系（充填施文）土器につては野沢式や出流原式の磨消文系土器群の単位文様を基に、栗林式の文様構成を加えて成立したものとして捉え直しておきたい。これを補強するものとして、北島式壺形土器の縄文部を赤彩する施朱様式と土器内外面のハケ調整を加えることができる。

　北島式の磨消文様を施文する壺形土器の文様系譜は、北関東地域に求めることができる。この文様は北島遺跡では、他の土器型式との融合によってより加飾性が増しているが、周辺部では共鳴現象として中部高地から北関東地域、埼玉県南部大宮台地周辺域にまたがり、荒川水系、利根川水系、渡良瀬・思川水系を通じて南関東地域まで点在的であるが分布している。その共鳴現象に新たな変化が現れるのが前中西遺跡段階（「前中西式」）からとし、それが壺胴部文様帯の消失と独自の横帯文の生成に現れているものと考えられる。

　本稿は、『シンポジウム熊谷市前中西遺跡を語る　発表要旨・資料集』を基に執筆したものである。したがって、シンポジウム当日の指摘事項や発言

第Ⅳ部　前中西遺跡の研究

内容に関わる部分が盛り込まれているが、十分に意を尽くしきれなかった感がある。ここで関係各位の方々の御教示に感謝するとともに寛容の程申し上げる次第である。

註
1) 鈴木は池上式の成立を「『出流原式』からの系統変遷」として捉え、刺突文を多用する狭義系列を新たに制定し、「『飛鳥山式』を含めた総和として広義『池上式』によって武蔵を中心とした方面の『宮ノ台式』直前期の一端を示すならば、そこに観る構造体としての特徴には、『南御山2式』との関係が極めて濃厚である」としている。
2) 石川は御新田式の成立を、栃木県壬生町御新田遺跡を標識とする型式で「栃木県佐野市出流原遺跡や埼玉県行田市池上遺跡といった所謂須和田式の系譜を引くことが明らか」とし、有文甕と共に、壺の重四角・三角などの単位文、重畳する直線文や波状文を施文しハケ調整を施さないことなどを特徴とする。また、関東地方に分布する宮ノ台式・竜見町式・足洗式と栃木県中央部から埼玉県北部に分布する御新田式を含めて4地域の併存を説いている。
3) 栗林式の3装飾帯の懸垂舌状文は北島式の上向き鋸歯文の位置に相当し、「4装飾帯は、器面を分割する性質が強く、沈線1条であっても装飾帯と判断する。」として北島式の単位文とは施文幅が異なる。また、「5装飾帯は4装飾帯下方へのぶら下げ装飾帯として多くは下区画線が省略される」とし、北島式単位文様帯と一致する。
4) 石川は栗林式壺形土器の「3装飾帯は、胴部装飾が頸部よりにも採用される条痕文系の方式と、土器の上下に同種の構図を配置し、かつ異器種に構図を転写する神保富士塚式の方式との相関関係で初めて成立しえた」とし、神保富士塚式の磨消文系筒形土器の中部高地への影響を説いている。
5) 栗林式の重三角文施文技法は、鋸歯文間に重三角文を充填する施文技法で基本的に複合鋸歯文と同一の施文技法であり、北島遺跡の重三角文は重三角文の上下交互連続配置による施文技法である点で異なる。

引用参考文献（挿図掲載の報告書は割愛した）
相京　健ほか 1983「利根川流域における初期弥生土器」『東日本における黎明期の弥

生土器』北武蔵古文化研究会・千曲川水系古代文化研究所・群馬県考古学談話会

安藤広道 1996「編年編　南関東地方（中期後半・後期）」『YAY！（やい！）弥生土器を語る会 20 回到達記念論集』　弥生土器を語る会

石川日出志 1998「弥生時代中期関東の 4 地域の併存」『駿台史学』第 102 号　駿台史学会

石川日出志 2002「栗林式土器の形成過程」『長野県考古学会誌』99・100 号

石川日出志 2003「神保富士塚式土器の提唱と弥生中期土器研究上の意義」『土曜考古』第 27 号　土曜考古学研究会

石川日出志 2013「弥生時代研究と前中西遺跡」『シンポジウム　熊谷市前中西遺跡を語る』　関東弥生文化研究会・埼玉弥生土器観会

石川日出志 2008「地域からの視点と弥生時代研究」『地域と文化の考古学Ⅱ』　六一書房

鈴木正博 2000「『宮ノ台式』成立基盤の再吟味―北方文化論的観点から観た『宮ノ台式』在地化基盤と進行濃度―」『日本考古学協会第 66 回総合研究発表要旨』　日本考古学協会

鈴木正博 2002「関東弥生式中期中葉の突起文と筒形土器の型式学」『日本考古学協会第 68 回総会研究発表要旨』　日本考古学協会

鈴木正博 2002「『白倉』と『関所裏』の筒形土器に観る型式学的引力」『群馬考古学手帳』12　群馬土器観会

鈴木正博 2003「『野沢 2 式』研究序説」『栃木県考古学会誌』　栃木県考古学会

宅間清公 2003「埼玉県下の筒形土器について」『埼玉考古』第 38 号　埼玉考古学会

馬場伸一郎 2008「弥生中期・栗林式土器編年の再構築と分布論的研究」『国立歴史民俗博物館研究報告』第 145 集　国立歴史民俗博物館

藤田典夫 2008「栃木市大塚古墳群内遺跡の弥生土器」『地域と文化の考古学Ⅱ』　六一書房

松田　哲 2013「熊谷市前中西遺跡の調査」『シンポジウム　熊谷市前中西遺跡を語る』　関東弥生文化研究会・埼玉弥生土器観会

吉田　稔 2003「北島式の提唱」『北島式土器とその時代』　埼玉考古学会

吉田　稔 2005「コラム 2 北島式・御新田式」『南関東の弥生土器』考古学リーダー 5　六一書房

大宮台地南端における弥生時代中期の遺跡

小 坂 延 仁

1 はじめに

　埼玉県ではこれまで弥生時代に関する研究が盛んに行われてきており、その都度、資料の集成や総括がなされてきている。こうした研究動向については本書を企画した埼玉弥生土器観会が編集した『埼玉の弥生時代』などで詳しく記されている（埼玉土器観会編2007）。そうしたなか、筆者は本書の主題である2013年の前中西遺跡にかかわるシンポジウム（以下：前中西シンポ）の開催に当たり、2003年の北島式土器のシンポジウム（以下：北島シンポ）以降に増加した資料を集成する機会を得た。浅学非才が災いし、資料の取りこぼし[1]があるなど十分な集成とは言えないが、近年報告されている資料をまとめて掲載する形となった。その前中西シンポ以降、弥生時代中期を含む川口市域出土の資料について触れる機会があり、それに伴って得られた所感について述べたい。

2 大宮台地南端における弥生時代中期の資料

　大宮台地の南端に位置する川口市では、3遺跡で弥生時代中期の遺物が確認されている。第1図における小谷場貝塚遺跡（a）、上台遺跡（b）、戸塚立山遺跡（c）である。いずれも台地縁辺部での事例である。順に確認していく。

a 小谷場貝塚遺跡

　小谷場貝塚遺跡は大宮台地南端の舌状台地上に立地する遺跡で、芝川流域に位置する。遺跡名にある小谷場貝塚は縄文時代前期の貝塚で埼玉県指定遺跡となっている。弥生時代中期の資料としては、方形周溝墓の周溝内より出

第Ⅳ部　前中西遺跡の研究

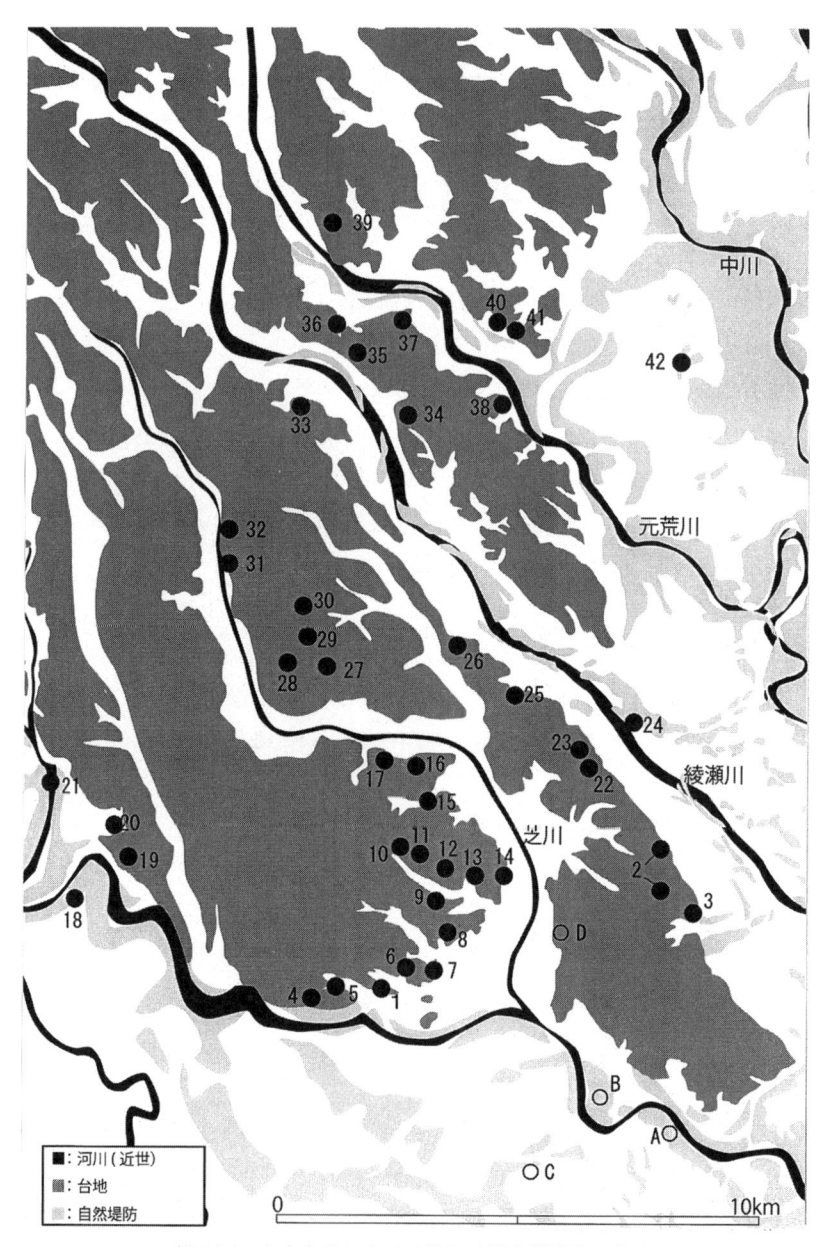

第1図　大宮台地における弥生時代中期遺跡の分布

大宮台地南端における弥生時代中期の遺跡

1. 小谷場貝塚遺跡　2. 上台遺跡　3. 戸塚立山遺跡　4. 安岡資料最終地点
5. 一ツ木遺跡　6. 太田窪遺跡　7. 円正寺遺跡　8. 明花向遺跡Ａ区
9. 明花向遺跡Ｂ区　10. 不動谷東遺跡　11. 中尾緑島遺跡　12. 大北遺跡
13. 西谷遺跡　14. 吉場遺跡　15. 松木遺跡　16. 馬場北遺跡　17. 北宿遺跡
18. 本村遺跡　19. 内道西遺跡　20. 諏訪坂遺跡　21. 根切遺跡　22. 東裏遺跡
23. 野田本村遺跡　24. 釣上高岡東遺跡　25. 谷ノ前遺跡　26. 下野田西台遺跡
27. 御蔵山中遺跡　28. 海老沼南遺跡　29. 南中野遺跡　30. 南中丸遺跡
31. 大和田本村遺跡　32. 大和田本村北遺跡　33. 深作東部遺跡群
34. 西原遺跡　35. 平林寺遺跡　36. 馬込遺跡　37. 掛貝塚　38. 岩槻城跡遺跡
39. 宿下遺跡　40. 諏訪山遺跡　41. 南遺跡　42. 谷原新田遺跡
A. 三ツ和遺跡　B. 里遺跡群　C. 青木氷川神社遺跡　D. 木曽呂遺跡

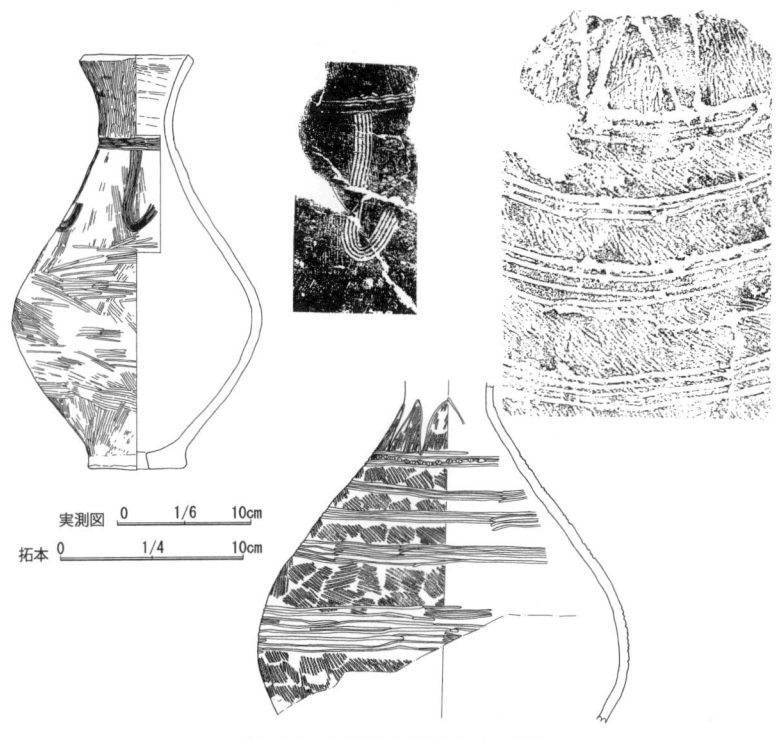

実測図　0　1/6　10cm
拓本　0　1/4　10cm

第２図　小谷場貝塚遺跡出土資料

205

第Ⅳ部　前中西遺跡の研究

土した宮ノ台式と北島式の壺形土器が挙げられる（第2図）。これらは、『川口市史』に小谷場台遺跡として掲載されている資料で（川口市1986）、大宮台地における弥生時代中期の土器編年の基礎資料として注目されてきた資料である。

　小谷場貝塚遺跡は開発による改変が比較的少なく遺構が良好に残されている地域であるが、区画整理などに伴って、虫食い的に発掘調査が実施されており、縄文時代前期の土壙墓群や後晩期の住居跡、弥生時代後期の環壕集落跡などが確認されている。弥生時代中期の遺構に伴うものは、前述の資料のみである。ただし、破片資料ながら波線や列点が施された壺の胴部破片が複数検出されるなど（玉井・小坂2014a・b）、未調査地点に弥生時代中期の集落が遺存している可能性を残しており、今後の調査に期待がもたれる。

b　上台遺跡

　上台遺跡はJR東川口駅の南側の台地縁辺部に広がる遺跡で、東側には綾瀬川が流れる低地が広がる。台地縁辺は急峻な崖状を呈し、低地面とは13m前後の標高差をもつ。

　こちらでは2地点で弥生時代中期の遺物が確認されている（第3図）。一つはJR東川口駅近辺で採集されたとされる宮ノ台式の甕形土器の口縁部片である（柿沼1979）。当時の遺跡名は精進場遺跡となっている。もう一つは戸塚上台遺跡1号住居跡として『川口市史』に掲載されている資料である（川口市1986）。ここでは胴部に重四角文とフラスコ文が施された北島式の壺と宮ノ台式の甕などの共伴が確認されている。このうち甕は口縁部に指頭押捺が施されるものと板状工具による刻みが施されるものとがある。また調査地点の直近では、道路工事の際に2点の壺型土器が不時発見されている。これらの資料は、小谷場貝塚遺跡出土資料同様に、土器編年の基本資料として注目されてきた資料である。なお、同遺跡内では他に、『川口市史』に七郷神社裏遺跡として掲載されている地点とその隣接地において後期の環壕集落が確認されている（吉田他2001）。それ以外にも複数個所で弥生時代後期の住居跡が確認されているが、未報告となっている。

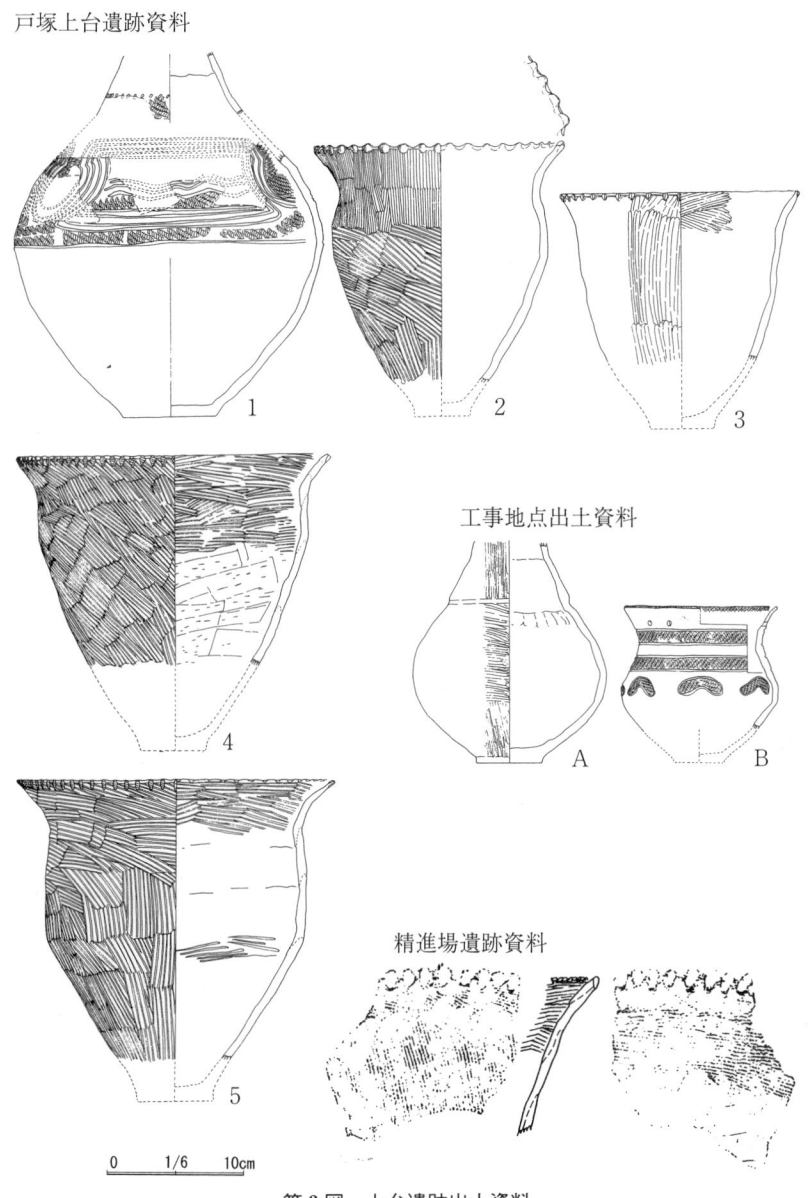

大宮台地南端における弥生時代中期の遺跡

戸塚上台遺跡資料

工事地点出土資料

精進場遺跡資料

0　1/6　10cm

第3図　上台遺跡出土資料

207

第Ⅳ部　前中西遺跡の研究

c　戸塚立山遺跡

　綾瀬川沿いではこれまで、先述した上台遺跡（戸塚上台遺跡）出土資料が最も南に位置する弥生時代中期資料として認識されていたが、近年の調査で、さらに南側に位置する川口市の戸塚立山遺跡において北島式土器が複数出土し、僅かながら南へ広がりをみせることが確認されている（小坂 2013）。

　その戸塚立山遺跡は東の中川低地から入り込む樹枝状の支谷に区画された舌状台地に位置する遺跡で、中世末には戸塚城として利用され、大型の堀が掘削されるなど、古くから大きく改変を受けている土地である。これまで弥生時代後期の集落の所在が明らかとなっていた（佐藤 2003）が、弥生時代中期の資料も出土していることが確認された。出土地点は、舌状台地で最東端に位置する地点で、眼下の低地面とは 10m 近い比高差がある。

　報告書刊行の為の整理段階であるため、詳細は明らかにされていないが、幾つかの資料が図示されている（第4図）。壺はともに胎土が砂質で器面荒れが著しいが、丁寧な造りである。1は口縁部に縄文を充填する上向きの三角文が施される。凹線以下の頸部には、縄文帯・列点文・無文帯が二段重なり、肩部に縄文を充填する三角文と列点文が施される。胴部は上段に縄文帯、下段に縄文を充填する弧線文が配置されている。

　2は肩部の中央に縄文を充填する重四角文と列点文が施される。胴部は列点文を挟んで上下2段の山形文が配されており、上段は下向きの三角形内部に縄文が充填されている。

　3の甕は、ハケ目状の工具痕跡が口縁部や胴部外面に残されているもので、ナデや粗いミガキにより、器面が調整されている。薄い折り返し状の口縁を持ち、口唇部には工具の押捺による刻みが施されている。さいたま市谷ノ前遺跡（25）、掛貝塚（37）1号住居址・2号土壙、岩槻城（38）第5地点出土資料などに類例を確認することができる。掛貝塚1号住居址資料を実測報告した柿沼幹夫氏によれば、将来的に綾瀬川・元荒川流域の特徴とあげ得る可能性が指摘されており（柿沼 2000）、本事例もその一つとみられる。

208

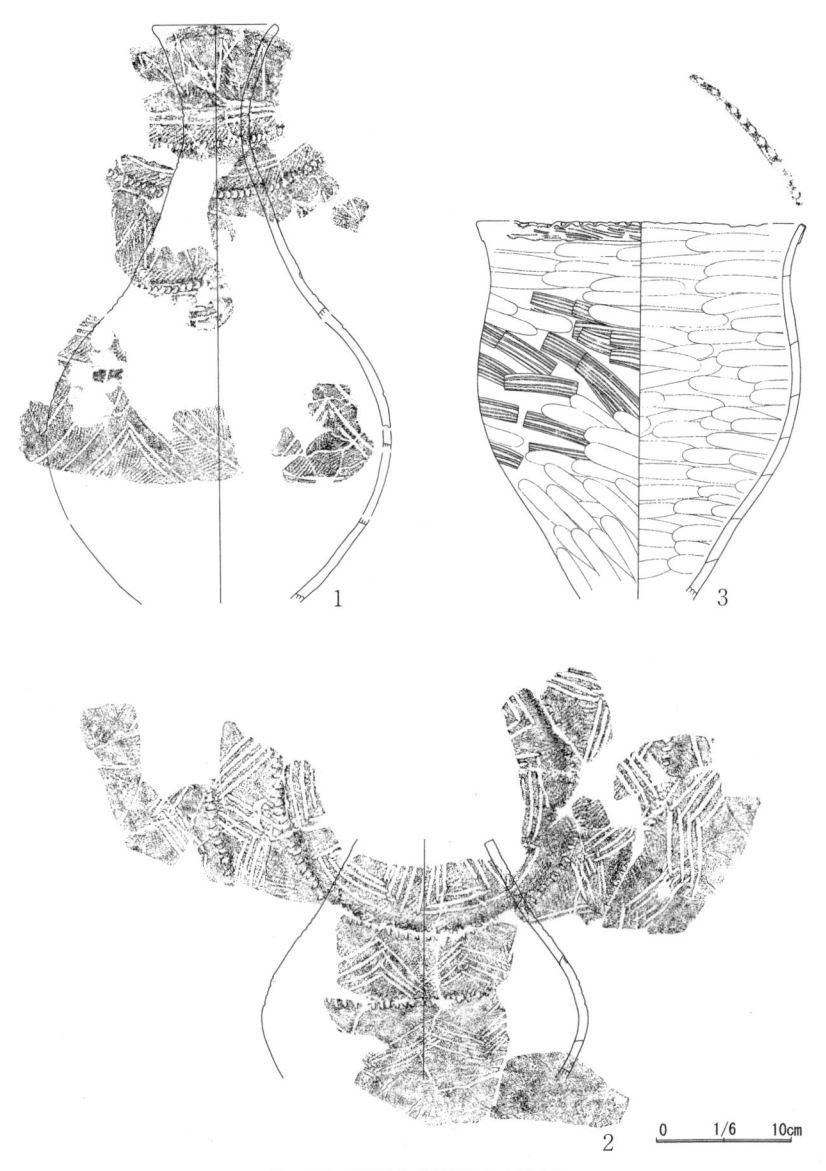

大宮台地南端における弥生時代中期の遺跡

第4図　戸塚立山遺跡出土資料

第Ⅳ部　前中西遺跡の研究

3　大宮台地南端からみた弥生時代中期の遺跡

　3遺跡における出土資料について概観した。いずれの遺跡でも北島式の資料を伴っている点が注目される。埼玉県南部は大きく宮ノ台式土器の文化圏として認識されてきた地域であるが、実際には北島式や中部高地系などの異なる文化圏の資料が多数報告されるなど、複数の文化圏の資料が混交する地域として捉えられてきている（劔持1984、小倉1987、笹森1992・1995、柿沼2003など）。現況の出土事例としては南端付近にあたる芝川流域の小谷場貝塚遺跡や、上台遺跡において、宮ノ台式土器と北島式土器が共伴する状況はまさに混交した状態を表していると言える。

　そのなかで、改めて弥生時代中期の遺跡の分布に立ち返ると、大宮台地周辺の遺跡は、東側に集中しており、北島式の中心である県北西部とは大きく離れているという状況にあると言える。これに関して、柿沼氏は渡良瀬川、利根川、荒川などの旧流路を利用した水上交通による遠隔地交流を推測している（柿沼1998）[2]。各時代ごとの正確な流路の復元を必要とするが、自然堤防上の遺跡の在り方を考える上でも重要な視点であり、注視すべきと考える。

　遺跡の立地に関してみると、埼玉県南部における弥生時代中期の遺跡はほとんどが台地上に立地している。一部自然堤防上でも遺物が確認されているが、遺構に伴う例は少なく、旧入間川沿いのさいたま市桜区本村遺跡で住居跡が確認されている他は、綾瀬川左岸に立地するさいたま市釣上高岡東遺跡（24）で、土坑10基が確認されているのみである。このように自然堤防上の遺跡が希薄な要因としては、低地部の地形が安定していなかったことが想定される。本村遺跡の下流に位置する三ツ和遺跡（A）や里遺跡群（B）などが所在する川口市鳩ヶ谷地区では、旧入間川によって形成された自然堤防基盤層の上面が海抜3m前後で検出されている。発掘調査では縄文時代後晩期の遺物が散発的に出土しているが、遺構に伴った状態では確認されておらず、古墳時代前期に至るまで自然堤防上での居住の実態は確認できていない。周辺地域についても、少なくとも、戸田市鍛冶谷・新田口遺跡や足立区舎人遺跡、北区豊島馬場遺跡などが営まれるようになる弥生時代後期後半の段階ま

では自然堤防上での本格的な居住は確認できていない[3]。これに対し、柿沼氏は先の論考の中で、自然科学分析の成果を活かして、中川低地では弥生時代中期前半に一時的に乾陸化した際に築かれた集落跡が埋没している可能性を説いている。現在までに把握されているような自然堤防上の遺跡以外にも低地部に遺跡が広がる可能性を示しており、極めて興味深い考察である。

　最後に、集落の内容についてみてみたい。柿沼氏が芝川流域の弥生時代中期の資料について言及した中でも述べているように（柿沼2003）、大宮台地で確認できる遺跡で居住状況が確認できる集落は数軒程度の小規模なまとまりのものである。比較的多くの竪穴建物跡が確認されている上野田西台遺跡（26）も、実態としては他と同様に数軒程度の小規模なまとまりとして捉えることができ（青木他1988）、県北西部の北島遺跡や前中西遺跡のように長期間継続した大規模集落を有する地域とは大きく異なる様相を示している。唯一、下野田本村遺跡（25）で環壕集落の一部が調査されており（渋谷・山田2012）、この地域の拠点的な集落であった可能性が窺われ、注目される。

4　おわりに

　前中西シンポ以降、容赦なく時間が過ぎ去り、柿沼氏や笹森氏ら先達の足跡をたどるような薄い内容しか提示できず、改めて先学の業績の厚みを感じた。最後に、今回の企画へのお誘いいただいた柿沼幹夫氏と、執筆の機会を提供していただいた小出輝雄氏に感謝を表し、筆を置きたい。

註

1) 下野田本村遺跡第8次発掘調査（渋谷・山田2012）、安岡コレクションさいたま市南区白幡採集資料（笹森2013）など
2) これとは別に、やや時代が下がる弥生時代後期の段階に大宮台地では栃木県域に広がりを持つ二軒屋式土器が散発的に出土することが確認されており、中期と同様に河川媒介とした他地域との交流が推測されている。川口市域で確認された資料については、木曽呂遺跡（C）出土品が笹森紀巳子氏により搬入品であることが確認されている（吉田ほか1991）。また小谷場貝塚遺跡出土資料についても胎

第Ⅳ部　前中西遺跡の研究

　　土分析の結果、在地の土器とは明らかに異なる胎土が用いられており、搬入された資料であることが確認されている（玉井・小坂2014a）。
3) 川口市域でも、芝川右岸の自然堤防上の青木氷川神社遺跡（D）で、攪乱中より弥生時代後期の高坏の出土が確認されている（川口市教育委員会2013、松村ほか2014）。流転による磨滅は確認できないことから、近辺からの混入が想定でき、周辺に弥生時代後期の遺跡が所在する可能性がある。

参考文献

青木義脩ほか 1988『上野田西台遺跡（第4次）発掘調査報告書』浦和市遺跡調査会報告書第108集　浦和市遺跡調査会

石川日出志 2008「地域からの視点と弥生時代研究」『地域と文化の考古学Ⅱ』　六一書房

小倉　均ほか 1987『上野田西台遺跡発掘調査報告書』浦和市遺跡調査会報告書第73集　浦和市遺跡調査会

柿沼幹夫 1979「川口市域で水稲耕作の始まった頃のこと」『川口市史調査概報』第5集　川口市総務部市史編さん室

柿沼幹夫 1998「弥生時代の『川の道』にかかる書捨之覚」『紀要』創刊号　さいたま川の博物館

柿沼幹夫 2000「岩槻市掛貝塚1号住居址出土の弥生土器」『土曜考古』第24号　土曜考古研究会

柿沼幹夫 2003「芝川流域の宮ノ台式土器」『埼玉考古』第38号　埼玉考古学会

川口市 1986『川口市史　考古編』　川口市

川口市教育委員会 2013『国庫補助事業市内遺跡発掘調査報告書〈平成23年度調査〉』川口市教育委員会

北島シンポ準備委員会編 2003『埼玉考古学会シンポジウム　北島遺跡とその時　代―弥生時代の新展開―』埼玉考古別冊7　埼玉考古学会

劔持和夫 1984『明花向・明花上ノ台・井沼方馬堤・とうのこし』埼玉県埋蔵文化財調査事業団報告書第35集　埼玉県埋蔵文化財調査事業団

小坂延仁 2013「平成25年発掘調査報告」『平成25年度川口市文化財調査報告会』川口市教育委員会

埼玉弥生土器観会編 2007『埼玉の弥生時代』　六一書房

埼玉弥生土器観会編 2013『シンポジウム熊谷市前中西遺跡を語る─弥生時代の大規模集落─ 発表要旨 資料集』 関東弥生文化研究会・埼玉弥生土器観会

笹森紀己子 1992「稲作文化の到来」『大宮市立博物館研究紀要』第4号 大宮市立博物館

笹森紀己子 1995「A-165号遺跡」『市内遺跡発掘調査報告』大宮市文化財調査報告第38集 大宮市教育委員会

笹森紀己子編 2013『第24回企画展さいたま考古学の始まり 安岡路洋考古コレクション展』 さいたま市立博物館

佐藤由似 2003「みえてきた戸塚城 ～戸塚立山遺跡第19次調査の概要～」『平成14年度川口市文化財調査報告会』 川口市教育委員会

渋谷寛子・山田尚友 2012『中野田中原遺跡（第1次）・中野田島ノ前遺跡（第3次）・中野田本村遺跡（第8次）』さいたま市遺跡調査会報告書第126集 さいたま市遺跡調査会

玉井久雄・小坂延仁 2014a『小谷場貝塚遺跡』川口市遺跡調査会報告書第45集 川口市遺跡調査会

玉井久雄・小坂延仁 2014b『小谷場貝塚遺跡』川口市遺跡調査会報告書第46集 川口市遺跡調査会

松村由記ほか 2014『平柳遺跡』 川口市教育委員会

山田尚友 2011『釣上高岡東遺跡』さいたま市遺跡調査会報告書第116集 さいたま市遺跡調査会

山田尚友ほか 2010『下野田稲荷原遺跡（第10次）・下野田本村遺跡（第4～6次）・中野田堀ノ内遺跡（第1次）』さいたま市遺跡調査会報告書第107集 さいたま市遺跡調査会

吉田健司ほか 1991『篠谷ツ・木曽呂北・木曽呂』川口市遺跡調査会報告第14集 川口市遺跡調査会

吉田健司ほか 2001『上台遺跡』 川口市教育委員会

荒川扇状地における弥生集落

白 石 哲 也

1 はじめに

　近年、妻沼低地については熊谷市北島遺跡や同市前中西遺跡の調査成果報告書の刊行や関連シンポジウム（埼玉県考古学会 2003、埼玉弥生土器観会 2013）が開催されたことによって、当該地域の弥生集落の構造や出土土器を中心とした遺物に関する知見が深まってきた。

　筆者は初期の水稲耕作を中心とした生業が関東地方にどのように波及・展開していったかについて関心を抱いていた。妻沼低地でも集落が集中する荒川扇状地における初期農耕集落の形成は大変興味深いテーマ[1]であることから、今回のシンポジウム「熊谷市前中西遺跡を語る」では大変多くの刺激や知見を得ることができた。

　そこで小稿では、シンポジウムで得た知見をもとに荒川扇状地における弥生集落の形成要因及び人口変動について遺跡立地や生業という側面から検討したいと思う。

2 荒川扇状地における弥生集落の形成

a 地形的特徴

　まず、今回対象とする荒川扇状地の地形的特徴について確認しておこう。なお、地形を確認する上で治水地形分類図（国土地理院発行）を使用した（第1図）。治水地形分類図は、旧河道や自然堤防が詳細に記載されており、荒川扇状地のような地形条件では遺跡の立地などを確認する上で大変有効である。

　荒川扇状地は緩勾配の洪水流堆積型扇状地とされ、細粒堆積物を主体とす

第Ⅳ部　前中西遺跡の研究

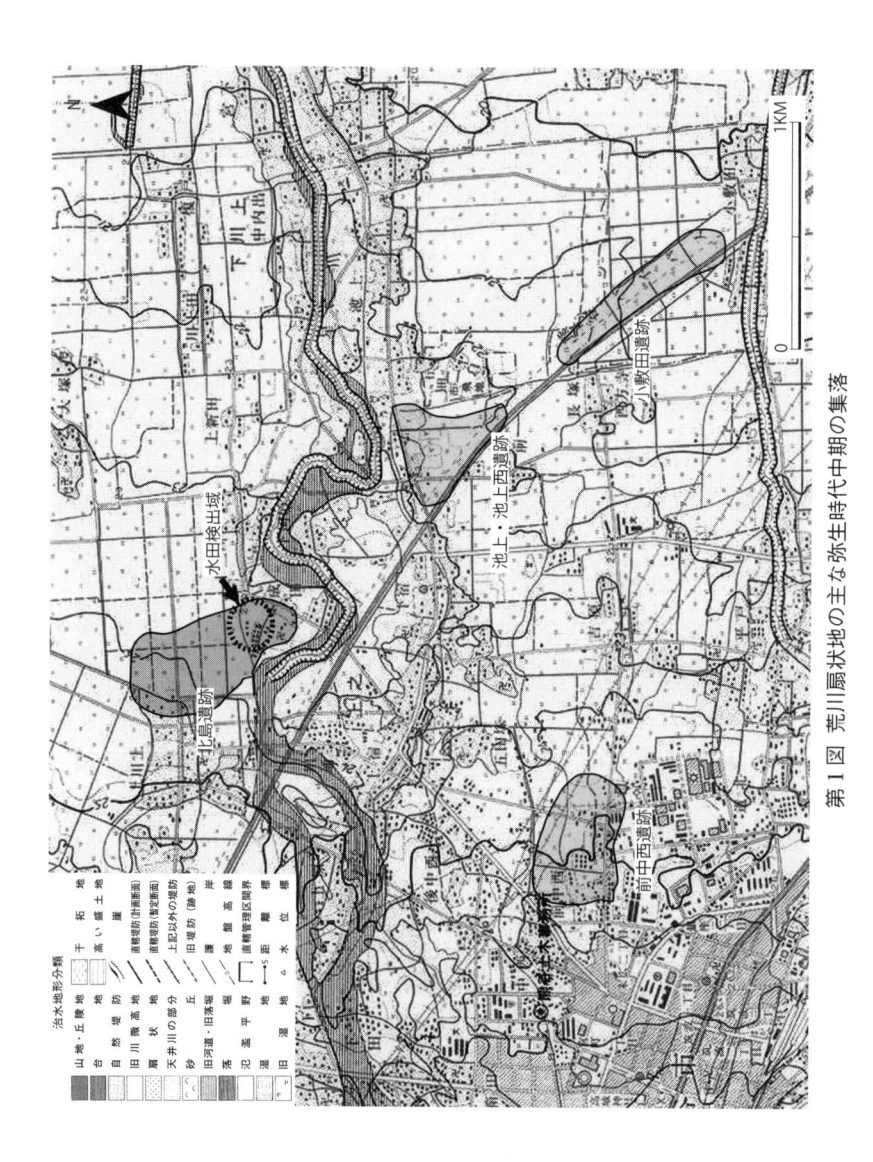

第1図　荒川扇状地の主な弥生時代中期の集落

216

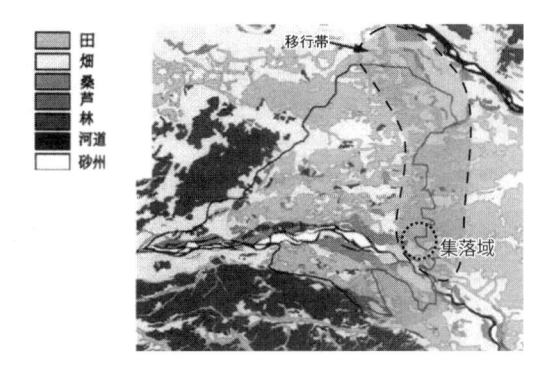

第2図 迅速図（明治17年）に見られる土地利用図と移行帯

る氾濫原・後背湿地が複雑に入り組んだ幅の広い移行帯を有している（第2図）。第1図・第2図を見ると、弥生集落の多くは、移行帯内の溢流氾濫により形成された自然堤防上に立地しており、おそらく水田の多くは熊谷市北島遺跡の水田例（第1図）からもわかるように近接する氾濫平野に形成されたと考えられる。

また、現在でも、多くの住宅地が自然堤防上に立地しているように、集落の多くは自然堤防上に立地している。高さ0.5mほどの自然堤防が多数存在することで水害に対する防御力が上がり、集落立地の形成基盤として大きな役割を果たしている（齋藤・福岡2011）。

b 集落変遷

次に、荒川扇状地に展開した集落の変遷を見ることにしたい。荒川扇状地における集落変遷については、石川日出志や松岡（菊地）有希子、吉田稔によって池上・小敷田遺跡や熊谷市北島遺跡を中心とした分析をもとにその状況が示されている（石川2001、松岡2003、菊地2007、吉田2003）[2]。

以下では、それらの既存研究を踏まえつつ荒川扇状地の集落変遷の状況を見ていく。荒川扇状地では、弥生時代中期中葉の水稲耕作導入期にまず池上・小敷田遺跡が構築される（第3図）。池上・小敷田遺跡では最初に北側の池上地区に集落を形成する。その後、池上地区に集落を残しつつも、河川に沿って微高地上に小敷田地区へと居住域を拡張させることで、南北に2つの

第Ⅳ部　前中西遺跡の研究

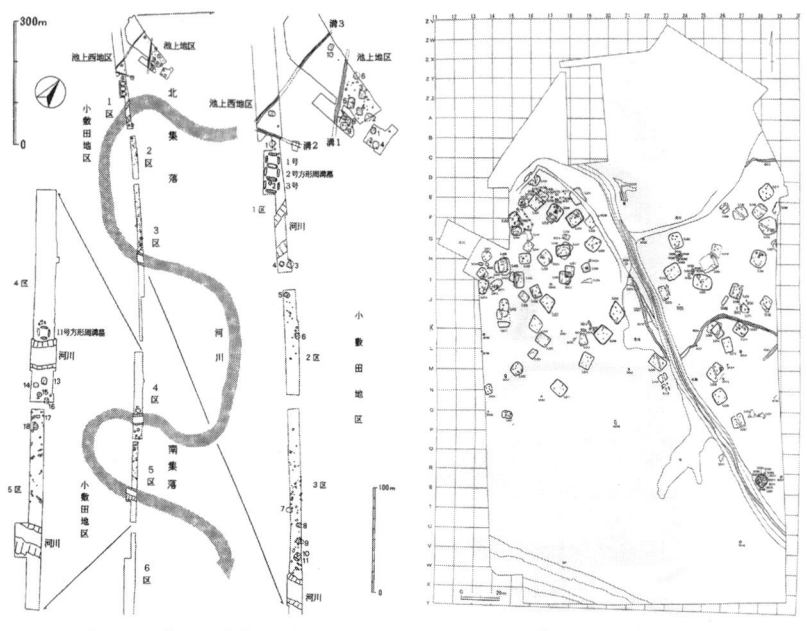

第3図　池上・小敷田遺跡

第4図　北島遺跡

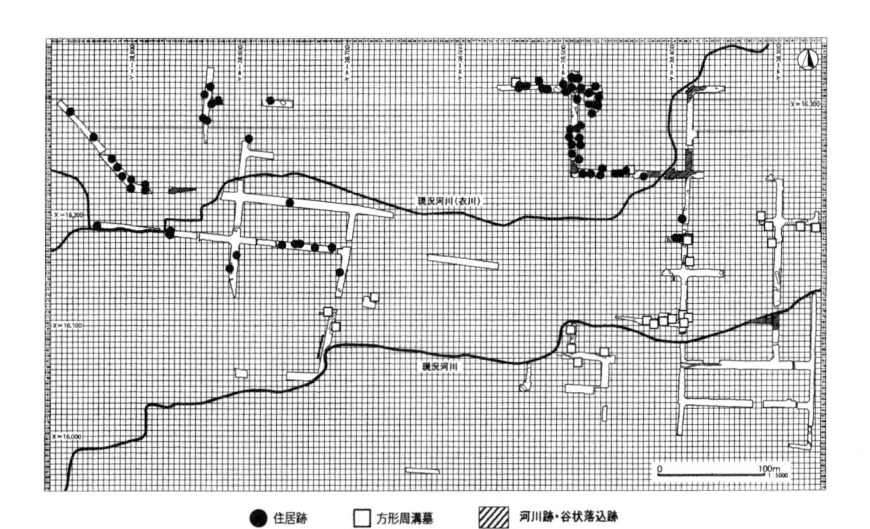

● 住居跡　□ 方形周溝墓　▨ 河川跡・谷状落込跡

第5図　前中西遺跡群

集落が構築される。また、墓域もそれぞれ対応する形で形成されている（石川2001）。その後、池上・小敷田遺跡から北西に所在する北島遺跡（中期後葉）へと集落の中心が移される。

　北島遺跡（第4図）は、集落形成段階から中央水路をはさみ東西の微高地上に2つの居住域が構築され、その中心居住域は独立棟持柱建物を伴う西側居住域と考えられている。松岡は遺構・遺物を総合的に分析し、東西で異なる性質を持つ集団の存在を示唆している（松岡2003）。そうした観点でみると、東側南端には土壙墓が集中しており、集団の背景を考える上で大変重要である。

　また、この時期には信州産磨製石斧が多数出土する事実から信州と南関東を繋ぐ中継地点として石器生産を担う佐久盆地と強い関係があったことも鮮明化してきている。その表れのひとつとして、栗林式系土器の出土比率の高まりが認められる。ただし、北島遺跡の石器組成は竜見町式土器圏と類似した傾向を示しており（杉山2010）、必ずしも信州栗林式土器を使用する集団と同一の文化圏ではないことに注意したい[3]。

　なお、北島遺跡には北島式新段階（前中西式）とされる前中西遺跡V32号溝出土土器（第6図）の段階は現状では検出されておらず、おそらく北島遺跡はそれ以前に廃絶されたものと考えられる。その後、周辺では熊谷市天神遺跡包含層中に該期の土器が検出されているが、基本的には熊谷市前中西遺跡が中心的集落となっていくようである。

　では、ここで松田の報告（松田2013）を踏まえつつ、非常に大きな遺跡範

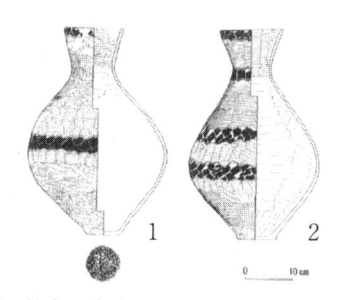

第6図　前中西遺跡 V32 溝出土土器（松田2013）

第Ⅳ部　前中西遺跡の研究

囲を持つ前中西遺跡の状況を確認しておきたい。前中西遺跡は他の遺跡と異なり長期継続の遺跡とされ、すでに池上式新段階から北島式古段階にかけて遺跡範囲東側に当該期の遺構が僅かながら検出されており、この時期から住居数軒の小規模な集落を形成していたと考えられる。住居址は、隅丸方形を呈しており、池上・小敷田遺跡でも約6割が同じ形態である。また、大型打製石斧の出土など共通する要素が認められ、池上・小敷田遺跡と関係の深い集団によって形成された集落と捉えておきたい。なお、次の北島式古段階では方形周溝墓が遺跡中央部に構築されているが、居住域は不明である。

　その後、北島式期には集落が東西に形成され居住域を広範囲に拡大させるようである。ただし、中央部に遺構が薄く、東西ともに南側に墓域を形成することから遺跡内に2つの住居域が存在した可能性があり、北島遺跡同様に複数の集団がひとつの遺跡内に集合形成した可能性がある。

　なお、散在的な地点調査に限られている現有資料では、北島式期が前中西遺跡において最も盛行した時期と言えるが、検出された住居址は24軒であり、北島遺跡のように段階区分（吉田2003）ができるほど資料も充実していない。また、出土土器を見ると栗林式系土器の増加や在地土器の文様の粗雑化が目立つ点から北島式でも比較的新しい資料が多い印象を受ける。このことから、前中西遺跡では北島遺跡の廃絶期に接続する形で徐々に中期末の集落が形成されていくことが想定される。また、現状では南西側については不明な点が多いことに注意しておきたい。

　北島式新段階では、北島遺跡廃絶後、前中西遺跡において栗林式系土器が主体化し、大型の「榎田型磨製石斧」や下ツ原式土器、房総半島系の宮ノ台式土器などが出土することから、地域の中心集落として流通の拠点となる機能を果たしていたと考えられる。しかしながら、その後、後期岩鼻式期には集落が縮小されていくようである。

　以上が荒川扇状地における集落変遷及び前中西遺跡の状況であるが、北島式古段階の集落については不明な点が残る。この点については、現時点では詳しい状況が確認できていないが、前中西遺跡では北島式古段階においても集落が継続されており、今後の調査成果を待つ必要があろう。

c 集落形成

　以上の検討から荒川扇状地では池上・小敷田遺跡を構築後、近接地域での短距離移動を行いながら、集落を形成していく状況が認められた。また、それらは同一の集団による集落形成と考えられ、池上式新段階から継続する前中西遺跡は、初期に池上・小敷田遺跡といった比較的大きな集落から可耕適地を求めた小規模集団による分村化によって形成されたと考えることができる。さらに、おそらく前中西遺跡では、集落が遺跡範囲内の近接地域で居住域の移動を繰り返しながら集落を継続していったことから、当該地域は比較的環境条件などが整っていたと考えられる。

　このような初期水稲耕作を基礎にした集落形成の短距離移動は、弥生時代前期前半の大阪平野でも認められ（若林2002）、初期開拓地においては多くの集約農耕集団で可耕適地を求めた近接地域への移動が行われることが報告されている（M・サーリンズ1972）。ただし、荒川扇状地は河川の氾濫が多発する地域であることから、移動に際しては可耕適地の要求以外にも洪水による被害が原因になり、放棄せざるを得ない状況になった可能性も視野に入れておく必要があろう[4]。

3 集落形成から見た生業と人口変動

a 生　業

　ここで、集落形成の在り方から荒川扇状地における生業と人口変動について触れておきたい。

　まず荒川扇状地における弥生集落は、湧水帯の氾濫平野という地形的特徴と集落が自然堤防上に築かれることから、やはり水稲耕作が基本的生業であることは疑いない[5]。ただし、石器組成を見ると北島遺跡では礫加工具と打製刃器が多く（杉山2010）、大阪府東奈良遺跡や同池上・曽根遺跡などの農耕集落と比べて収穫具がほとんど出土しておらず（国立歴史民俗博物館1996）、道具面においては一般的な農耕集落の石器組成とは言えない。しかし、従来の石器を転用しつつ、技術導入を図った民族事例などもあることから、必ずしも必要条件とはならないだろう。

第Ⅳ部　前中西遺跡の研究

　同時に、こうした事例は水稲耕作を中心とした生業を行いつつも、稲作の比率がそれほど高くなかったこと（甲元 2004）の表れのひとつとも捉えられる。つまり稲作が生業の中心であっても、当然ながら様々な生業を組み合わせていたと考えられる。むしろ、単一生業に依存する集団は、植物が生育しない寒冷帯に居住して、狩猟もしくは漁労に特化せざるを得ないイヌイットなどごくわずかであり、多くの集団は多様な生業形態を保持することで様々な食糧を得てきた（大塚ほか 2012）。荒川扇状地においても石鏃などの狩猟具が出土しており、水稲耕作以外の生業が行われていたことは明らかである。

b　人口変動

　また、北島遺跡や前中西遺跡では集落内変遷の状況から居住域の拡張や住居址数の増加があり、池上式期から北島式期にかけてある程度の人口増加が推定された。これは池上式古段階に導入された水稲耕作によって貯蔵性の高い穀類（稲）が生産されたことにより食糧供給が年間で平準化され女性の出産環境が安定化したことで出生率の高まりを受けて人口増加が引き起こされたと推察される[6]。通常、農耕依存度が高い集団ほどコミュニテイサイズが大きくなる傾向が認められ（第7図）（鈴木 1989）、荒川扇状地でも水稲耕作を中心に食糧生産に関して安定的な生業形態が保持されていったと考えられる。

　しかし、北島式新段階以降は居住域の縮小や住居址数の減少から、人口が

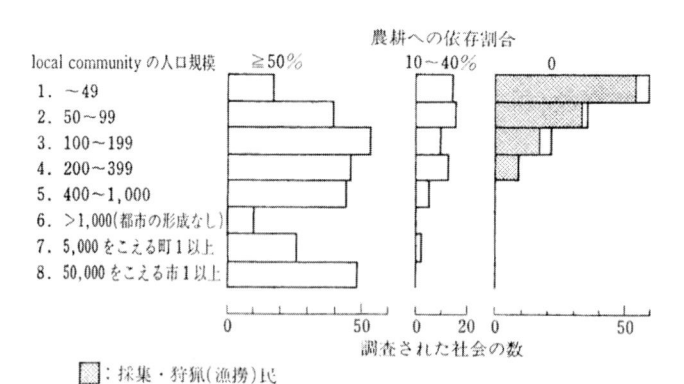

第7図　農耕依存の割合とコミュニティサイズ（鈴木 1989）

減少したことが想定される。考古学的証拠から直接的な原因を指摘することは難しいが、人口学的な観点からひとつの示唆を得ることができる。

　人は、環境的要因に制約がなければ指数関数的に増殖することが可能である（第8図）。しかし、実際には最大限の人口増加が実現することはなく、環境抵抗と呼ばれる食糧飢饉や居住環境の悪化、疫病の蔓延などにより阻害される。

　その結果、その環境中に生存可能な人口は制限されており、それが人口支持力とされる。急激な人口の増加によって、その土地人口支持力を超えた場合、上述した事態が発生し人口が一時的に減少する（Hussan 1981）。現状では、荒川扇状地においてなぜ人口減少が起きたのかに関する考古学的データが不足しており詳細は不明とせざるを得ないが、おそらく土地の人口支持力が超えたために上述したような環境制限が生じたと考えておきたい[7]。

　なお、近接する宮ノ台式土器圏においても北島式と並行する安藤編年 Si Ⅲ期になると各地で集落が増加し、人口が増加したことが推察される。そして、荒川扇状地で集落が縮小する用土・平期（安藤 Si Ⅴ期）では、宮ノ台式土器圏においてもおおよそ各地で集落が減少する様相を呈している（安藤 1991）。このように、荒川扇状地及び宮ノ台式土器圏の人口変動が比較的連動している点についても注意したい。ただし、宮ノ台式土器圏では主に台地

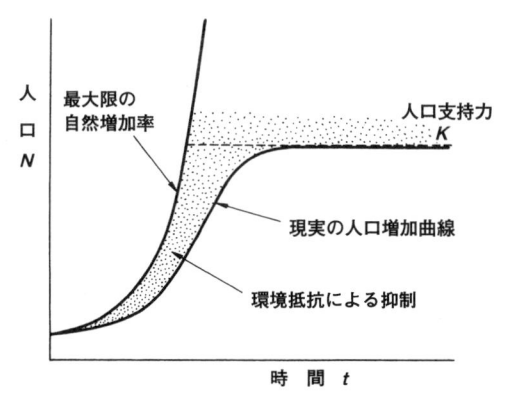

第8図　人口増加パターンと環境抵抗、人口支持力の関係（大塚ほか 2012）

第Ⅳ部　前中西遺跡の研究

上に集落が形成される点や集落規模など様々な属性で異なる点があり、必ずしも同一条件で語ることはできない。だが、当該期において南関東地方全域でそうした社会構造の変化が起きていたことは注視しておくべきであろう。

4 おわりに

　ここまでの検討から荒川扇状地では、可耕適地を求め短距離移動型の集落が形成されることが想定された。しかし、その形成要因となった集団や周辺地域との関係などについて不明な点が多く残っている。

　今後は、同様に中期中葉から集落が形成される神奈川県中里遺跡や長期継続が認められる千葉県常代遺跡などとの比較検討を進め、さらに集落形成の起点となったと考えられる中部・東海地方との関係性について様々な観点から考察を深めることで、関東地方における初期水稲耕作技術導入以降の弥生社会について考えていきたい。

　執筆するにあたり次の方々・機関にお世話になった。石川日出志、植田雄己、小出輝雄、蔵持俊介、杉山祐一、関東弥生文化研究会、熊谷市江南文化財センター、埼玉弥生土器観会（敬称略・五十音順）

註

1) 埼玉県荒川扇状地では、それまで扇頂で水稲稲作以外の生業を行い比較的小規模の谷口集落を形成していた集団が、弥生時代中期中葉になると湧水から流れ出る豊富な河川を利用した水稲耕作を導入し、扇端部に集落を展開するようになる。こうした背景には、水稲耕作技術を持った人々の存在が想定され、関東における中期中葉の社会的変動の一端が荒川扇状地にも及んだ結果（石川 2001）と考えられる。

2) 土器編年については、石川日出志（石川 2012）をもとに、新しい知見を加えている。また、宮ノ台式土器との対比については安藤（安藤 1990）を参照した。

3) 栗林式と竜見町式については、両者を同一型式とする見方もあり、今後再考する必要性がある。

4) ただし、北島遺跡第303住居址などでは覆土が洪水層によって覆われており、その後も集落を継続するので、水害の規模によっては存続した可能性がある。

5) なお、集落変遷過程から短期移動型の集落形成パターンが推定されたが、移動型と言っても焼畑農耕を主体とした移動耕作（swidden cultivation）集落の可能性は低いと考えられる。その理由は、焼畑農耕は基本的に広い耕作面積を必要としており、また8～10年程度の休閑期を必要とするため、常に多くの耕作地を持っておかなければならず、必然的に人口密度は低く集落規模も小さくなり、荒川扇状地のように狭い範囲で人口密度が高い社会では焼畑農耕が行われた可能性は低くなるからである。
6) 初期農耕社会の人口増加率は 0.05 ％から 0.1 ％と考えられており、狩猟採集社会の 0.001 ％から 0.003 ％と比べると遥かに高い増加率を示している（木下 2003）。
7) 人口増加要因については主要因が水稲耕作だとしても、出土する栗林式系土器が在地の胎土で作られており、精巧な作りをしていることから信州方面（佐久盆地）からの人口流入があった可能性も想定される。そこで、以下に2つの要因から人口流入について考えてみたい。

　ひとつは、人口圧による人口流入である。馬場（馬場 2007）によると長野盆地での大規模集落化と流通機構の成立が指摘されている。そうした事情から、信州で人口が増加したことで、人口支持力が低下したと想定し荒川扇状地への人口流入があったと想定が可能である。ただし、人口圧要因は人口移動を誘発する原因について信州での人口増加に伴う食糧不足などデータが必要であり、現状では必ずしも有効な理論とは言えない。

　次に、婚姻圏の拡大が考えらえる。人は、生物学上一夫一妻制に適した生物であると考えられている。当然、社会・文化的に一夫多妻制や多夫一妻制などを用いる集団も存在するが、マードックのデータによるとそうした集団は極めて異例と言える。しかし、小規模集団においては出生性比の不均衡が生じることが判明しており、民族事例を見るとパプアニューギニアのギデラ族では婚姻圏の拡大によって、そうした事態に対処している（鈴木 1989）。

　仮に、北島遺跡のある一時点において、原則一夫一妻制で各住居址の人数を核家族4人と見積もり、住居20軒×4人＝80人として、一時期のおおよその人口を100人前後とすると男女の性比の変動は十分に起こり得る。そのため村内での婚姻については、限界があり他地域との婚姻の必要性が生じる。その場合、それまでの背景から交流ネットワークが構築されている信州なども婚姻圏となる可能性は高い。ただし、この場合は集団単位での流入とは考えられず、人口増加に対し

第Ⅳ部　前中西遺跡の研究

ては貢献した可能性は低い。結果的には、現状では外的要因による人口増加はそれほど大きくないものと考えたい。

なお、前中西遺跡で出土している房総半島系の宮ノ台式土器の壺形土器は実見したところでは在地の土器であった。そのため近接する宮ノ台式土器圏も、婚姻圏であった可能性を指摘できよう。

参考・引用文献

安藤広道 1990「神奈川県下末吉台地における宮ノ台式土器の細分上・下」『古代文化』第42巻第6・7号　古代学協会

安藤広道 1991「弥生時代集落群の動態―横浜市鶴見川・早渕川流域の弥生時代中期集落遺跡群を対象に―」『調査研究集録』第8号　横浜市埋蔵文化財センター

安藤広道 2008「水田と畠の日本史」『生業から見る日本史』　国立歴史民俗学博物館

安藤広道 2009「弥生農耕の特質」『弥生時代の考古学5 食糧の獲得と生産』　同成社

石川日出志 1994「東日本の大陸系磨製石器」『考古学研究』第41巻第2号　考古学研究会

石川日出志 2001「関東地方弥生時代中期中葉の社会変動」『駿台史学』第113号　駿台史学会

石川日出志 2012「栗林式土器の編年・系譜と青銅器文化の受容」『中野市柳沢遺跡』長野県埋蔵文化財センター

大塚柳太郎・河辺俊雄・高坂宏一・渡辺知保・阿部卓 2012『人類生態学［第2版］』東京大学出版会

柿沼幹夫 2006「岩鼻式土器について」『土曜考古』第30号　土曜考古学研究会

菊地有希子 2007「荒川流域の住居形態と集落」『埼玉の弥生時代』　埼玉弥生土器観会

木下太志 2003「第1章 狩猟採集社会の人口」『人類史のなかの人口と家族』　晃洋書房

甲元眞之 2004『日本の初期農耕文化と社会』　同成社

国立歴史民俗博物館編 1996『農耕開始期の石器組成1』　国立歴史民俗博物館資料調査報告書7

埼玉県考古学会 2003『埼玉県考古学会シンポジウム 北島式とその時代―弥生時代の新展開―』　埼玉県考古学会

埼玉弥生土器観会 2013『シンポジウム　熊谷市前中西遺跡を語る―弥生時代の大規模集落―発表要旨　資料集』 関東弥生文化研究会・埼玉弥生土器観会
齋藤　滋・福岡捷二 2011「荒川扇状地における集落の展開と自然堤防の役割に関する研究」『水工学論文集』第55巻　土木学会
早乙女尊宣・高村弘毅・栗下勝臣・門村浩・石田武 2005「荒川扇状地氾濫原移行帯における微地形と表層地盤構成の特性（2005年度春季研究発表会）」『地形』26　日本地形学連合
杉山浩平 2010『東日本弥生社会の石器研究』 六一書房
鈴木継美 1989『人類生態学と健康』 篠原出版
馬場伸一郎 2007「大規模集落と手工業にみる弥生中期後葉の長野盆地南部」『考古学研究』第54巻第1号　考古学研究会
馬場伸一郎 2008「弥生中期・栗林式土器編年の再構築と分布論的研究」『国立歴史民俗博物館研究報告』145
松岡有希子 2003「北島式と集落」『埼玉県考古学会シンポジウム　北島式とその時代―弥生時代の新展開―』 埼玉考古学会
松田　哲 2013「熊谷市前中西遺跡の調査」『シンポジウム　熊谷市前中西遺跡を語る―弥生時代の大規模集落―発表要旨　資料集』 関東弥生文化研究会・埼玉弥生土器観会
吉田　稔 2003「北島式の提唱」『埼玉県考古学会シンポジウム　北島式とその時代―弥生時代の新展開―』 埼玉考古学会
若林邦彦 2002「河内湖沿岸における初期弥生集落の変遷モデル」『環瀬戸内海の考古学』 古代吉備研究会
M・サーリンズ 1972『現代人類学5 部族民』 鹿島研究所出版会
Hassan, F. A. 1981 Demographic Archaeology. Academic Press, New York.
Simon, J. L. 1991 The Ultimate Resource 2. Princeton University Press: Princeton, NJ.

挿図出典

第1図：国土地理院発行の治水地形分類図。第2図：齋藤・福岡2011を改変。第3図：石川2001より転載。第4図：遺跡発掘報告書より作成。第5図・第6図：松田2013より転載。第7図：鈴木1989より転載。第8図：大塚ほか2012より転載。

南関東から見た弥生中期妻沼低地集落群の特質

杉 山 祐 一

1 はじめに

　シンポジウム「熊谷市前中西遺跡を語る」では、ポスト北島式期を中心に妻沼低地の新たな研究動向が紹介された。以前から南関東と妻沼低地を含む北西関東の文化動態には密接な関係があると考えていた筆者にとって、新たな知見やアイデアを得る貴重な機会となった。そこで拙稿では、シンポジウムの場では議論の俎上にあがらなかった前中西遺跡を含む弥生中期妻沼低地集落群の特質について、南関東の視点から筆者なりに分析してみたい。具体的には、集落の立地・構成からその形成過程と構造モデルを読み解くとともに、特に土器や石器の出土傾向から広域的な交流ネットワークの成立と展開を想定し、妻沼低地における地域社会の一端に迫ってみたい[1]。

2 弥生中期における灌漑農耕社会の成立事情

a 中期中葉段階における灌漑水稲農耕の導入と集落の形成

　弥生中期後葉の妻沼低地を含む北西関東では、大きく池上式や出流原式を祖形とする在来系と、北信地方栗林式が出土土器の主体を占める。在来系土器群の一貫した出土状況から見て、荒川新扇状地で地域社会を形成した集団は、特に池上・小敷田遺跡と連続的な系譜関係にあるものとみて間違いない。一方で、北島式成立における栗林式の関与（吉田 2003）や、前中西遺跡で時期が下るにつれて栗林式の出土率が増加する現象（松田 2013）を素直に解釈すれば、中部高地あるいは上州方面の影響が時期を追うごとに増したこともまた明白である。問題は、このような文化動態をどう理解するかにある。

　通時的には、西日本から本格的な灌漑水稲農耕文化複合が導入され、関東

第Ⅳ部　前中西遺跡の研究

　平野部の社会構造が大きく転換した中里・池上式段階から、各地で独自の農耕文化複合が自律的に展開しはじめる中期後葉でも前半の様相にまず着目する必要があろう。

　栗林1式併行の池上式（石川2012）は、妻沼低地から東京湾北岸に分布、房総方面にも強い影響を与えており、相模方面を主要分布域とする中里式と弁別される（杉山祐2012）。当該期の遺跡は、集落域、墓域、灌漑水田を中心とする生産域を計画的に配置し、西日本起源の墓制である方形周溝墓を採用した点で共通する（石川2001）。在来系土器群のあり方にはそれぞれ明確な地域性が認められる一方（杉山・植田2013）、太平洋岸の中里遺跡や常代遺跡では瀬戸内東部Ⅲ-1様式や東海西部貝田町式、南東北の南御山2式や龍門寺式の土器群が、池上・小敷田遺跡でも栗林式・北陸地方小松式・南御山2式が出土するように極めて広範囲な交流の実相がうかがえる。また、関東平野内の南北間交流も出土土器（石川1996・2001）や房総での様相（杉山・植田2013）から裏付けられており、集落構成の類似性は西日本からの直接的なインパクトに加え、関東平野内や隣接周辺部との地域間交流による情報交換も一定の役割を果たしたものと考えられる。

　ここで特に注目したいのが、個々の集落の形成過程である。神奈川県足柄平野では、縄文晩期から弥生中期前葉に周辺の山麓や台地上に分布していた小規模集落が、中期中葉段階に酒匂川沿いの沖積微高地に集住して中里遺跡の形成に至ると考えられている（第1図、大島2000、石川2001・2011）。妻沼低地でも、西側の櫛引台地縁辺部付近で再葬墓集落を営んでいた小規模集団が池上・小敷田遺跡に集住した可能性が示唆されている（第2図、設楽2006）。また、房総半島に所在する常代遺跡は、中里遺跡や池上・小敷田遺跡より開村時期が若干遡る可能性があるが、近接する鹿島台遺跡で同時期の再葬墓が検出されている。しかし、房総においても池上式期には墓制の転換が起こり、向神納里遺跡のような群集度の高い方形周溝墓群が構築されはじめる。こうした集落構造転換の理由を、大規模な労働力の投下を必要とする灌漑水稲農耕の採用に求める見解（石川2001、設楽2006）は、炭化米の出土や石器組成の転換も併せて論証されている点で極めて蓋然性が高い。

このような文化変化は一見すると同じ推移を辿ったようにも思われるが、人口増加と農耕社会の定着化が著しく進む中期後葉段階に、北西関東と南関東の文化的差異は一層顕在化する。その背景には、中期中葉以前から両地域間に相応の交流があった点を考慮しても、中期前葉までの北関東在来伝統を基盤としながら、北西関東は信州方面、南関東は東海地方と文化的影響を受けた地域がそれぞれ異なる点が大きな意味を持ったことは確かである。どちらも灌漑水稲農耕の導入という同じ社会的背景が新たな集落の形成を促したことは事実だとしても、これまでは類似性が強調されてきた両地域の集落構造は、以下のような、異なるモデルによって説明されるべきと筆者は考えている。

b 南関東中期後葉における集落形成過程の転換

南関東では、中期後葉に宮ノ台式土器の広まりと軌を一にして農耕を基盤としたまとまりのある文化圏が形成される。集落構成における大きな特徴としては、多数の集落が明瞭なまとまりをもちながら相互依存性の強い小地域圏（＝地域社会）を形成する状況が出現する。

安藤広道が示したように、東京湾西岸域の鶴見川・早渕川流域の適度な台地平坦面と河川沖積地を有する地域では、多くが環濠で囲郭された2ha程度の居住域をもつ均質的な集落群が形成された[2]（安藤1991・2003）。これは中里式期には見られなかった集落展開であり、中期後葉に南関東全体で人口が大幅に増加したことを物語る。特に、安藤編年 Si Ⅲ期には相模や東京湾岸の各地域で拠点的集落の形成と集落の爆発的増加が起こっており、ひとつの画期と評価することができる。しかし、Si Ⅲ期以前には人口増加を示す明らかな証拠はなく、南関東での地域開発は唐突にはじまった感すらある。

かろうじて、足柄平野周辺の遺跡動態にこの時期の様相がうかがえるので確認したい（第1図）。

先述したとおり大規模な集住によって成立した中里遺跡は、中里式期のうちに廃絶し、続く宮ノ台式期の早い段階には平野東部の三ツ俣遺跡や、西部の谷津遺跡・久野遺跡群へと分散しつつ拠点的集落が再形成される（大島2000、石川2011）。その変化の背景には、河川氾濫原に面して集落を構えた

第Ⅳ部　前中西遺跡の研究

凡例
▲ 前期～中期前葉
● 中期中葉
■ 中期後葉

1 中屋敷
2 堂山
3 怒田上原
4 平沢同明・北鬨戸
5 中里
6 香沼屋敷
7 三ッ俣
8 久野
9 谷津

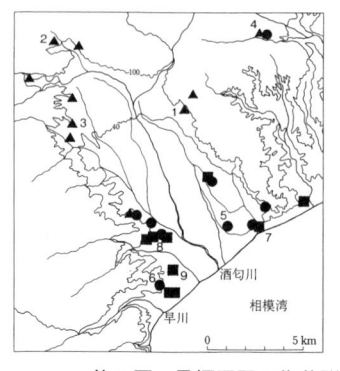

第1図　足柄平野の集落群分布
（石川 2011 から転載）

ことによる洪水などの自然災害がひとつの要因として推測されるが、集団経営の再編成や生活環境の激変をもたらす過度の人口集中が、場合によっては集団間の軋轢や生活環境の悪化といった社会的ストレスを引き起こした可能性も十分ありえる。こういった、集団への致命的ダメージを分散回避するひとつの生存戦略として、社会的紐帯を維持しながらも集落を洪積台地縁辺部周辺に拡散させ、灌漑水利の管理で協業の不可欠な河川単位などに基づく地域社会形成へと、集団の構成原理が変化した展開は十分首肯できる。

こうした動きは、中里遺跡集住の原動力となった血縁関係を媒介とした社会的結合が、集団を新たな居住域に集住させる強い求心力として再び作用したものとみてよい。ここで新たな集落を構成する基盤となった分節単位は、中里遺跡において認められる竪穴住居群のグループ（設楽 2006）や、香沼屋敷遺跡など足柄平野内の中期中葉小規模集落群の再編成が想起される。

これは必ずしも人口の増加に理由を求めなくても成り立つ議論ではあるが、さらに水稲農耕の本格的開始に伴い人口増加率が上昇トレンドに転じたと推定すると（安藤 1995）、宮ノ台式成立期は南関東全体における集落増加の基礎期として位置付けられる。Si Ⅱ期までの集落群の様相が不明瞭である要因は、ここに求めることができよう。

宮ノ台式期の集団が極めて強い開発志向をもっていたことは、遺跡立地に加え、後述するように出土する石器組成の八割以上を大陸系磨製石器群が占めることからも疑いない。安藤によれば、当時の地域社会は外部に依存していた生活利器の流通ルートを分断させないため社会のまとまりを維持したまま移動し、また移動地の生活基盤を短期間で安定化させるため、大規模な労

働力を一気に投入して灌漑水田を整備したという（安藤1991）。安藤は東海東部や相模西部を移動元として推測しているようだが、筆者は宮ノ台式期に継続的な地域社会を形成する東京湾東岸域、砂田台遺跡、池子遺跡で中期中葉の土器や遺構がある程度まとまって出土する点や、宮ノ台式土器に早い段階から地域色が現れる点を重視し、それぞれの地域社会はある程度近接した地域からの移住によって成立したのではないかと考えている。いずれにせよ、宮ノ台式期の地域開発が集約的かつ短期間のうちに進められたとする見解は重要な指摘である。そして開発に成功した集団は、地縁共同体の形成を促す協業関係の発達を基礎に、集落の維持を脅かす諸々の社会的ストレスに対応し地域社会を維持する生存戦略として、生活域の再編を伴う集住・分散を度々繰り返したものと思われる。

さて、北西関東ではこれまで資料が少なく南関東のような通時的な集落構造モデルは積極的に提示されてこなかった。次節では、前中西遺跡の所在する妻沼低地を対象に、南関東の様相と比較しつつ、検討を加えてみたい。

c 妻沼低地の集落形成過程とその背景

妻沼低地では北西部の櫛引台地縁辺部を中心に中期前葉まで再葬墓遺跡が集中して形成されるが、中期中葉には荒川新扇状地縁辺部に池上・小敷田遺跡が出現する。近年ではその周辺に所在する前中西遺跡・古宮遺跡・円山遺跡・諏訪木遺跡も中期中葉段階まで遡ることが明らかとなっている（第2図）。各遺跡の集落構造は依然不明だが、前中西遺跡の調査成果が手掛かりに検討してみよう。

前中西遺跡の中期中葉段階は、限られた調査区内での散発的な遺構・遺物の出土にとどまっているものの、河川に挟まれた沖積低地の自然堤防上に立地する点は池上・小敷田遺跡と一致する（第3図）。未調査区も含めれば、衣川の南北に位置する東側集落の自然堤防上におそらく住居跡数棟単位の池上式新段階集落が復元できるものと思われる。他の遺跡も併せると、遅くとも池上式新段階には各集落は小規模ながらも直径約5km四方を範囲とする集落群を形成していたとの評価も可能となる（第2図）。

この視点から、調査区の限られた池上・小敷田遺跡をあらためて見直し、

第Ⅳ部　前中西遺跡の研究

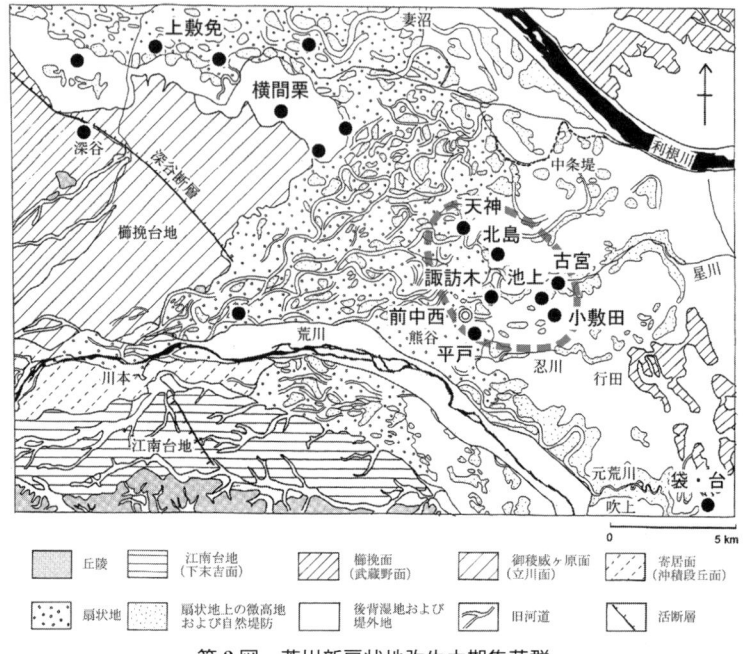

第2図　荒川新扇状地弥生中期集落群

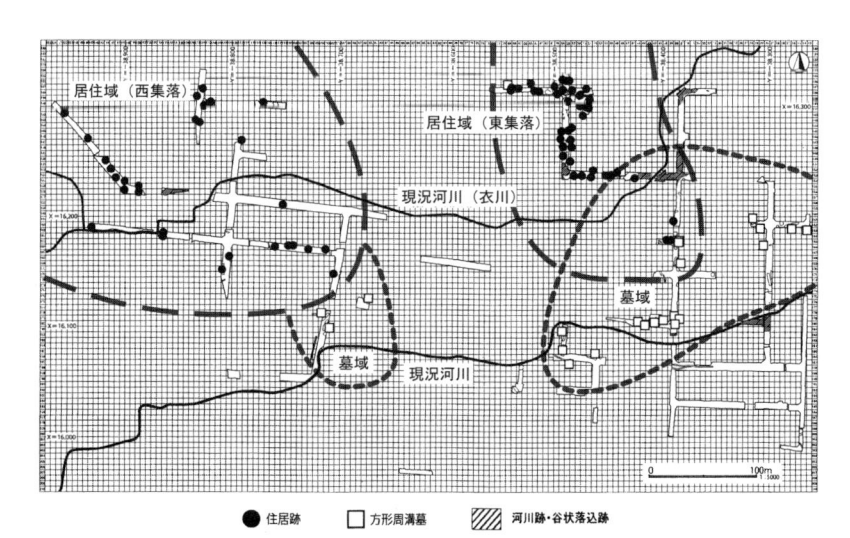

第3図　弥生時代前中西遺跡の概況分布図（松田 2013 に加筆）

南関東とはいくぶん異なる形成過程や集落構造モデルを提示してみたい。まず、生活域が居住域・墓域・生産域と明確に区別されていたとの評価は変わらない。問題は、実際には既調査区だけでも1km以上にわたり、旧河川沿いの自然堤防上に時期を違えながら5地点もの居住域が形成されている点にある。人工溝は直線的に掘削されており、環濠のそれとは明らかに異質である。また、池上地区の3棟（7・8・9号住居跡）以外に切り合っている竪穴住居跡はなく、居住域が長期間にまたがり利用された痕跡は認められない。これらを勘案すると、中里遺跡のように集落構成員の紐帯を強化する同心円状の集落構造を意図している（設楽2006）というよりは、むしろ居住域や墓域に適した自然堤防上を各単位集団が意図的に選択して集落を構えたように見える。これが事実ならば、池上・小敷田遺跡はより分節的な単位集団のゆるやかな結びつきに基づく（形成過程）、近接した中小集落の集まり（集落構造）として解釈したほうが合理的に思われる。大規模集住と評価される中里遺跡との比較には、慎重さが求められよう。

　このような集落構造は、北島遺跡でも復元できそうである。第19地点には竪穴住居跡が78棟検出されており、一見すると大規模集落を形成しているようにも思えるが、集落変遷の復元案が示すとおり（吉田2003、菊地（松岡）2003）、集落は南北に流れる水路で大きく2群に分けられ、報告者による三段階の時期変遷にしたがうと各段階は住居跡14棟・29棟・28棟の構成となる（第4図）。さらに調査区内の分布状況から、おおよそ数棟単位の群構成が復元される。集落配置の中心と考えられている掘立柱建物も、実際には第Ⅰ期の西群において機能しているにすぎず、Ⅱ期には廃絶して新たな住居が重複して構築される。池上・小敷田遺跡に比べて各群単位は拡大傾向にあり、また長期に占有されているため遺構分布上は分かりにくくなっているが、実際には河川沿いの自然堤防上を単位集団レベルで選地して複合的に集落を構成する妻沼低地の集落構造は、北島遺跡においても認められるのである。

　この集落構造モデルは、中期後葉段階の前中西遺跡においても適用できると筆者は推測している。中央に未調査区が広がるため断言はできないが、現状で北島式期の居住域は衣川河岸の東西に大別2群を構成し、それぞれが北

第Ⅳ部　前中西遺跡の研究

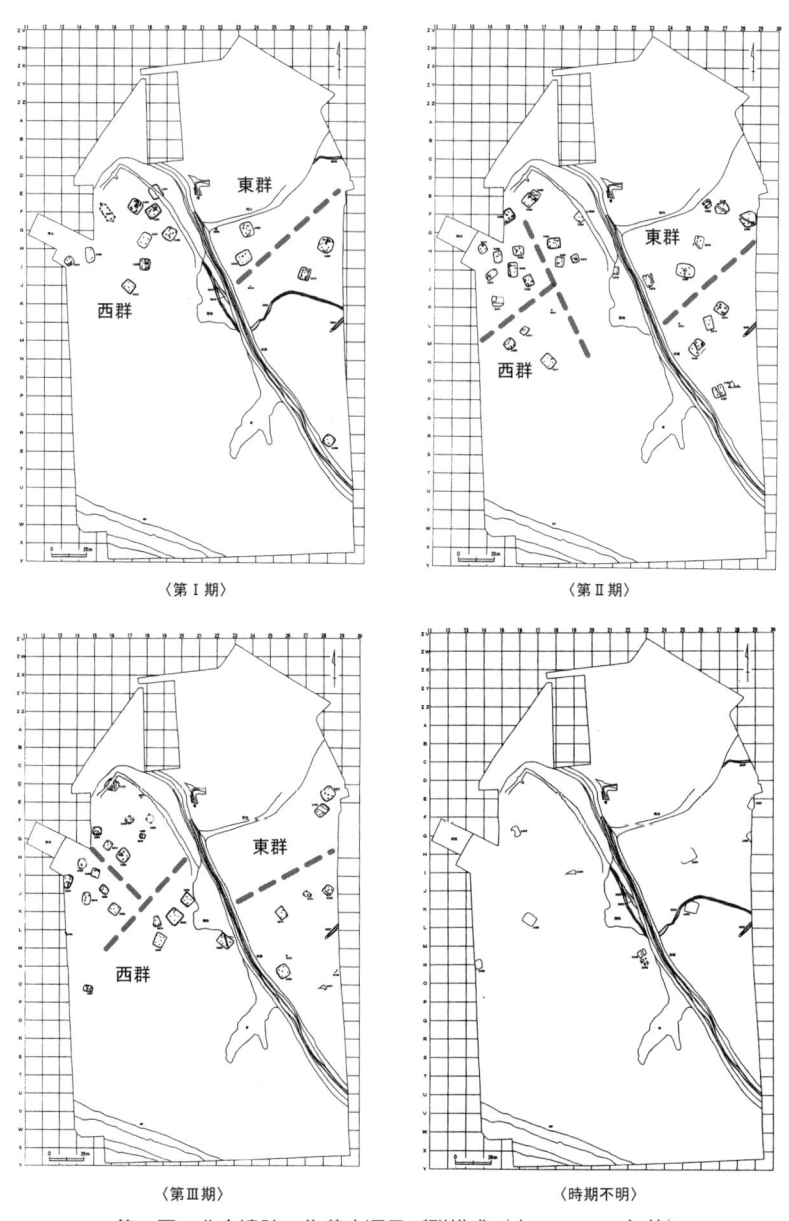

〈第Ⅰ期〉　〈第Ⅱ期〉

〈第Ⅲ期〉　〈時期不明〉

第4図　北島遺跡の集落変遷及び群構成（吉田2003に加筆）

島遺跡と同規模の集落となる可能性もある（第3図）。墓域は居住域の南側に配置されており、池上式期に導入された機能別に区域を分ける集落構造を踏襲している。当然、北島遺跡と同じ時期幅を見積もれば本遺跡でも各段階での遺構数はある程度限定されるものの、北島遺跡と直線距離にして2km程の範囲にこれだけの集落が群在しているとすると、荒川新扇状地縁辺部で特に集落の稠密化が進んでいたことは確実である。集落内の各群単位が北島式期では池上式期より拡大傾向にあることと併せ、この現象は南関東と同様、池上式段階の本格的な灌漑水稲農耕の開始に伴い人口上昇トレンドが進んだ結果と解釈できる可能性もある。このことについては後述する。

　中期後葉にも池上式期の在来伝統が強く残存する事実は、北島遺跡の集落内分析（菊地（松岡）2003・2008）や在来系土器群の研究（萩野谷2003・2005）からも明らかである。それに加え、妻沼低地の地域社会が本質的に同一の集落構造システムに規定されていたと捉えるならば、やはり灌漑水稲農耕の実施が及ぼした影響を検討する必要があるだろう[3]。

　開発集団が、豊富に流れ出る伏流水により自然堤防が多数形成される荒川新扇状地扇端部の地形条件を巧みに利用したことは、北島遺跡で検出された水田跡やそれに伴う水路と人工堰からもうかがえる。これらの施設を構築し、年間を通じて維持管理するには、多大な労働力の投下が不可欠であったことは言うまでもない。南関東で見られた、血縁関係を媒介に結びついた集落群が灌漑水利の管理で協業する社会システムは、ここでも必要とされたはずである。そうすると、一見すると適度な台地平坦面と河川沖積地に恵まれた南関東とは異なっているように見える妻沼低地の集落構造も、実は南関東と同様、所与の地形条件と技術的条件の下、効率的な灌漑水田の経営を模索する中で生成されたことになる。

　この考えにしたがえば、分節的な単位集団のゆるやかな結びつきに基づく近接した中小集落の集まりは、灌漑水田の開発と安定的な維持という目的のために結集し、集落の形成と水田の開発に有利な自然堤防と後背湿地が存在する場所を選地したものとも考えられる。当然、洪水などのアクシデントで水田や集落の経営がいきづまった場合は、扇状地縁辺部の別の場所に新たな

第Ⅳ部　前中西遺跡の研究

適地を求めて移動し、集団を柔軟に再編成させたであろう。この種のストレスがどのような環境的、社会的要因に起因するかは別にしても、水田の維持に直結したケースでは、より重大な結果を招いたはずである。

このような見方は、なぜ池上・小敷田遺跡や北島遺跡では集落がある段階で廃絶し、一方で前中西遺跡が長期にわたり存続したのかについての説明をも可能にする。池上・小敷田遺跡や北島遺跡では、その居住末期に集落を維持する選択を放棄せざるをえないなんらかの重大なアクシデントが発生したのに対し、前中西遺跡の立地する場所は生産域も含め当時の集団の技術レベルで対応可能な潜在的リスクの少ない生活適地であったため、結果として移動の必要を要さず、長期間の占有が実現できたとも考えられるのである。一方で、前中西遺跡のような長期継続型集落がある以上、中期段階での突発的ダメージがただちに地域社会の崩壊を招くことはなかったと言える。移動先についても、荒川新扇状地の地域社会内で吸収することができたと考えてさしつかえなかろう。この推論が正しいとすると、世代の更新による生活域の移動を想定することも不可能ではないが、今のところそれを積極的に説明できるだけの証拠はない。

無論、このような議論は資料の裏付けがなければ机上の空論にすぎず、現状の調査成果だけではこれ以上多くを語ることは難しい。しかし、筆者はこれまで南関東で進められてきた集落研究の成果は、ここ北西関東でも十分に応用できると考えている。前中西遺跡での新資料や研究成果の蓄積が望まれるところである。

3　弥生中期における交流ネットワークの形成と展開

a　栗林2式段階におけるネットワークの再編

第Ⅱ章では集落動態から内的発展モデルを中心に論じたが、出土遺物の様相から妻沼低地では長期にわたり遠隔地との密接な交流が続いたことは明らかである。その検討なくして地域社会の実相を捉えることはできない。

まず、中期中葉段階から信州と北西関東の間ですでに交流があったことに注意を払う必要がある。池上・小敷田遺跡では栗林1式や小松式が少量なが

ら出土し、榎田型磨製石斧は池上・小敷田遺跡や中里遺跡でも出土している。逆に、栗林1式段階の長野市壇田遺跡SA20では平沢式系条痕文大型壺（第5図1）が出土しており、関東平野部との交流関係を示唆する（第5図2）。しかしその交流の実態は、平沢式系土器の広域的展開や黒曜石の流通（馬場2001、杉山2006）といった、再葬墓が盛行した時代からすでに存在していた広範な社会ネットワークが基盤となったと考えたほうがよい。それは中期中葉段階における西日本系弥生農耕文化の伝播に際しても、大きな役割を果たしたに違いない。馬場伸一郎が栗林式古相土器の分布から想定した白根山―吾妻川ルート（馬場2008）は、そのネットワーク網の一部を形成したのであろう。

　ところが、栗林2式新段階になると、それまでの地域間ネットワークに大きな質的転換が起こる。上州では栗林式が進出して集落数は飛躍的に増加し、妻沼低地では甕形土器を中心に栗林式の比率が増す傾向が強まる（吉田2003、松田2013）。また、北島式壺形土器の成立においては、肩部懸垂文や胴部三角連繋文、弧線文の採用などに栗林式の影響が指摘される（第5図3、吉田2003）。

　まず、上州における栗林式の進出については、①佐久盆地と直接的な往来が可能な西毛地域の吾妻川・烏川・碓氷川・鏑川流域に遺跡が集中すること、②集落の多くが中期前葉まで遺跡分布が稀薄だった榛名山東南麓河川沖積地の自然堤防上や台地縁辺部に立地すること、③上州栗林式（竜見町式）土器[4]は、器形・文様・装飾帯構成のいずれも栗林式と相違なく、型式変化も中部高地と整合すること（設楽1986、馬場2008）、④信州の祭祀具である石戈が出土すること、⑤在来系土器群との接点が少なく、出現状況が「様式システム」の移動と「過半型移動」（森岡1993）のいずれにも該当することから、信州方面からの大規模移住説はかなりの信憑性がある。その原因としては、松原遺跡の肥大化が端的に示すように、長野盆地における石器生産の飛躍的発達を背景に成立した本格的な大規模集落と流通機構（馬場2007）が人口増加を促し、農耕適地への集団移住を誘ったと考えるのが妥当であろう。

　問題は妻沼低地への影響であるが、栗林式分布域の縁辺部では他に認めら

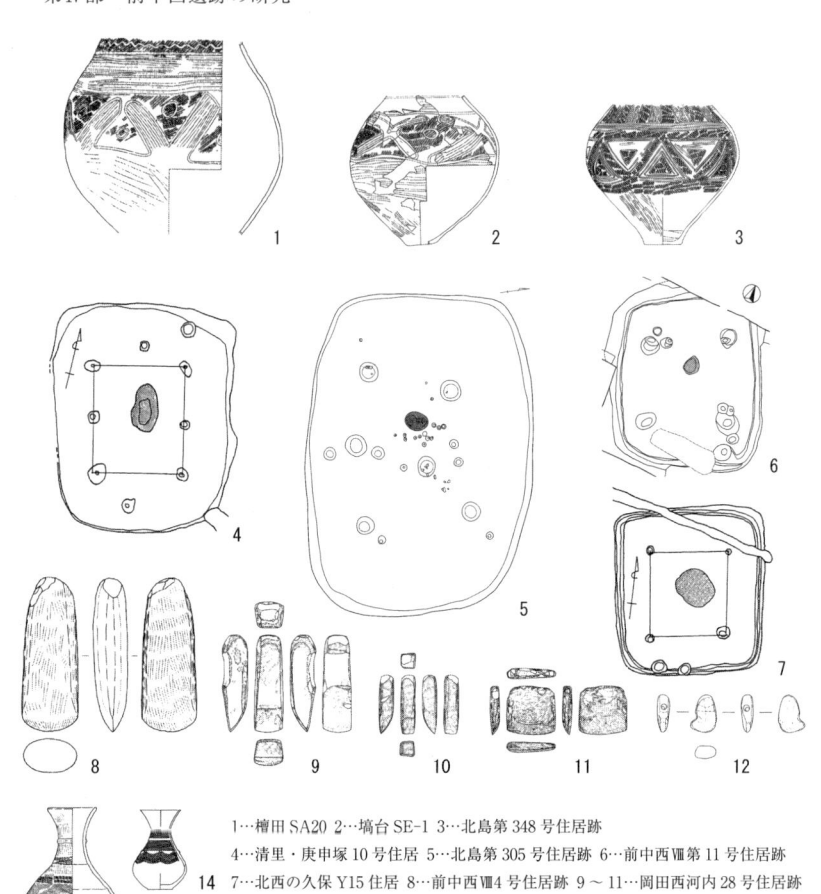

第Ⅳ部　前中西遺跡の研究

1…櫛田 SA20　2…塙台 SE-1　3…北島第 348 号住居跡
4…清里・庚申塚 10 号住居　5…北島第 305 号住居跡　6…前中西Ⅷ第 11 号住居跡
7…北西の久保 Y15 住居　8…前中西Ⅷ4 号住居跡　9～11…岡田西河内 28 号住居跡
12…前中西Ⅳ16 号住居跡　13…同Ⅷ7 号土坑　14…袋・台 1 号住居跡
（1～3, 13・14 は S=1/16、4～7 は S=1/240、8～11 は S=1/12、12 は S=1/6）

第 5 図　関連資料

れない特異な現象として、栗林式が妻沼低地の一地域型式である北島式の成立そのものに関与した事実に注目したい。例えば、信州産磨製石斧と佐渡産管玉等の「交易場」として重要な役割を担ったと想定される上越市吹上遺跡では（馬場 2008）、栗林 2 式新段階には栗林式が小松式の比率を上回るまでになるが、同遺跡で栗林式の要素がとり込まれて小松式とは別型式を生成するような現象は見られない。また、吹上遺跡では半数近い栗林式が信濃の胎

240

土（馬場2011）だが、筆者が実見した北島遺跡や前中西遺跡の土器はほとんどが在地の胎土で作られていた。その違いを生み出す背景には、やはりそれぞれ異なる次元での集団関係のあり方が想定される。吹上遺跡の集団関係を、物資交換の等価的互酬性原理に基づく純粋な交易によって結ばれた関係（馬場2008・2011）と考えるならば、北島遺跡では、信州方面からの物資の獲得や情報交換が日常生活の次元にまで反映される状況、つまりは通婚やソダリティといった社会組織内の紐帯強化や連鎖型移住により地域間関係の強化が図られた可能性が考慮される。

　こういった、栗林2式新段階における信州から北西関東への影響の拡大は、この時期広範囲に認められる栗林式文化圏の拡大（石川2002）の一環とみなすことができる。その進入路が、佐久盆地から千曲川―碓氷峠を抜け関東平野部へと至るルートであったことは疑いない（馬場2008）。佐久盆地では、栗林2式新段階に北西の久保遺跡や西一本柳遺跡といった拠点的集落を中心に地域社会の急激な膨張が認められており、北西関東における栗林式の出現と同時的事象として解釈しうる。

　続くポスト北島式段階から中期末にかけて、前中西遺跡では栗林式の比率がさらに増加し（松田2013）、信州あるいは上州の影響が拡大する方向が読み取れる。実見したところ、前中西遺跡出土の栗林式はほとんどが在地産胎土で製作されている。前中西集落の土器製作者がいかなる出自だったにせよ、彼ら／彼女らが栗林式の製作技法を正確に理解していたことは事実である。そして、後期初頭に現荒川流域の大部分が信州櫛描文土器文化圏の一部にとり込まれるということは、栗林式が土器組成の主体を占めるとはいえ、中期末をもって妻沼低地の在来系土器群は消滅することを意味する。これらの傾向を特に北島式成立以降の長期的動態の中で理解するなら、強固な紐帯をベースに継続的な人の移動が日常的に行われた可能性が推測される。

　もうひとつ、上州と妻沼低地の関係に注目したい。隅丸長方形タイプは上州でもっとも多い平面住居形態（第5図4・5）だが、妻沼低地でも池上・小敷田遺跡では六割程を占める通有の形態である。ところが、北島遺跡や前中西遺跡では徐々にその比率が下がり、方形化、小型化傾向（第5図6）が見

られるという（松岡 2003）。小型方形タイプは佐久盆地のタイプ（第5図7）に近く、土器組成の変化と併せ、東信地方の直接的影響が増していく事実を示すとも考えられる。中期後葉を通じて地域間関係は常に変動していた可能性にも留意しなければならない。こういった検討から、妻沼低地中期後葉の人口上昇トレンドに南関東と同じような内的発展モデルを適用することは慎重にならざるをえない。仮に地域社会内部での人口増加を認めるにせよ、北島式期以降の集落数と集落規模の増加には、信州あるいは上州方面からの人の流入を無視することは難しい。実際、この時期の交流ネットワークは、信州からの大規模な人の移動ルートとしての機能も果たしていたに違いない。

　その仮説を補強するひとつの傍証として、利根川以東の東毛地域の様相を確認しておきたい。本地域の土器組成は前橋市界隈の荒口前原遺跡や荒砥北三木堂遺跡に典型的に見られるように、在来系の帯縄文・条痕櫛描系壺や地縄文甕または南東北渦文系土器が目立ち、甕形土器中心の栗林式と混在する状況を呈する。利根川の東西では遺跡規模にも違いがあり、東側は北関東で一般的な住居跡数軒単位の小規模集落が分布する。その中で注目されるのが、栗林式を土器組成の主体とする西迎遺跡である。本遺跡では、調査区内で栗林3式を主体とした15棟の竪穴住居跡がまとまって検出されている。栗林式が卓越する遺跡は集落規模が比較的大きく、スポット的に人口が多くなるひとつの好例であり、妻沼低地の人口動態との関連もうかがえる。西迎遺跡は北島遺跡ともっとも類似した石器組成を示すとの指摘もあり（杉山浩 2006）、集落立地にも強い共通性が認められる。

　さて、栗林2式新段階（＝北島式期）に活発化した交流ネットワークの質的転換の原因について、筆者は長野盆地でいわゆる「榎田型磨製石斧」の生産と流通が本格化したことに伴う集団の移動に求めた。信州での石器生産と流通の本格化が移動の主要因であれば、物資流通圏の拡大と集団関係の変化には密接な関係が想定されねばならない。石器・石材の物流ネットワークについては、馬場伸一郎や杉山浩平を中心に近年さかんに研究が進められているが、広域に及ぶ地域社会間の個々の交流の実態や社会関係についてはようやく議論の緒についたところである。そこで次節では、南関東で具体的な分

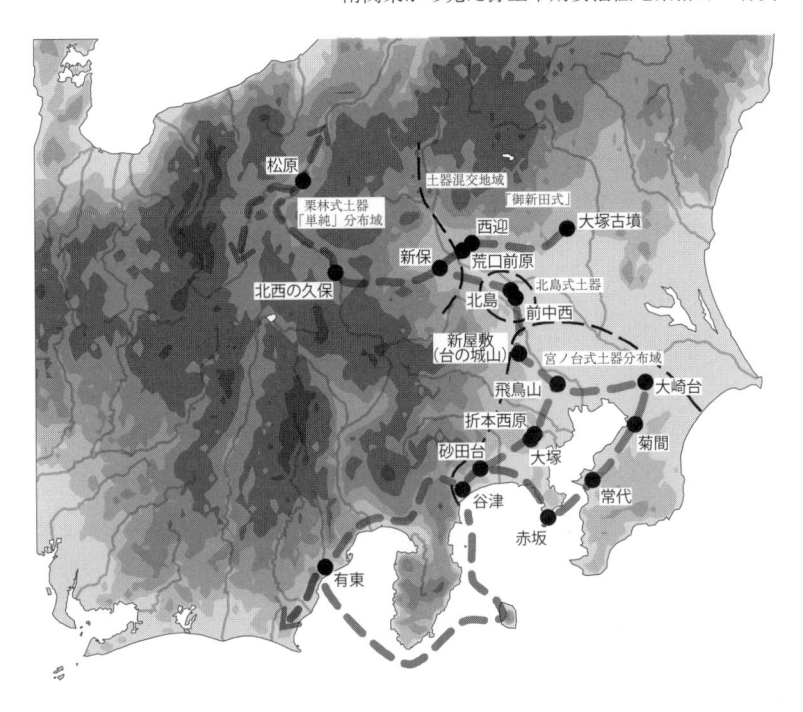

第6図　関東平野を横断する「石の道」概念図

析が進んでいる生活利器に関する検討を軸に、北西関東との関係について見通しを立ててみたい。

b　南関東の物流ネットワークと信州ルート

　南関東では集落内分業を示す資料が乏しく、外部に生活物資を依存するシステムが早期に構築されていたと思われるが、本地域の農耕集落形成に重要な役割を果たした東海西部以西との交流は間もなく途絶え、宮ノ台式土器は西遠江の白岩式など東海櫛描文系土器の要素がとり込まれて成立する（安藤1990、白石2012）。宮ノ台式分布域では、積極的な地域開発が進んだ Si Ⅲ 期以降の土器には一定領域ごとに地域差が特に強く現れており、筆者はこれを地域社会の定着化に伴う物質文化の変容現象と理解している（杉山浩 2012）。

　宮ノ台式と駿河有東式との親縁性からも類推される東海東部との流通ルー

第Ⅳ部　前中西遺跡の研究

トは、鉄器の搬入、静清平野安部川産の赤紫色凝灰質頁岩製磨製石斧の分布（安藤1997、杉山2010、柴田2013）から存在が確実で、両地域は石器の器種組成の共通性も高く（杉山浩2006）、中期中葉以来の海上ルートを含むつながりが認められる。一方で、SiⅡ期で神津島産黒曜石の流通が途絶えるなど、南関東の交流ネットワークはこの時期大きな変革期にあったことは間違いなく、筆者は、その変化を決定づける出来事こそ信州と南関東を結ぶ流通ルートの本格的展開にあると考えている（第6図）。しかし、中期後葉における南関東の石器需要については研究者により評価は異なっており、検討が必要である。

　安藤は、宮ノ台式期集落での製作や調整に関わる敲石や砥石なども含めた大陸系磨製石斧類の出土比率の高さを指摘した（安藤1997）が、その一方で太型蛤刃石斧の出土率の低さから、伐採用鉄斧がこの時期すでにかなり流通しており、石斧の使用は補助的な役割にとどまると推測した。SiⅣ期以降の榎田型太型蛤刃石斧が普及する背景についても、人口及び集落の増加に伴う鉄斧の不足分を補うために需要が増大したためと論じ、馬場も遺跡ごとに榎田型太型蛤刃石斧の出土量の差があることを根拠に、この見解を追認している（馬場2001）。彼によれば、宮ノ台式新段階を中心に、新屋敷第2地点（台の城山）遺跡・滝ノ口向台遺跡・観福寺北遺跡・赤坂遺跡・砂田台遺跡では太型蛤刃石斧に占める榎田型の割合は八割を超えるという。一方で、中核的集落と考えられる折本西原遺跡では1点も出土しないことから、鉄器の安定的供給ルートの掌握を推測する。確かに、南関東では鉄器出土量が多い事実（安藤1997）に加え、朝霞市向山遺跡で出土したように朝鮮半島系鋳造鉄斧ですら入手可能な状況も考えれば、当時の南関東では東海ルートからの安定的な供給に支えられ、鉄器は相当普及していたと見るのが妥当であろう。

　それでも、SiⅢ期に開発が進行し、同時に信州との流通ルートが整備されるという状況を踏まえると、石器を鉄器の補助的役割に限定する見解には再考の余地があるものと考える。

　例えば、榎田遺跡や松原遺跡といった生産・製作遺跡で栗林3式期には石器生産の衰退が見られる中、南関東では逆に出土量が増加するというパラド

ックス現象があり、いかにも理解に苦しむ。馬場が指摘する遺跡ごとの榎田型の出土量の差についても、全掘された遺跡は少ないなどのバイアスも考慮しなければならないだろう[5]。安藤が言うように、信州で別の製作地や製作集団が生まれた可能性もあり、いずれにしても南関東の石器需要が低かったと見積もるのは難しい。また、信州から南関東に至る流通石器の出土量は、距離にしたがって割合が下がる Down the line 型である（馬場2001）。すなわち、流通ルート上の中間集落がいくつも交換に介在した流通システムが想定され、容易には入手できない榎田型磨製石斧の価値は末端の南関東に至るまでには相当の付加価値がついたものと推察される。この点で、松田哲が、前中西遺跡8号住出土の大型磨製石斧（第5図8）を威信財とみなした（松田2013）のもうなずける。集落の移動などから地域間関係の維持に入手状況が左右されることも含め、素材が石であろうと鉄であろうと、入手可能な製品の流通ルートは多くの努力を費やして維持されたに違いない。遠方から流通する石斧はシンボリックな意味では鉄斧と異なる価値を有したとしても、その獲得から消費に至る過程は相互補完的だったと考えておきたい。

　宮ノ台式期の石器については、南関東内部での生産と流通のシステムも明らかになりつつある。柴田徹の岩種同定（柴田2013）により、榎田産や安部川産の磨製石斧が相模から房総の集落に分布する様相がより明らかとなった。しかしそれ以上に重要な成果は、丹沢山地系の緑色凝灰岩で製作された扁平片刃石斧・柱状片刃石斧・抉入片刃石斧といった木材加工具（第5図9〜11）が、供給元に近い砂田台遺跡から鶴見川・早渕川流域遺跡群の数遺跡、房総の大崎台遺跡に至るまで広域的かつ大量に分布していたこと、そして太型蛤刃石斧も榎田型を凌ぐ量で組成していることを示した点にある。

　これにより、石器供給における相模西部の重要性が否応なしにクローズアップされることになった。相模以西からもたらされる石器や鉄器も、この流通ルートを介して運ばれたと考えることも可能である。木材加工具が他地域に比べ突出して多い相模方面の地域特性（馬場2001、杉山浩2006）も、豊富な丹沢山地系石器の存在から理解が容易になる。また、同じ宮ノ台式分布域でも、房総では片刃石斧類の未成品が出土せず、石斧製作は低調で他地域か

第Ⅳ部　前中西遺跡の研究

ら供給を受けていたとする石川日出志の指摘（石川 1994）ともよく一致する。石材が乏しく他地域に生活利器の多くを依存していた房総で、宮ノ台式新段階に集落数が着実に増加し、連続的に後期社会へと展開した点を重視すれば、生活利器の需給体制の変化を中期社会の解体と結びつける議論にはあらためて慎重な検討が求められよう。

　それでは、妻沼低地を介した信州との流通はどのように位置づけることができるだろうか。北西関東の石器組成は上州から妻沼低地まで共通性が高く、宮ノ台式分布域とは木工具と砥石の保有量が大きく異なるほか、小形加工具や鉄斧も欠落する（平野・相京 1992）。北西関東の大型蛤刃石斧は榎田産が圧倒的シェアを占めるが（馬場 2001）、北島遺跡や新保遺跡の蛇紋岩製片刃石斧の大部分についても信州から搬入された可能性があることから、磨製石斧は全面的に信州に依存する状況にあったと指摘されている（杉山浩 2006）。このような状況から、本地域でも信州産磨製石器の需要が高かったことは疑いなく、南関東に至るまでに数多くの石器が交換・消費され、流通品の付加価値は距離が遠くなるにつれて高まったに違いない。その流通ルートは地理的条件から北西関東を通過したのは確実で、とりわけ妻沼低地一帯は間違いなく流通ルートの一端を担ったはずである。信州―北西関東ルートで運ばれたアイテムは磨製石斧に加え、威信財として稀少価値を持つ神奈川県倉見才戸遺跡 Y-16 で出土したような佐渡産管玉や、北陸糸魚川周辺を原産地とする前中西遺跡Ⅳ 16 号住居跡出土のヒスイ製垂飾（第 5 図 12）、砂田台遺跡、鶴見川・早渕川流域遺跡群で出土したヒスイ製品（柴田 2013）が挙げられる。

　以上から、信州から北西関東を通過するルートは、威信財を含む付加価値の高いアイテムが多く運ばれてきており、南関東にとっては、東海ルートと同じく重要な物流ネットワークを形成したことが想定される。北島遺跡や前中西遺跡から一定量出土する宮ノ台式土器は（松田 2013）、信州への幹線路である荒川流域への高い関心を示すものとも考えられる。また、流通ルート上に位置する宮ノ台式分布域北限の荒川右岸台地上や大宮台地上の遺跡では、Si Ⅲ期には坂戸市界隈の附島遺跡や木曽免遺跡のように東京湾西岸域の影響が強い土器が目立つが、Si Ⅳ～Ⅴ期には房総系が組成の主体となる（柿沼

2003)。黒く変色しているため胎土までは断定できなかったが、前中西遺跡Ⅷ7号土坑出土の回転結節文壺形土器（第5図13）は、器形・文様とも房総産に酷似し、出土の北限を示す。栗林3式を組成の主体とする近隣の袋・台遺跡1号住でも、房総系と見られる多条櫛描文小型壺（第5図14）が出土している。これらの事例は、石材に乏しく石器製作も低調な房総で集落が増加する時期に、開発を進めるにあたり伐採具や加工具の需要が高まった結果、信州ルートへの依存を強めた反映と解釈することもできよう。

さて、ここまで信州—南関東ルートの実態を捉えるべく検討してきたが、南関東からの交易品についてはいまだ不明である。候補のひとつとしては食料品、あるいは木製品が挙げられる。豊富な木製品・加工材が旧河道から出土した新保遺跡で木製品総数に占める完成品の割合は、クヌギ類の36.6 %に対しカシ類は86.9 %にも達しているが、山田昌久は、弥生時代の植生復元で南関東以西にカシ類の分布は限られるという結果を基に、製材されたカシ類の板材が南関東以西から供給され、不足分は集落周辺で入手可能なクヌギ類でまかなったと推察した（山田1986）。残念ながら新保遺跡の資料は弥生後期が主体だが、中期後葉の土器が出土する旧河道最深層で見つかった磨製石斧の直柄などは、栗林式期まで遡る可能性もある。石斧と斧柄のセット入手を想定して木材産地を信州に求める意見もあるが（杉山浩2006）、相模方面での木材加工具の突出した出土量や、池子遺跡などの沖積地遺跡で出土している豊富な木製品の存在から、南関東から流通した可能性も同様に考慮しておきたい。

4　おわりに

拙稿では、南関東で進められてきた集落研究を応用する形で弥生中期妻沼低地集落群の動態について一定の見通しを得るとともに、各種資料の出土傾向から当時の地域間交流の様相の一端を描出した。

荒川新扇状地縁辺部に展開する中期中葉以降の集落群は一見すると、環濠集落への集住を特徴とする南関東と比べ、集落内の単位集団がより明瞭に摘出できる様相を示す。しかし、関東平野の南北における地域社会の成立は、

第Ⅳ部　前中西遺跡の研究

それぞれ文化的影響を受けた地域や度合いは異なれど、灌漑水稲農耕の導入を社会的背景とする点では一致する。その中で、集落構成・構造に認められる相違は、物質文化や生業など文化的な違いに由来する以上に、扇状地という所与の地形条件下における、適度な生活域と耕作地の選択と適応に起因する可能性が高いものと考えられる。

　共に弥生中期東日本の一大文化圏を形成した信州栗林式と南関東中里・宮ノ台式の両地域は、中期中葉段階における西日本系弥生文化の導入という点では一定の共通性や連絡を保ちながらも、初期段階から強い相互依存関係で結ばれていた証拠はない。おそらく、それぞれの自然環境に適応した社会システムの形成期において、その接触は限定的なレベルにとどまったものと思われる。その後、信州では石器の生産から流通機構の発達に伴う地域社会の肥大化、南関東では地域開発の急激な進行に伴う生活利器の需要の増大が両地域間のマッチングを喚起し、栗林2式新段階（＝SiⅢ期）には新たな交流ネットワークが成立する。そしてその交流の最前線となったのは、北関東在来系文化圏の中でも自律的な小地域社会を形成していた妻沼低地集落群であり、それが北島式の成立に象徴される個性的かつ折衷的な地域文化を育む契機となったと筆者は考えている。

　つまり、当初は池上式―「御新田式」系列の一地域社会を形成していたにすぎなかった妻沼低地周辺に、北島式というユニークな地域文化が花開いた理由は、相互依存性の強まる中期社会において、栗林式と宮ノ台式という広域文化圏の結節点に位置していたからというのが拙稿での結論である。

　以上、自身の力量も顧みず不十分な分析から推論を重ねた。自責の念も込め、拙稿で提示した仮説や積み残した多くの課題については今後も検討を続けていきたい。最後に、資料実見の機会を与えていただいた熊谷市埋蔵文化財センターと、挿図作成にご尽力いただいた植田雄己をはじめ、関係各位に厚く御礼申し上げます。

註

1) 前中西遺跡に関して拙稿で用いるデータはすべて、熊谷市教育委員会刊行の発掘

調査報告書及び『シンポジウム熊谷市前中西遺跡を語る―弥生時代の大規模集落―発表要旨・資料集』(2013)に基づく。ただし、妻沼低地の相対編年については大きく池上式古・新、上敷免Y-3/Y-4号住段階、北島式、ポスト北島式、中期末と区分するにとどめておく。

2) これに対し、浜田晋介は畠作を含めた複合的な農業経営を基盤に、低位面と高位面に分布する集落がそれぞれ頻繁な移動を繰り返しつつ、必要な食糧物資を相互扶助しながら生活を営んだという、安藤とは異なる南関東弥生農耕集落像を提示した (浜田2011)。

　海老名市河原口坊中遺跡のように、低地集落の調査事例は以前に比べ確かに増加しており、生業の多様性が集落立地に影響した可能性は今後も吟味されてしかるべきであろう。しかし、いずれにしても宮ノ台式期に大規模開発が進められたことに疑いの余地はない。

3) 本地域の石器組成に占める石鏃の突出した割合の高さは以前から指摘されている (石川1994) が、北島遺跡水田跡の検出により、少なくとも北島式期には灌漑水田が生業の主体となっていたことは証明された。しかし、畠作などほかの生業の存在についても引き続き検証を続けていく必要があろう。

4) なお、筆者は型式名として「竜見町式土器」は一切用いない。例えば妻沼低地においては、「栗林式」、「栗林式系」、「栗林系」などの用語が便宜的に用いられているが、もし上州と妻沼低地の関係を強調するなら、この土器群は「竜見町式」の方がふさわしいということになる。しかし、実際には両者を判別することは難しく (設楽1986、大木2003)、歴史的過程の分析においては混乱をもたらす概念でしかないとさえ言える。以上から、信州栗林式と区別ができない土器はすべて「栗林式」で統一すべきであり、地域を区別したい場合は、例えば「上州栗林式」とすればなんら問題ないと考える。

5) 杉山浩平は、北島遺跡出土石器を分析する中で、Ⅰ・Ⅱ期と異なり、Ⅲ期の榎田型磨製石斧は破片の出土にとどまること、榎田型以外の磨製石斧は9点すべてがⅢ期に出土しており、形態的・技術的特徴は信州と共通することから、榎田型磨製石斧は栗林3式期における信州での生産流通規模の縮小に呼応して搬入がなくなり、変わって在地産が製作されたものと論じた (杉山浩2006)。しかし、この時期以降南関東で榎田型磨製石斧の出土が増加することに加え、ポスト北島式以降の前中西遺跡でも榎田型磨製石斧が一定量出土していること、北島遺跡が栗林

第Ⅳ部　前中西遺跡の研究

　3式併行まで存続しているかは不明瞭なことから、この推論には再考の余地があるものと考える。

参考文献

安藤広道 1990「神奈川県下末吉台地における宮ノ台式土器の細分（上）（下）」『古代文化』第42巻第6・7号　古代学協会

安藤広道 1991「弥生時代集落群の動態—横浜市鶴見川・早渕川流域の弥生時代中期集落遺跡群を対象に—」『調査研究集録』第8号　横浜市埋蔵文化財センター

安藤広道 1995「人口論的視点による集落群研究の可能性—先史時代の人口増加率の推定と集落群研究への応用をめぐって—」『弥生文化博物館研究報告』第4集　大阪府立弥生文化博物館

安藤広道 1997「南関東地方石器～鉄器移行期に関する一考察」『横浜市歴史博物館紀要』第2号　横浜市歴史博物館

安藤広道 2003「弥生時代集落群の地域単位とその構造—東京湾西岸域における地域社会の一位相」『考古学研究』第50巻第1号　考古学研究会

安藤広道 2008「「移住」・「移動」と社会の変化」『弥生時代の考古学8　集落から読む弥生社会』　同成社

安藤広道 2011「集落構成と社会」『講座日本の考古学6　弥生時代（下）』　青木書店

石川日出志 1994「東日本の大陸系磨製石器—木工具と穂摘み具—」『考古学研究』第41巻第2号　考古学研究会

石川日出志 1996「東日本弥生中期広域編年の概略」『YAY！（やいっ！）弥生土器を語る会20回到達記念論文集』　弥生土器を語る会

石川日出志 2001「関東地方弥生時代中期中葉の社会変動」『駿台史学』第113号　駿台史学会

石川日出志 2011「関東地域」『講座日本の考古学5　弥生時代（上）』　青木書店

石川日出志 2012「栗林式土器の編年・系譜と青銅器文化の受容」『中野市柳沢遺跡』公益財団法人長野県文化振興事業団　長野県埋蔵文化財センター

大木紳一郎 2003「群馬県における弥生中期後半の遺跡」『埼玉考古学会シンポジウム北島式土器とその時代—弥生時代の新展開—』　埼玉考古学会

大島慎一 2000「かながわの弥生文化からみた中里遺跡」『平成12年度小田原市遺跡調査発表会中里遺跡講演会発表要旨』　小田原市教育委員会

柿沼幹夫 2003「芝川流域の宮ノ台式土器」『埼玉考古』第38号 埼玉考古学会
設楽博己 1986「竜見町式土器をめぐって」『第7回 三県シンポジウム 東日本における中期後半の弥生土器』 北武蔵古代文化研究会・千曲川水系古代文化研究所・群馬県考古学談話会
菊地（松岡）有希子 2003「北島式と集落」『埼玉考古学会シンポジウム 北島式土器とその時代─弥生時代の新展開─』 埼玉考古学会
菊地有希子 2008「荒川流域の住居形態と集落─北島遺跡における住み分けの可能性について─」『埼玉の弥生時代』 埼玉土器観会
設楽博己 2006「関東地方における弥生時代農耕集落の形成過程」『国立歴史民俗博物館研究報告』第133集 国立歴史民俗博物館
柴田 徹 2013「構成岩種から見た横浜市歴史博物館収蔵弥生時代の磨製石斧─千葉県佐倉市大崎台遺跡・神奈川県寒川町岡田西河内遺跡・海老名市中野桜野遺跡・秦野市砂田台遺跡の磨製石斧との比較から─」『横浜市歴史博物館紀要』第17号 横浜市歴史博物館
白石哲也 2012「宮ノ台式土器成立期の土器群の様相─相模湾沿岸地域を中心として─」『西相模考古』第21号 西相模考古学研究会
杉山浩平 2006「関東平野北西部における弥生時代中期後半の石器の生産と流通」『物質文化』第80号 物質文化研究会
杉山浩平 2010『東日本弥生社会の石器研究』 六一書房
杉山祐一 2012「弥生中期における房総周辺の土器様相─平沢式段階から宮ノ台式成立まで─」『西相模考古』第21号 西相模考古学研究会
杉山祐一・植田雄己 2013「千葉県常代遺跡における弥生土器の系譜と展開 中期前葉～中期中葉」『法政考古学』第39集 法政考古学会
松田 哲 2013「熊谷市前中西遺跡の調査」『シンポジウム 熊谷市前中西遺跡を語る─弥生時代の大規模集落─発表要旨・資料集』 関東弥生文化研究会・埼玉弥生土器観会
萩野谷正宏 2003「関東弥生中期土器の展開過程における一様相」『法政考古学』第30集 法政考古学会
萩野谷正宏 2005「北島型文様帯の成立─埼玉県北島遺跡出土弥生土器の研究（1）─」『法政考古学』第31集 法政考古学会
馬場伸一郎 2001「南関東弥生中期の地域社会（上）（下）─石器石材の流通と石器製

第Ⅳ部　前中西遺跡の研究

作技術を中心に―」『古代文化』第53巻第5・6号　古代学協会
馬場伸一郎　2007「大規模集落と手工業にみる弥生中期後葉の長野盆地南部」『考古学研究』第54巻第1号　考古学研究会
馬場伸一郎　2008「弥生中期・栗林式土器編年の再構築と分布論的研究」『国立歴史民俗博物館研究報告』第145集　国立歴史民俗博物館
馬場伸一郎　2011「栗林式土器分布圏の石器・石製品と弥生中期社会」『長野県考古学会誌』138・139合併号　長野県考古学会
浜田晋介　2011『弥生農耕集落の研究―南関東を中心に―』　雄山閣
平野進一・相京建史　1992「群馬県出土の弥生時代磨製石斧」『群馬県立歴史博物館紀要』第12号　群馬県立歴史博物館
松本　完ほか　2004「シンポジウム『北島式土器とその時代―弥生時代の新展開―』の記録」『埼玉考古』第39集　埼玉考古学会
森岡秀人　1993「土器移動の諸類型とその意味」『転機』第4号　転機同好会
山田昌久　1986「くわとすきの来た道」『新保遺跡Ⅰ』群馬県教育委員会・群馬県埋蔵文化財調査事業団
吉田　稔　2003「北島式の提唱」『埼玉考古学会シンポジウム　北島式土器とその時代―弥生時代の新展開―』　埼玉考古学会

挿図出典調査報告書

財団法人香取郡市文化財センター　2006『志摩城跡・二ノ台遺跡Ⅰ』
財団法人群馬県埋蔵文化財調査事業団　1981『清里・庚申塚遺跡』
財団法人埼玉県埋蔵文化財調査事業団　2003『北島遺跡Ⅵ』
埼玉県熊谷市教育委員会　2009『前中西遺跡Ⅳ』
埼玉県熊谷市教育委員会　2013『前中西遺跡Ⅷ』
佐久市教育委員会・佐久埋蔵文化財調査センター　1987『北西の久保―南部台地上の調査』
寒川町都市建設部・寒川町周辺整備事務所・有限会社　吾妻考古学研究所　2012『岡田西河内遺跡』
長野市埋蔵文化財センター　2005『浅川扇状地遺跡群　檀田遺跡（2）』
吹上町教育委員会　1982『袋・台遺跡』

下総から前中西遺跡を考える（予察）

小 林　　嵩

1　はじめに

　前中西遺跡は、弥生時代中期中葉～後期初頭に至るまで継続する大規模な集落遺跡である。出土遺物も多岐に亘っており、中部高地の影響が色濃く見られる。また、集落の立地として水田域を想定するのが困難であることや、石器の組成として打製石斧が卓越すること（石川 2013）から、その生業等についても今後の検討課題が多く残っている。そこで今回は、筆者の主な研究対象地域である下総における中期後半の集落と、関東地方北西部の前中西遺跡から出土する土器の系統や石器の組成を比較することで、差異を検討し、前中西遺跡の性格の一端を予察的にではあるが考察したい。特に前中西遺跡において主体を占める北島式期～「前中西式」期を中心に検討する。

2　両地域の併行関係の確認

　両地域の集落を比較検討するために、東京湾東岸の宮ノ台式と関東地方北西部の北島式、「前中西式」との併行関係を確認しておきたい。

　中部高地や関東地方北西部の土器編年と下末吉台地の宮ノ台式等を含んだ広域の併行関係については既に石川日出志により指摘されている。その結果、北島式を宮ノ台式のSiⅢ期（安藤 1990a・b）に、前中西遺跡のⅥ-1号方形周溝墓を宮ノ台式のSiⅣ～Ⅴ期に併行すると考えている（石川 2012）。下末吉台地と東京湾東岸に位置する下総との併行関係については小倉淳一によって検討されている（小倉 1996）。その結果、SiⅢ期とETⅡa期、SiⅣ期をETⅡa期～ETⅡb期の一部、SiⅤ期とETⅡb期～ETⅢ期を併行関係と捉えている。今回は、北島式～「前中西式」と併行する時期、つまり下総にお

253

いてETⅡa～Ⅲ期にあたる時期を対象とする。

3 下総における出土遺物の特色

下総における弥生時代中期後半の代表的な集落を取り上げ、今回検討対象とする時期の特色ある住居跡を抽出し、時期毎に土器の特徴やその他の遺物について述べる[1]。

a ETⅡa期新（第1図1～7）

該期の遺跡・遺構としては、大崎台遺跡第128・130・162・255・276・326・340・435号住居址、城の腰遺跡006号跡が該当する。在地の宮ノ台式に混じり、大崎台遺跡第128・255号住居址、城の腰遺跡006号跡の資料は刺突文を施すことや、帯縄文を刺突文で区画する特徴から関東地方北西部の影響を考えることができる（第1図1～3）。また、城の腰遺跡006号跡からは、宮ノ台式に混じり、佐野原甕Ⅰ類[2]と足洗式系の素口縁の甕が出土している（第1図4）。ETⅡa期は古と新に細別されるが、これらの遺構から出土する宮ノ台式は刷毛調整の壺形土器にヘラミガキのものが混じることから、ETⅡa期新と考えられる。石器は、太形蛤刃石斧や扁平片刃石斧等の大陸系磨製石器が出土している（第1図5～7）。

b ETⅡb期古（第1図8～11）

該期の遺跡・遺構としては、大崎台遺跡第144・281・378号住居址、城の腰遺跡011・037・040・087・092・155号跡が該当する。在地の宮ノ台式に混じり、城の腰遺跡011・155号跡では、帯縄文を刺突文で区画する特徴から関東地方北西部の影響を考えることができ（第1図8）、城の腰遺跡037号跡の資料はその文様と胴部に施される斜縄文から中部高地及び北関東の影響を考えることができる（第1図9）。石器は、太形蛤刃石斧や柱状抉入石斧・扁平片刃石斧等の大陸系磨製石器が出土している（第1図10・11）。

c ETⅡb期新（第1図12～18）

該期の遺跡・遺構としては、大崎台遺跡第157・209・256・270号住居址、南羽鳥谷津堀遺跡A地点7号住居跡が該当する。在地の宮ノ台式に混じり、大崎台遺跡第157号住居址では刺突文を施す壺形土器が出土し、第209号住

下総から前中西遺跡を考える（予察）

ETⅡa期新

ETⅡb期古

ETⅡb期新

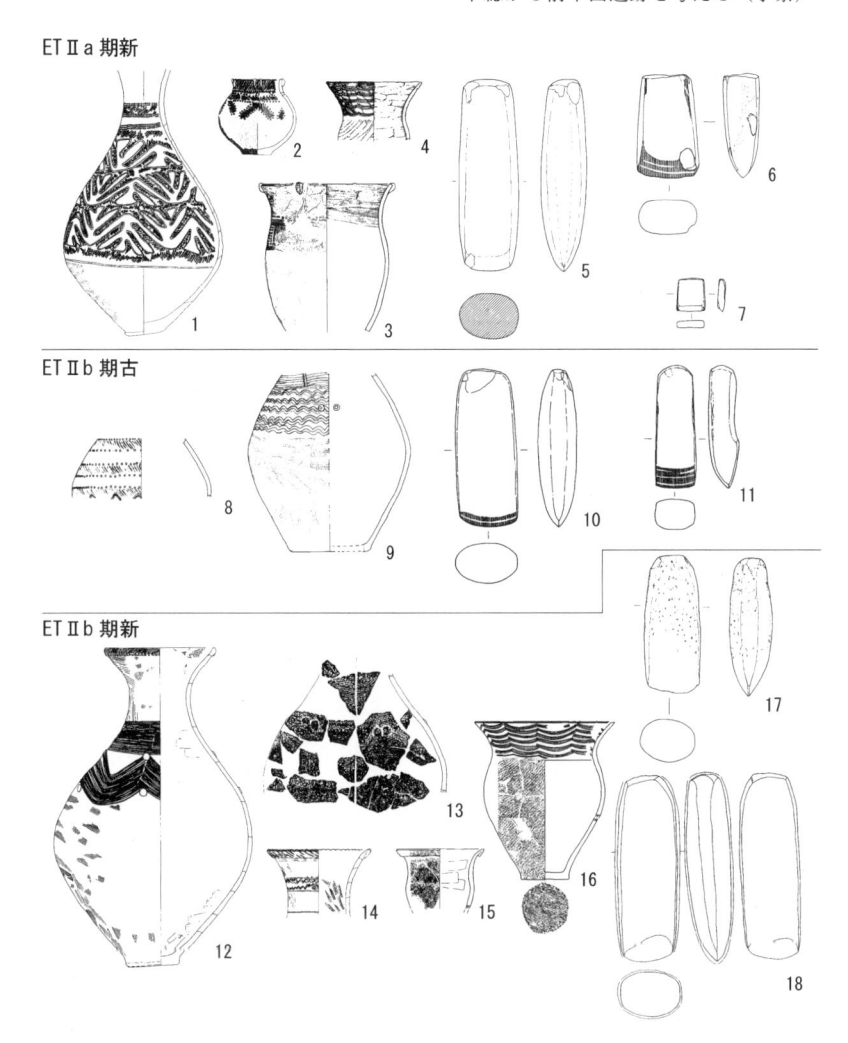

1・6・7：大崎台遺跡第128号住居址　2：大崎台遺跡第255号住居址　3～5：城の腰遺跡006号跡
8：城の腰遺跡011号跡　9：城の腰遺跡037号跡　10・11：大崎台遺跡第378号住居址
12：大崎台遺跡第209号住居址　13・17：大崎台遺跡第157号住居址　14：大崎台遺跡第256号住居址
15・16・18：南羽鳥谷津堀遺跡A地点7号住居

第1図　下総における異系統及び異系統影響・大陸系石器(1)

255

第Ⅳ部　前中西遺跡の研究

ETⅢ期

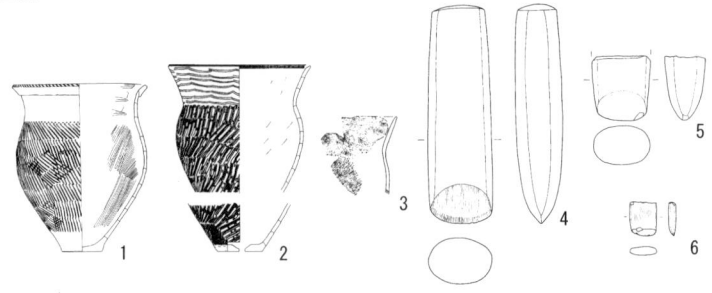

1・2：大崎台遺跡第431号住居址　3〜6：台方下平Ⅱ遺跡6号住居跡
第2図　下総における異系統及び異系統影響・大陸系石器(2)

居址では刻みが施される複合口縁から、関東地北西部の影響を考えることができる（第1図12・13）。南羽鳥谷津堀遺跡A地点7号住居跡では、北関東系土器群である佐野原甕Ⅲ類や足洗式系の甕・阿玉台北式系の壺、栃木県域に系譜を求められる甕が出土している（第1図15・16）。また、大崎台遺跡第256号住居址では、撚糸文が施される複合口縁（第1図14）や、甕形土器の胴部に施される単節斜縄文から北関東系の影響も見られる。石器は、太形蛤刃石斧や柱状抉入石斧等の大陸系磨製石器が出土している（第1図17・18）。

　d　ETⅢ期（第2図）

　該期の遺跡・遺構としては、大崎台遺跡第431号住居址、台方下平Ⅱ遺跡6号住居が該当する。在地の宮ノ台式[3]に混じり、北関東系土器群である佐野原甕Ⅰ・Ⅲ・Ⅳ類、足洗式系の甕・阿玉台北式系の壺が出土している（第2図1〜3）。石器は、太形蛤刃石斧等の大陸系磨製石器が出土している（第2図4〜6）。

4　前中西遺跡における出土遺物の特色（第3図）

前中西遺跡における各期の様相について概観する。

　a　北島式期（第3図1〜3）

　北島式期に該当する住居は24軒・竪穴状遺構2基・溝跡2条・方形周溝墓7基・土器棺墓6基である。在地の土器以外では中部高地系の栗林式が最

下総から前中西遺跡を考える（予察）

北島式期

「前中西式」期

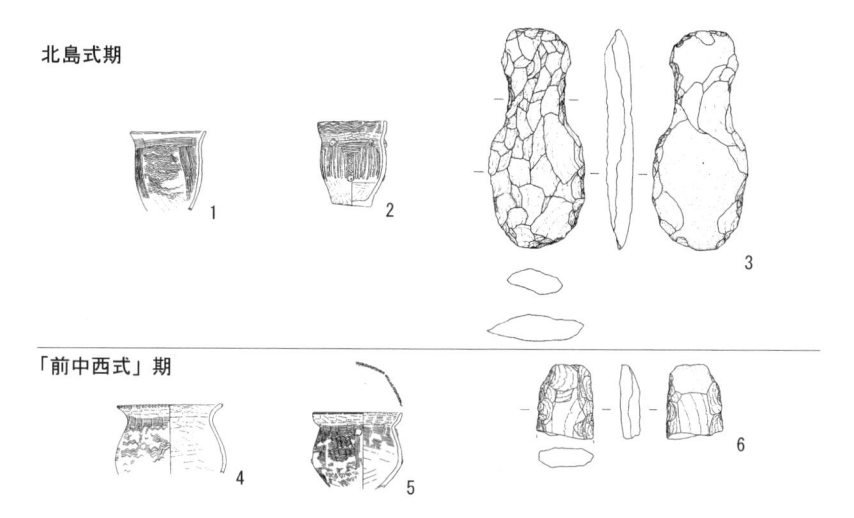

1：前中西遺跡Ⅳ第9号住居跡　2：Ⅶ第9号住居跡　3：Ⅳ第16号住居跡
4：Ⅷ第5号住居跡　5：Ⅷ第9号住居跡　6：Ⅶ第1号住居跡

第3図　前中西遺跡における栗林系と打製石器

も多く（第3図1・2）、宮ノ台式も少数検出されている。大陸系磨製石器が少量確認されているが、主体を占めるのは打製石斧である（第3図3、松田2013）。

b 「前中西式期」（第3図4〜6）

「前中西式期」に該当する住居は18軒・溝跡3条・方形周溝墓3基・土器棺墓1基である。在地の土器以外では栗林式系（第3図4・5）・宮ノ台式系が検出されている。全体的な検出数は減少するが、大型の打製石斧（第3図6）や磨石が多く検出されている（松田2013）。

5　下総の集落と前中西遺跡の比較

a　下総の様相

下総における集落出土土器の特徴としては、ETⅡa期新〜ETⅡb期古にかけては、在地の宮ノ台式に関東地方北西部からの影響が確認され、そこに中部高地系・北関東系土器群の影響が少ないながら見られる。ETⅡb期

新～Ⅲ期にかけては、北関東系土器群の出土及び影響が目立ち、関東地方北西部の影響が僅かに確認される。集落出土石器の特徴としては、太形蛤刃石斧や扁平片刃石斧等の所謂大陸系磨製石器の出土が多く認められ、ETⅡa期新の大崎台遺跡第128号住居址の扁平片刃石斧（第1図7）は中部高地からの搬入品であり（杉山2004）、ETⅡb期古の大崎台遺跡第378号住居址の太形蛤刃石斧は榎田型磨製石斧（第1図10・馬場2001a）であり、岩種からも中部高地産と考えられる（柴田2011）。ETⅡb期新の大崎台遺跡第157号住居址の太形蛤刃石斧もその石材や形態的特徴から榎田型磨製石斧（第1図17）と考えられる。

b 前中西遺跡の様相

前中西遺跡は在地の土器から系譜の辿ることのできる北島式及び「前中西式」が主体を占めるが、関東地方北西部の大きな特徴として中部高地系である栗林式の出土が非常に多いことが特徴であり、中部高地との密な関係が窺える。関係が密な中部高地が生産拠点と考えられる榎田型磨製石斧を含めた大陸系磨製石器の出土が少なく、石器の組成は打製石斧が卓越するのが特徴である。

6 考　察

今回検討を行った結果、房総半島においては、ETⅡa期新～Ⅱb期新にかけて、中部高地産の榎田型磨製石斧が出土しており、それと共に、土器の特徴として関東地方北西部（北島式・「前中西式」）の影響、さらには一部に中部高地や北関東系土器群の出土及び影響が認められている。下総を含む南関東地方で認められる榎田型磨製石斧の流通について馬場伸一郎は、長野盆地での石器流通は栗林2式新段階に限定的であり、栗林3式期は急激に衰退する（馬場2004）と述べた。下総に榎田型磨製石斧が多く流通する時期はETⅡb期であり、上述した土器の併行関係の検討結果を踏まえれば、長野盆地において石器流通の盛期であった栗林2式新は宮ノ台式のETⅡa期に併行しており、下総の状況とずれが生じることとなる。しかし、榎田型磨製石斧はETⅡb期新までは確認されるのは事実であり、馬場も南関東地方に

おいて宮ノ台式SiⅣ～Ⅴ期にかけて榎田型磨製石斧の比率が高い集落があることを指摘（馬場2001a）しており、生産地の特定はできないが中部高地からの流通があったことに変わりはないだろう。

ETⅢ期の台方下平Ⅱ遺跡6号住居跡の磨製石斧（第2図4～6）は榎田型磨製石斧とは断定できず、また北関東系土器群の影響のみ認められること、大崎台遺跡第431号住居址では鉄斧も出土し、ETⅡa新～Ⅱb期新とは様相を異にしている。ETⅢ期に関しては、なお検討を要するが、下総においてはETⅡa期新～ETⅡb期新までは榎田型磨製石斧が確実に流通していたことになる[4]。

また、土器の特徴として関東地方北西部・中部高地・北関東の影響が確認されるということは、詳細なルートは今後の課題であるものの、石材の流通に伴ってそのルート上にある他地域の土器の要素が下総の在地の宮ノ台式に影響を及ぼした可能性が考えられる。そして、前中西遺跡は下総に比べ、中部高地系の土器の影響は大きいものの、中部高地に相対的に近い位置にあるにもかかわらず、打製石斧の出土が卓越し、大陸系磨製石器が少ない。このような点を考えると、生業による差異は考えなくてはならないが、前中西遺跡の性格の一つとして、南関東地方に大陸系磨製石器が流通する際に、中継地点といった役割を果たしていた可能性も視野に入れる必要がある。

本稿を草するにあたり、下記の方々には有益な助言を賜り、資料調査等の際には大変お世話になりました。記して謝意を表します。なお、本文中に記載した人名は敬称略とさせて頂きました。ご寛恕願います。勿論、本稿の内容に誤りがあった場合、全ての文責は筆者に帰結します。（50音順・敬称略）

小倉和重・黒沢哲郎・轟直行・柳澤清一・山田俊輔・佐倉市教育委員会・成田市教育委員会

註

1) 本稿で図示した資料は、土器の復原資料1／12、破片1／6、石器1／8に統一している。

第Ⅳ部　前中西遺跡の研究

2）これらの分類については、小玉秀成の定義に準ずることとする（小玉 2000）。
3）台方下平Ⅱ遺跡 6 号住居の宮ノ台式は、羽状縄文の原体に附加条縄文を用いる等、やや変容している。
4）房総半島に流通する石器の産地としては、中部高地以外に丹沢山産が比較的多いことが指摘されており（柴田 2011）、それらとの関係については今後の課題である。

参考文献

安藤広道 1990a「神奈川県下末吉台地における宮ノ台式土器の細分（上）―遺跡群研究のためのタイムスケールの整理―」『古代文化』第 42 巻第 6 号 pp. 330-340　財団法人古代学協会

安藤広道 1990b「神奈川県下末吉台地における宮ノ台式土器の細分（下）―遺跡群研究のためのタイムスケールの整理―」『古代文化』第 42 巻第 7 号 pp. 379-390　財団法人古代学協会

石川日出志 2012「栗林式土器の編年・系譜と青銅器文化の受容」『中野市柳沢遺跡　千曲川替佐・柳沢築提事業関連埋蔵文化財発掘調査報告書―中野市内その 3―』 pp. 182-191　長野県埋蔵文化財センター発掘調査報告書 100　長野県埋蔵文化財センター

石川日出志 2013「弥生時代研究と前中西遺跡」『シンポジウム　熊谷市前中西遺跡を語る―弥生時代の大規模集落―発表要旨・資料集』pp. 1-12　関東弥生文化研究会・埼玉弥生土器観会

小倉淳一 1996「東京湾東岸地域の宮ノ台式土器」『史館』第 27 号 pp. 32-69　史館同人

北島シンポ準備委員会 2003『埼玉考古学会シンポジウム　北島式土器とその時代―弥生時代の新展開―』埼玉考古別冊 7　埼玉考古学会

小玉秀成 2000「館山遺跡出土の弥生時代中期末葉土器群―佐野原甕の成立と展開をめぐって―」『玉里村立史料館報』第 5 号 pp. 149-169　玉里村立史料館

柴田　徹 2011「構成岩腫から見た南関東地方における弥生時代の磨製石斧―千葉県佐倉市大崎台遺跡と神奈川県秦野市砂田台遺跡の磨製石斧から―」『物質文化』91 pp. 53-60　物質文化研究会

杉山浩平 2004「宮ノ台式土器期社会の交流―石器製作システムの比較分析からの様

相―」『物質文化』No.77 pp.1-20 物質文化研究会

杉山浩平 2006「関東平野北西部における弥生時代中期後半の石器の生産と流通」『物質文化』No.80 pp.1-17 物質文化研究会

馬場伸一郎 2001a「南関東弥生中期の地域社会（上）―石器石材の流通と石器製作技術を中心に―」『古代文化』第53巻第5号 pp.272-282 財団法人古代学協会

馬場伸一郎 2001b「南関東弥生中期の地域社会（下）―石器石材の流通と石器製作技術を中心に―」『古代文化』第53巻第6号 pp.337-345 財団法人古代学協会

馬場伸一郎 2003「榎田型磨製石斧の再検討―新屋敷遺跡第2地点（台の城山遺跡）と長野盆地の弥生中期後半における太形蛤刃石斧の比較検討から―」『埼玉考古』第38号 pp.103-117 埼玉考古学会

馬場伸一郎 2004「弥生時代長野盆地における榎田型磨製石斧の生産と流通」『駿台史学』第120号 pp.1-45 駿台史学会

馬場伸一郎 2008「弥生中期・栗林式土器編年の再構築と分布論的研究―弥生交易論の可能性を視野に入れて―」『国立歴史民俗博物館研究報告』第145集 pp.101-173 国立歴史民俗博物館

松田 哲 2013「熊谷市前中西遺跡の調査」『シンポジウム 熊谷市前中西遺跡を語る―弥生時代の大規模集落―発表要旨 資料集』pp.13-54 関東弥生文化研究会・埼玉弥生土器観会

吉田 稔 2003「北島式の提唱」『埼玉考古学会シンポジウム 北島式土器とその時代―弥生時代の新展開―』埼玉考古別冊7 埼玉考古学会

調査報告書

菊池真太郎ほか 1979『千葉市城の腰遺跡―千葉東金道路建設工事に伴う埋蔵文化財調査報告3―(千葉市大宮地区)』財団法人千葉県文化財センター

酒井弘志ほか 2000『千葉県成田市 南羽鳥遺跡群Ⅳ 成田カントリークラブゴルフ場造成地内埋蔵文化財調査報告書（Ⅳ）』財団法人印旛郡市文化財センター発掘調査報告書第156集

佐倉市大崎台遺跡B地区遺跡調査会 1985『大崎台遺跡発掘調査報告Ⅰ』

佐倉市大崎台遺跡B地区遺跡調査会 1986『大崎台遺跡発掘調査報告Ⅱ』

松田 哲 2009『前中西遺跡Ⅳ―熊谷都市計画事業上之土地区画整理事業地内遺跡発掘調査報告書Ⅴ―』埼玉県熊谷市埋蔵文化財調査報告書第3集 埼玉県熊谷市教育

第Ⅳ部　前中西遺跡の研究

委員会

松田　哲　2012『前中西遺跡Ⅶ―熊谷都市計画事業上之土地区画整理事業地内遺跡発掘調査報告書Ⅷ―』埼玉県熊谷市埋蔵文化財調査報告書第 12 集　埼玉県熊谷市教育委員会

松田　哲　2013『前中西遺跡Ⅷ―熊谷都市計画事業上之土地区画整理事業地内遺跡発掘調査報告書Ⅸ―』埼玉県熊谷市埋蔵文化財調査報告書第 16 集　埼玉県熊谷市教育委員会

松田富美子 2005『千葉県成田市　台方下平Ⅰ遺跡・台方下平Ⅱ遺跡発掘調査概報―成田市公津西土地区画整理事業に伴う埋蔵文化財調査―』財団法人印旛郡市文化財センター発掘調査報告書第 227 集

挿図の出典

第 1 図 1・2・6・7・10～14・17：佐倉市大崎台遺跡 B 地区遺跡調査会 1985・1986、3～5・8・9：菊池ほか 1979、15・16・18：酒井ほか 2000　第 2 図 1・2：佐倉市大崎台遺跡 B 地区遺跡調査会 1986、第 3 図 1：松田 2009、2：松田 2013.　3：松田 2009、4：松田 2013、5：松田 2013、6：松田 2012

佐久地域北部の弥生集落の変遷
—主として栗林期〜箱清水期—

小 山 岳 夫

1 はじめに

　信州にあって、佐久地域は群馬県・埼玉県など関東にもっとも近く、栗林式土器が主体的に分布する群馬県、栗林式土器が北島式土器と共存する埼玉県とは、往時から少なからぬ交流をもったことが予測される。

　本稿では栗林式土器が一定量みつかった熊谷市前中西遺跡の研究の一助とするため、比較的面的な調査が進行し、弥生中期後半（以下「栗林期」という）から後期後半（以下「箱清水」期という）の遺跡動態が明らかになりつつある佐久地域北部に焦点を当て、その分布状況及び集落の変遷を明らかにする。

　2013年10月20日に行われた日本考古学協会長野大会「信州における弥生社会のありかた−青銅器の受容と農耕祭祀−」においては、若林邦彦の居住域形成領域分析に基づく、河内地域の弥生遺跡研究の成果が信州の地において披瀝され、栗林期の大規模遺跡にも西日本に見られる複雑化した居住集団関係が存在したとの評価が下された。この研究成果を早くから取り入れて信州の弥生遺跡に応用した馬場伸一郎によって、栗林期の弥生集落も、河内地域など弥生中期集落と同様に複数というよりもかなり多数の分節集団（馬場によれば「単位遺構」）[1]の複合体である可能性が指摘された。

　佐久地域の栗林期に見られる大規模集落址は、栗林式土器の生成地である長野県北信地域の影響を受けて成立しており、馬場が指摘するように複数の分節集団の集住によって膨張した可能性が高い。西日本的な集落形成が栗林期における信州佐久においても始まっていた可能性が高まっているのである。

こういった、新たな視点による研究成果も考慮して、佐久地域の弥生集落を考えてみたい。

なお、本稿で作成した弥生時代の遺跡分布図は、古代からの景観が保持されている圃場整備事業前、1972（昭和47）年の佐久市都市計画図をベースにして、地元の古老からの聞き取り[2]を行って古地形の復元を試みたものである。

なお、弥生土器の編年観は、栗林式土器については馬場伸一郎のもの[3]、吉田〜箱清水式土器については筆者のもの（小山2014）[4]を、他地域との併行関係は石川日出志の研究[5]を用いる。

2 弥生前期〜中期前半の様相

縄文晩期末の氷Ⅰ式では山間部にあった遺跡は、当地域の弥生時代初頭前期の氷Ⅱ式に至ると佐久地域の盆地平坦部、初期稲作に挑むため千曲川の沖積地にある東五里田遺跡[6]やその支流の湯川の沖積地にある下信濃石遺跡、仲田遺跡（第1図中A、C）など後の栗林式土器の集落に比べて一段低い河川の氾濫原に進出するとともに、東大門先遺跡Ⅱ[7]の（第1図中B）ように台地上に立地する場合もある。

中期前半の土器も東五里田遺跡で確認されているため、この時期も氾濫原で生活を営んでいたと考えられるが、佐久穂町館遺跡や中原遺跡、佐久市月夜平遺跡など稲作ができない山間部に立地する遺跡も多い。

3 栗林期の様相（第1図）

中期中葉以降の遺跡立地は、河川の沖積地から一段上の台地上に移る。佐久地域のもっとも古い栗林式土器は、千曲川の支流滑津川の台地上に展開する深堀遺跡[8]から見つかっている。栗林1式新段階で竪穴住居10軒に満たない小さな集落である。

栗林2式古段階になると滑津川流域の和田上遺跡群[8]と湯川流域の根乃井芝宮遺跡[9]（第1図中1-1）で集落址が見つかっている。根乃井芝宮遺跡[10]では竪穴住居が43軒検出され、未調査区も含めると100軒近い竪穴住居の存

在も予想される。栗林1式に比して集落規模が飛躍的に拡大するが、栗林2式新段階まで継続せずに消滅する。

栗林2式新段階に至ると、湯川沿い約3.5kmの範囲にさらに多数の集落が展開する。

前述の根乃井芝宮遺跡の東方、湯川右岸の台地上では、東西約1kmの範囲に西一本柳・北西の久保・五里田遺跡[11]（第1図中2-1～3、以下「西一本柳遺跡等」という）が近接する。この3遺跡の居住域全体の約半分を調査した時点で、栗林2式新段階を中心とする竪穴住居址は総数で279軒（西一本柳145軒・北西の久保91軒・五里田43軒）検出されている。

この3遺跡の西方約1km下流には、森下・寄塚・白山・川原端[12]（第1図中3-1～4、以下「森下遺跡等」という。）などの遺跡が湯川の両岸に近接した状態で見つかっている。時期は西一本柳等とほぼ同じ2式新段階を中心としているが、各遺跡の居住域は狭く、竪穴住居の検出数も43軒（川原端10軒・森平23軒・寄塚10軒）と少ない。

西一本柳遺跡等は、佐久地域北部で最も水源に恵まれ、排水条件の良い前川沿いの横幅の広い低湿地（水田想定域、第1図中Ⅱ-1）を有し、栗林2式新段階に稲作集落が営まれて以降、吉田期、箱清水期、古墳時代中期～後期、奈良・平安時代まで、古墳時代前期など一部の断絶があるものの、継続性の高い古代集落が営まれる稀有な遺跡群である（第1表）。栗林期の分節集団がこの地に著しい集住傾向を示した要因は、榎田型磨製石斧の手工業生産とともに安定した収穫を得やすい集水・排水に好条件の水田域が存在したからに他ならない。

これに比べて森下遺跡等の水田想定域（第1図中Ⅲ-1～3）を見ると狭小であり、集住する分節集団の数も少なく、居住域は自ずから限定された規模に止まったものと考えられる。また森平遺跡等では、古代各時期にわたる集落の継続性も認められない（第1表）。水田域の生産性の低さを反映しているのであろう。

このように同じ河川沿いに栗林期の遺跡が集まって分布する傾向は、群馬県烏川流域左岸に約4kmにわたって展開する栗林2式新段階～3式の遺跡

第Ⅳ部　前中西遺跡の研究

群（上並榎南、上並榎屋敷前、巾、高崎城、竜見町、城南小校庭遺跡）[13]と共通する。

また、笹澤浩が「短期居住移動型」[14]と評価するように大規模集落を形成する期間が栗林式土器のせいぜい2〜3段階程度しか継続しない点は、北信では浅川扇状地遺跡群の檀田・中俣遺跡、千曲川右岸の春山B・松原・榎田遺跡、中信では宮淵本村・県遺跡、また、群馬県各地で展開する栗林期の集落など、栗林式土器の1次分布圏共通の特徴である。

湯川流域の栗林2式新段階の過密に集住した集落は、3式になると西一本柳Ⅲ・Ⅳでわずかな竪穴住居（H4住）が認められる程度である。湯川沿いとともに3式に集落形成されるのは北方に2km離れた浅間山から流れ下る小河川の末端部に位置する枇杷坂遺跡群である。このうち直路遺跡[15]（第1図中5-2）からは、栗林式土器末期の土器群を出土する竪穴住居が2軒検出されている。居住域の広がりはわかっていないが、その規模は、2式新段階のように大きくなく、小規模であったと考えられる。

中期末において枇杷坂遺跡群に直路遺跡などの集落が形成されて以降は、「田切り」の末端部、東西10km程度の範囲に弥生後期集落が展開していく。

竪穴住居2〜3軒で構成される栗林期の集落も転々と見つかっている。枇杷坂遺跡群清水田（第1図中5-1）・周防畑遺跡群（第1図中7-4）、滑津川流域の後家山遺跡、片貝川流域の後沢遺跡[16]などがあり、栗林2式新段階から3式にかけて極小集落を形成し、短期間で廃村に至る。そして、しばらくの空白期間をおいて吉田期後半から箱清水期前半にかけて開始時期に差があるが、大規模な集落が共通して営まれる傾向がある。

4　吉田期の様相

a　前半

吉田期の前半は、栗林3式の空白を経て湯川流域に集落が復活する。この時期の住居は、西一本柳Ⅲ・Ⅳ（第3図）で9軒（1・7・15・23・28・38・41・42・116住）、Ⅷで3軒（32・48・68住）、Ⅹで3軒（27・77・88住）、ⅩⅣで1軒（14住）の合計16軒の竪穴住居が検出されており、未調査部も

佐久地域北部の弥生集落の変遷

含めると西一本柳遺跡の北西部には20軒以上の当該期の居住域（一部竪穴住居同士の切りあいがあるため、少なくとも2小期の変遷があったと考えられる）が広がっていたことが予想される。これまで佐久地域では不明確であった後期初頭にもそれなりの広がりをもつ集落が存在したのである。

集落から少し離れた西一本柳遺跡の北西端にあたる西一本柳IXにはそれと同時期の方形周溝墓が存在する（第3図）。

枇杷坂遺跡群円正坊遺跡VIII（第2図中5-1）では吉田式前半の竪穴住居1軒（10住）、円正坊VIIIでは吉田式後半の竪穴住居（23住）が見つかっている。現状では居住域の広がりがわからないが、枇杷坂遺跡群も吉田期から集落形成が始まっていたことがわかる。

　b　後　半

吉田式前半に比べ、後半は遺跡数が増加傾向を示めし、周防畑B、北西の久保、西一本柳遺跡で居住域が確認されている。周防畑・枇杷坂両遺跡群に接する長土呂・岩村田遺跡群については、調査が進んでおらず集落形成の時期がわからないが、遅くとも箱清水期には集落形成が始まったようだ。

周防畑B遺跡A地区（第2図中7-1）では22軒の竪穴住居からなる居住域が見つかっている。周防畑B遺跡の居住域は2時期にまたがり、吉田式前半は1軒（2住）、他の21軒はおおむね吉田式後半である。周防畑B遺跡B地区（第2図中7-2）ではA地区の集落に併行する土器棺墓、後続すると考えられる円形周溝墓も見つかっている。県埋蔵文化財センター調査の周防畑遺跡群5地区（第2図中7-4）にも栗林2式新段階3軒、吉田期後半を中心とする19軒の竪穴住居址と住居とほぼ同時併行する方形・円形の周溝墓と若干後続する方形円形の周溝墓15基が混在する墓域が見つかっている。

西一本柳遺跡（第2図中2-1）では居住域は遺跡中央に移動し、西一本柳III・IVで2軒（60・117住）、Xで1軒（105住）、XIIIで2軒（8・10住）の合計5軒の竪穴住居が見つかっている。前半に比べて居住域が遺跡中央に移動しているが、未調査部分が多いため、住居の軒数はさらに増える可能性があり、小規模な集落とは言い切れない。

北西の久保遺跡（第2図中2-2）でも13軒の竪穴住居からなる居住域が見

第Ⅳ部　前中西遺跡の研究

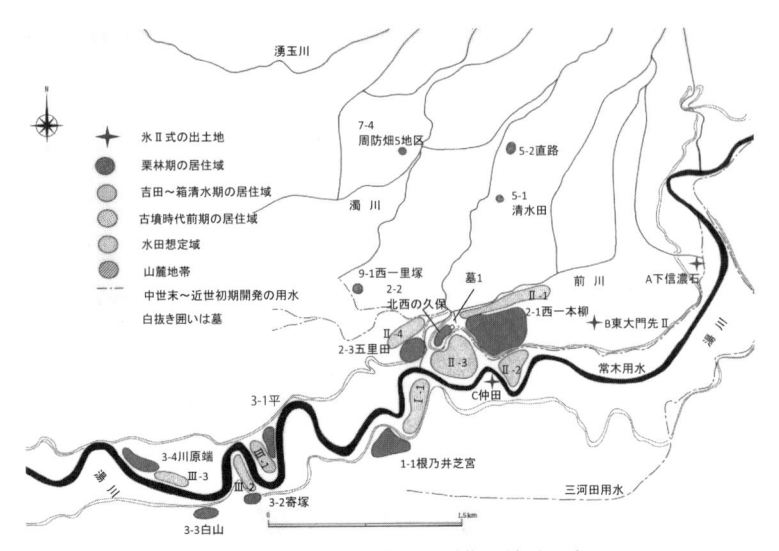

第1図　佐久地域北部　栗林期の遺跡分布

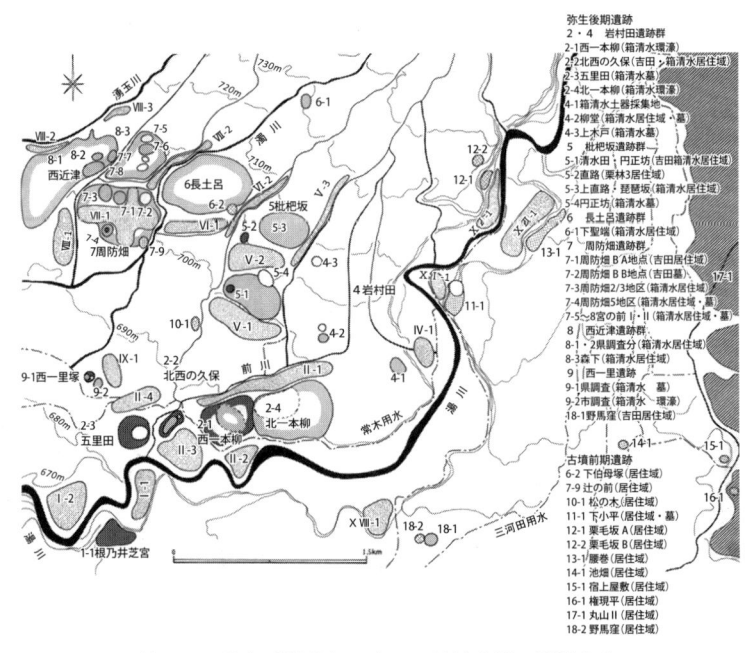

第2図　佐久地域北部　吉田〜箱清水期の遺跡分布

佐久地域北部の弥生集落の変遷

第1表 佐久地域北部・中部古代(弥生～平安時代)の集落動態

269

第Ⅳ部　前中西遺跡の研究

つかっている。前代の吉田式前半の集落が東西に分散した状況を呈する。

5　箱清水期の様相

a　前半

　浅間山からの放射状の流水によって刻まれた谷地形を「田切り」と呼ぶ。西・北一本柳遺跡の北方500m～1.5kmの範囲は「田切り」の末端部で、岩村田・枇杷坂・長土呂・周防畑・西近津（第2図中4-1～3・5-1～3・6・7-1～8・8-1～2）など箱清水期の集落が軒を連ねるように分布する。なお、佐久地域北部最大の「田切り」の底部には小河川があり、そこから引水して谷地水田（第2図中Ⅴ-3、Ⅵ-2、Ⅶ-2、Ⅷ-2）を経営するとともに、田切り末端の低地（Ⅴ-1・2、Ⅵ-1、Ⅶ-1、Ⅷ-1）を水田化した可能性が高い。ただし、小河川からの引水では、第1図・第2図の空白部長土呂・塚原地区の開拓はできなかった。この地を一面水田化したのは、約1300年後中世末から近世にかけての常木用水開削による湯川からの引水であった。平塚・根乃井塚原・赤岩・市村新田・佐左衛門新田などの集落はこのころに形成された[17]。

　西近津・枇杷坂・周防畑遺跡群の箱清水期前半の集落は同時併存していた可能性が高い。特に西近津遺跡群では中部横断道の発掘調査で箱清水期の竪穴住居が約100軒検出されており長辺18m、床面積153㎡（約46坪）にも及ぶ国内最大級の竪穴住居址の存在も勘案すると佐久地域北部の箱清水期前半（小山2014では後期Ⅲ期新を中心とする集落址）の中核的な集落となっていた可能性が高い。

　枇杷坂遺跡群北側（第2図中5-2）では箱清水期を通じて居住域が形成される。箱清水期前半の上直路遺跡Ⅰは、竪穴住居内に銅釧14点を着装した人骨を埋葬した屋内墓が発見された。居住域の広がりははっきりしないが、約100m北方の琵琶坂遺跡で同時期の住居が確認されており、相当な広がりを持つことが予想される。このほか、周防畑遺跡群宮の前遺跡Ⅰ・Ⅱ（第2図中7-5～8）は、箱清水期前半の集落と墓がセットで見つかった。居住域（第2図中7-7）からは竪穴住居が30軒近く検出されている。同時期の墓域は3群に分かれ、方形周溝墓を主体として小型の円形周溝墓が混在する（第2

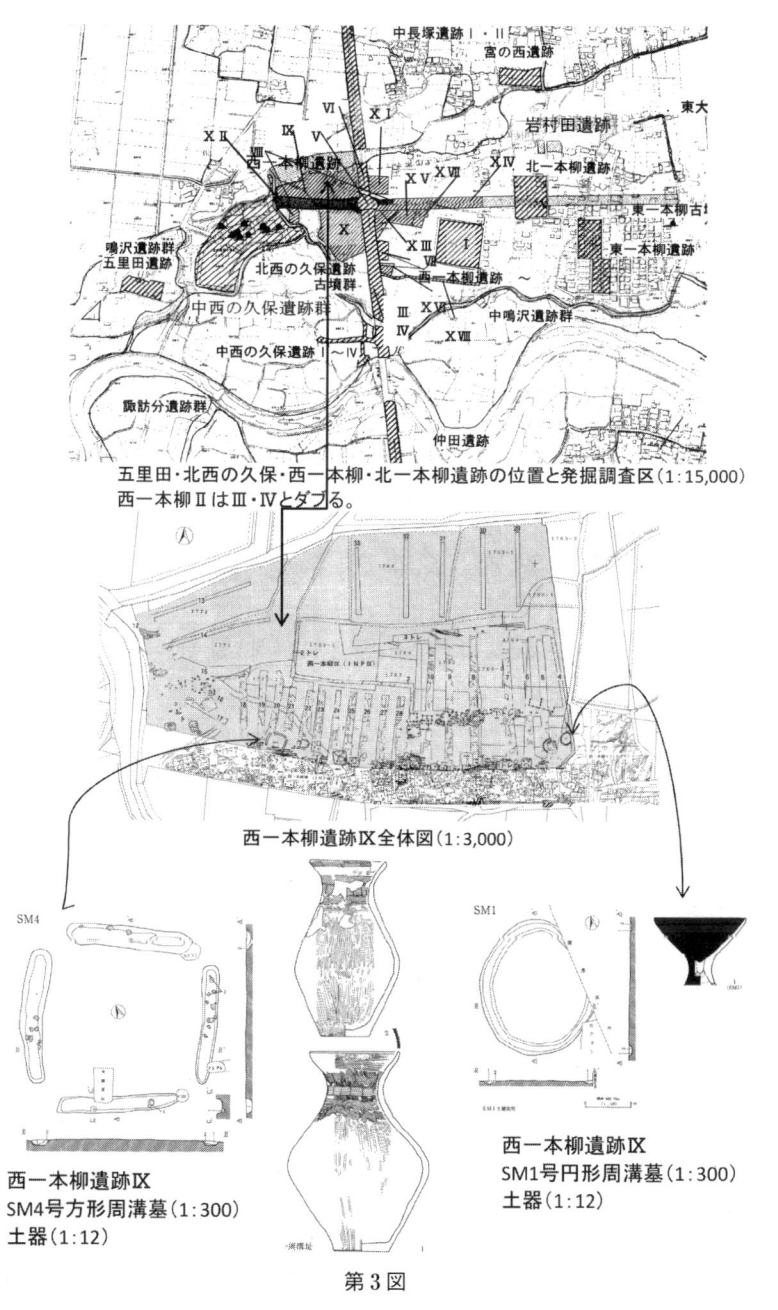

佐久地域北部の弥生集落の変遷

五里田・北西の久保・西一本柳・北一本柳遺跡の位置と発掘調査区（1：15,000）
西一本柳Ⅱは Ⅲ・Ⅳ とダブる。

西一本柳遺跡Ⅸ全体図（1：3,000）

西一本柳遺跡Ⅸ
SM4号方形周溝墓（1：300）
土器（1：12）

西一本柳遺跡Ⅸ
SM1号円形周溝墓（1：300）
土器（1：12）

第3図

271

図中7-7・8）と全容はつかめないが小型円形周溝墓で構成される（第2図中7-5）がある。県埋蔵文化財センター調査の周防畑遺跡群2・3地区にも当該期の竪穴住居35軒（第2図中7-3）があり、「田切り」地形末端部での集落経営が活発化する一方で、水田想定域（第2図中Ⅱ-1）周辺は閑散としており、北西の久保遺跡で竪穴住居23軒検出の箱清水期前半の集落址が確認されているに過ぎない。

b 後 半

箱清水期後半になると大規模化した集落が隣接し合う分布状況となる。水田想定域（第2図中Ⅱ-1）が存在する西一本柳遺跡（第2図中2-1）とその100m東方の北一本柳遺跡（第2図中2-4）の2箇所で箱清水期後半の大規模な居住域が形成される。

西一本柳遺跡の箱清水期後半の居住域は、環濠で囲まれる範囲に箱清水期の竪穴住居址が収まっている。環濠は西側の大半と北東一部が発掘されているにすぎないが、北西―南東方向で255m、北東―南東方向で190m程度の楕円形を呈するものと考えられる。

北一本柳遺跡でも箱清水期後半の竪穴住居分布域の東西両側に、居住域を囲む可能性がある環濠と目される溝が検出されている。これが環濠であるとすると東西長は370m、南北長は200m程度の楕円形にめぐるものと推測される。また、居住域の中央には東西方向や南北方向に走る弧状の溝も検出されており、居住域内が区画されていた可能性が高い。環濠で囲う範囲の想定面積は西一本柳遺跡よりもひと回り大きく、集落の大きさに加え、100㎡を超える大型住居（Ⅲ-33住、推定14.22m×7.47m=106.22m）の存在や伽耶産の板状鉄斧2本の保有など、遺構・遺物ともに同時期の集落に比較すると優位性が認められる。

この両遺跡では、栗林期に続いて、豊かな水田域（生産基盤）を背景にして佐久地域北部で後期後半の最も大きな集落が形成された可能性が高い。その墓域は両遺跡内では見つかっていないが、支谷を経て西方400mに所在する五里田遺跡（第2図中2-3）の箱清水期の円形周溝墓群は鉄剣などの墓の副葬品に同時期の墓に比べて優位性が認められることから、両遺跡の墓域の有

力な候補地である。

枇杷坂遺跡群[18]は、東西500m、南北800mの範囲に栗林期〜吉田期・箱清水期の集落と箱清水期の墓域が営まれる。検出された竪穴住居は栗林期で4軒のみ、吉田期で11軒、箱清水期で73軒と時間の経過とともに成長した集落遺跡である。

遺跡群南側の清水田・円正坊遺跡（第2図中5-1）は栗林期・吉田期・箱清水期にわたる居住域と箱清水期前半の墓域が見つかっており、箱清水期の竪穴住居址同志の激しい切りあいがみられる箇所もある。

上直路遺跡Ⅱ（第2図中5-2）では箱清水期後半の竪穴住居2軒が見つかっており、それなりの広がりが予想される。

周防畑遺跡群宮の前遺跡Ⅰ・Ⅱ（第2図中7-5〜8）は、箱清水期の集落と墓がセットで見つかった。箱清水期の居住域（第2図中7-7）からは竪穴住居が30軒近く検出されている。同時期の墓域は3群に分かれ、方形周溝墓を主体として小型の円形周溝墓が混在する（第2図中7-7・8）と全容はつかめないが小型円形周溝墓で構成される（第2図中7-5）がある。

長野県埋蔵文化財センター調査分の周防畑遺跡群2・3地区（第2図中7-3）では箱清水期の竪穴住居35軒、5地区（第2図中7-4）では栗林期3軒、箱清水期19軒の竪穴住居と箱清水期の15基の円形周溝墓群が見つかっている。

西近津遺跡群は周防畑遺跡群に東接する。長野県埋蔵文化財センターの中部横断道の調査（第2図中8-1）により約100軒に及ぶ竪穴住居が検出され、大規模な箱清水期の集落址の存在が明らかになった。集落規模の大きさもさることながら長辺18m、床面積153㎡（約46坪）にも及ぶ国内最大級の特大竪穴住居が発見されている。周防畑・西近津遺跡群の詳細は正式報告を待って改めて分析したい。

6　墓の変遷

栗林期に固有の墓と認知され、中野市柳沢遺跡ではその規模や副葬品である管玉の数の多さから栗林期における上位階層集団の出現かと注目された礫床木棺墓は、佐久地域でも北西の久保遺跡のほか、片貝川沿いの北裏・西裏

第Ⅳ部　前中西遺跡の研究

遺跡で発見されているが、突出した規模の墓はみつかっていない。

　栗林期における方形周溝墓の進出は、栗林1式段階に既に方形周溝墓が造営されている新潟県上越市吹上遺跡に接する北信の飯山地域や長野盆地では果たされない。また、関東の弥生文化の玄関口、佐久地域でも果たされないが、後期に至ると東信佐久ではいち早く受容するのに対し、北信の受容は遅れる。

　吉田期前半の佐久市西一本柳遺跡Ⅸで方形周溝墓は方台部10m四隅の切れるタイプが見つかっている（第3図）。長野県最古の方形周溝墓で、この段階では単独で構築され、群在する状況は見られない。同時期と目される北信の中野市西条岩船遺跡では土壙墓、木棺墓である。吉田期後半では周防畑遺跡群5地区に方形周溝墓とともに円形周溝墓が登場する。信州最古の可能性が高い円形周溝墓である。この段階では最大の方形周溝墓が方台部1辺5.5m、円形周溝墓が直径6mで、墓の形状の違いが規模の大小に反映されていない段階であることがわかる。これに続き箱清水期の前半には周防畑B遺跡B地区で直径6mの円形周溝墓と土坑墓群が見つかっている。

　吉田期の後半には周防畑B遺跡B地区で直径6mの円形周溝墓と土坑墓群が見つかっている。信州最古の可能性が高い円形周溝墓である。

　箱清水期には、方形周溝墓・円形周溝墓が混じって群在する墓群が、枇杷坂遺跡群円正坊遺跡Ⅳや周防畑遺跡宮の前遺跡Ⅰ・Ⅱで認められる。方形周溝墓は相変わらず4隅の切れるタイプで墓群中では、一辺11mと大型で、規模の面で円形周溝墓に比べて優位性が認められるようになる。この点は枇杷坂遺跡群円正坊遺跡Ⅳの周溝墓群も同様で、箱清水期に至って方形・円形の形状の違いが、墓群内における階層の優劣に反映されるようになった可能性が高い。

　とは言え近畿河内地域などでは、Ⅳ期（＝栗林2式古段階）以降に共同墓地を脱して複数の集落・生産域を傘下に置く加美Y1・2号墓などの大型の主体部に赤色顔料の使用がみられる階層的に優位な集団の墓が登場する[19]が、佐久地域では一辺20mを超える方形周溝墓は、古墳時代初頭前後まで登場しない。墓群の様相にみる佐久地域の弥生後期は、未だ階層未発達の段階で

あったことが想定される。

7 まとめ

　栗林期において佐久地域北部で大規模な水田経営を行った地域は、標高646mの川原端遺跡から695mの西一本柳遺跡までの湯川沿いの東西3.5kmの範囲の地域であった。佐久地域北部にあっては、標高が低く温暖な地域である。このうち、西一本柳等は最も水源に恵まれ、排水条件も良い水田想定域（第2図中Ⅱ-1）を有する条件から、佐久地域では過去に比類のない大規模な集住が果たされた。ここから1km下流に形成された森平等については西一本柳等に収まり切らなかった分節集団が、開田可能な土地を求めた結果居住域を営んだ地域とみることもできよう。いずれにしてもこの二つのまとまりから、分節集団の集住の多寡の程度は、水田域の規模や水利の優劣によって規定されていた可能性が高かったことが推察されるのである。

　東信の湯川沿い東西幅3.5kmの狭小な範囲に集住した分節集団は、北信産の栗林式土器を作り、緑色岩類の榎田型石斧を伴っていることから、北信からの石器製作の流通システムのカテゴリーにあったことを示唆している。そして、北信の松原遺跡と同様に大規模集落を形成した。栗林の分節集団は、佐久地域を経由して碓氷・内山峠を越えて群馬県烏川・鏑川・井野川が利根川に合流する低地よりも高所の諸地域に進出し集落を形成、さらその一部の分節集団が熊谷市の妻沼低地の前中西遺跡まで進出して、在地の伝統を継承する「北島式・前中西式土器」の分節集団と居住域を共有したものと考えられる。今後、胎土分析などを駆使して栗林式土器の類似性を追求せねばならないが、礫床木棺墓の存在以外に今のところ、佐久地域と前中西遺跡を直接的につなぐ物証はない。

　栗林期3式段階では、直路・西一本柳遺跡で小規模な集落を見る程度で、鉄器化に伴う磨製石斧の手工業生産崩壊に伴い、栗林2式新段階に集住した分節集団は、拡散の方向に動いたことが佐久地域北部でも読み取れる。

　吉田期前半になると、現状では集落の数、規模ともに少なく、小さいものの、西一本柳遺跡の20軒累積した居住域が存在するなど佐久地域の集落は

第Ⅳ部　前中西遺跡の研究

再度成長し始める。

　吉田期後半に至ると栗林期からの良田（第2図中Ⅱ-1）地域周辺、北西の久保・西一本柳遺跡集落（第2図中2-1・2）が形成されるとともに、「田切り」地形末端部の周防畑B遺跡（第2図中7-1）でも本格的に集落の形成が始まる。

　箱清水期前半は西近津遺跡群（第2図中8）を最大として、枇杷坂遺跡群（第2図中5-1・3・7）のほか、未調査部が多く不明点が多いが、岩村田・長土路・周防畑・西近津遺跡群（第2図中4・6）などでも大きな集落が形成されていた可能性が高く、標高700～720mの「田切り」末端部に居住が集中し、当該期の集落が犇めく時期である反面、栗林期の繁栄地西一本柳遺跡周辺は集落分布に薄く目立たない。なお、「田切り」末端部に犇めく遺跡群のうち、箱清水期前半において中核的位置を占めるのは、前述の大型住居が見つかった西近津遺跡の集落であろう。

　箱清水期後半は「田切り」末端部の諸遺跡群で大規模集落が前代から継続的に営まれるが、栗林期以来の良田（第2図中Ⅱ-1）を有する西一本柳・北一本柳遺跡（第2図中2-1・4）でも2つの環濠集落を有するなど再び佐久地域北部の中核地となる。西近津遺跡群の集落は箱清水期前半にピークを迎え、後半には継続しない。「田切り」末端部から湯川沿いの西一本柳・北一本柳遺跡へ中心移動があったと解釈することができる。

　佐久地域北部における弥生時代中期後半栗林期～後期後半箱清水期の集落は、栗林期～吉田期前半においては湯川流域、吉田期後半においては湯川流域と「田切り」末端部双方、箱清水期前半においては「田切り」末端部、箱清水期後半においては再び湯川流域に中核的な集落が移動する傾向が看取できる。

　弥生時代後期後半箱清水期に至ると佐久地域北部は、栗林期をはるかに凌駕する遺跡数となり、その成長に伴って集落域の境が互いに接触する状況も想定されるようになる。集住が促進され、内部成長を遂げた結果であったと考えられるが、その背景になる生産活動については、長土呂遺跡群下聖端遺跡出土炭化種子の出土[20]から推定されるように稲作以外の畑作の振興も考慮しなければならない。

墓のあり方については、この段階で大阪の河内地域にはるかに遅れて、集落に接する周溝墓群による共同墓地の存在が確認されるようになるが、共同墓地を離れた特定集団の上位階層墓の存在は確認されていない。一辺20mを超える方形周溝墓の登場は、今のところ古墳時代まで待たなければならない。「弥生時代は階層未分化の段階のまま古墳時代に移行する」[21]これが佐久地域の弥生社会の特色のひとつである。

　本稿を草するに当たり鳥居亮から第1図・第2図を清書、小林眞寿・森泉かよ子から佐久平北部の弥生遺跡全般の教示、五十嵐幹雄からは貴重な文献の寄贈をいただいた。記して感謝申し上げる。

註

1) 馬場伸一郎 2013「信州における弥生社会のありかた―青銅器の受容と農耕祭祀―」『日本考古学協会長野大会資料集』
2) 森泉かよ子から佐久市都市計画図の提供、羽毛田伸博から古地形の教示を頂いた。
3) 馬場伸一郎 2006「佐久盆地における栗林式土器の編年と弥生中期集落」『長野県考古学会誌』115
4) 小山　岳夫 2014「佐久地域後期弥生土器の編年と北一本柳遺跡の年代」『佐久考古通信』113号　この編年の後期Ⅰ期を吉田期前半、後期Ⅱ期を吉田期後半、後期Ⅲ期古・新を箱清水期前半、後期Ⅳ期古・新を箱清水期後半とした。小山 1999『99シンポジウム長野県の弥生土器編年』で後期Ⅴ期とした下小平出土資料は現在古墳前期と考えている。
5) 石川日出志 2012「栗林式土器の編年・系譜と青銅器文化の受容」『柳沢遺跡』
6)～10) 佐久市教育委員会 2004『東五里田遺跡』、1999『仲田遺跡』、2006『下信濃石遺跡』、2010『東大門先遺跡Ⅱ』、2002『深堀遺跡Ⅱ・Ⅲ・Ⅴ』、2002『深堀遺跡Ⅳ』、2013『和田上遺跡Ⅱ』、1998『根乃井芝宮遺跡』
11) 佐久市教育委員会 1984・1987『北西の久保遺跡Ⅰ・Ⅱ』、1994・1995『西一本柳遺跡Ⅰ・Ⅱ』、1999『西一本柳遺跡Ⅲ・Ⅳ』、2001『西一本柳遺跡Ⅴ・Ⅵ』、2003『西一本柳遺跡Ⅷ』、2004『西一本柳遺跡Ⅸ・ⅩⅡ』、2005『西一本柳遺跡Ⅹ』、2006『西一本柳遺跡ⅩⅢ』、2010『西一本柳遺跡ⅩⅣ』、1999『五里田遺跡』
12) 佐久市教育委員会 2001『川原端遺跡』、2009『森平遺跡』、2008『寄塚遺跡』、櫻

第Ⅳ部　前中西遺跡の研究

　　井秀雄ほか 2005・2006「森平遺跡」『長野県埋蔵文化財センター年報22・23』
13）高崎市 1999『高崎市史』
14）笹澤浩 2013、前掲注1
15）佐久市教育委員会 2003「第Ⅵ章枇杷坂遺跡群直路遺跡ⅠⅡⅢ」『佐久駅周辺土地区画整理事業埋蔵文化財発掘調査報告書』
16）佐久市教育委員会 2004『後家山遺跡』、臼田武正 1982「後沢遺跡」『長野県史』
17）佐久市 1992『佐久市志　歴史編（三）近世』405P
18）佐久市教育委員会 1996「Ⅳ清水田遺跡発掘調査報告」『佐久市埋蔵文化財年報4』、2003「第Ⅶ章円正坊遺跡群清水田遺跡Ⅱ」『佐久駅周辺土地区画整理事業埋蔵文化財発掘調査報告書』、2002「円正坊遺跡Ⅰ」『枇杷坂遺跡群円正坊遺跡Ⅳ』、1997『円正坊遺跡群円正坊遺跡Ⅱ』、2002「円正坊遺跡Ⅲ」『枇杷坂遺跡群円正坊遺跡Ⅳ』、2002「円正坊遺跡Ⅳ」『枇杷坂遺跡群円正坊遺跡Ⅳ』、2002「円正坊遺跡Ⅴ」『枇杷坂遺跡群円正坊遺跡Ⅳ』、2007・2008「円正坊遺跡Ⅵ調査報告書」『佐久市埋蔵文化財年報15・16』、2009・2010「円正坊遺跡Ⅶ調査報告書」『佐久市埋蔵文化財年報17・18』、2011『円正坊遺跡Ⅷ』、2011『琵琶坂遺跡群円正坊遺跡Ⅸ』、1986『琵琶坂遺跡』、1998「枇杷坂遺跡群上直路遺跡」『佐久市埋蔵文化財年報6』、2007『上直路遺跡Ⅱ』、2007『上直路遺跡Ⅲ』
19）大庭重信 2013、前掲注1
20）佐久市教育委員会 1992「下聖端遺跡Ⅰ・Ⅱ」『国道141号線関係遺跡』
21）蛇足ながら第2図に古墳時代前期の遺跡分布状況を示した。栗林期、箱清水期の遺跡分布とは重ならない、小規模で広域に拡散した分布状況が確認できる。

信州から前中西遺跡を見る

馬 場 伸 一 郎

　シンポジウム参加前、筆者は前中西遺跡について、栗林式系土器と北陸系勾玉・管玉が出土した遺跡という、漠然とした印象をもっていた。シンポジウム当日に示された前中西遺跡の集落遺構図（松田 2013）によって、最大 30 万㎡という広大な面積をもつ遺跡であることが明示され、遺跡へのイメージが大幅に変わった。

　当日のシンポジウムに参加する中で、信州から前中西遺跡を見た場合に気付いた点を、ややコメント的にまとめ、巨大化する弥生中期集落の背景を考える材料にしたい。

1　居住域の構成

　前中西遺跡は松田哲によって、①池上式新段階、②上敷免新式、③北島式、④前中西式、⑤用土・平式（段階）の遺構変遷が示されている。なお、北島式から前中西式に至る土器群の変遷を、「型式」と理解するのか、あるいは「段階」とするのか見解が分かれたが、本稿では当日資料集との対比しやすくするため、とりあえず松田案に沿うことにする。また、筆者の栗林式編年の理解（馬場 2008b）に照らし合わせれば、①が栗林 1 式、②が栗林 2 式古段階、③が栗林 2 式中段階から新段階、④が栗林 2 式新段階から栗林 3 式、⑤が栗林 3 式である。

　前中西遺跡は、池上式新段階から居住域の形成が始まり、北島式期に居住域が幅約 500m ほどにまで膨張する。そして、前中西式期以降は北島式期に比べて居住域が縮小する傾向がある。北島式期に急激に遺構数が増加し、大規模集落化すること、また同時期に、北に約 2km の位置にある北島遺跡で、こちらも大規模集落を形成することが熊谷市界隈における大きな画期である。

第Ⅳ部　前中西遺跡の研究

　さて、前中西遺跡では、これまで環溝や大溝といった居住域を区画する溝は認められない。最も遺構数の多い北島式の段階では、調査区の東側と西側に、直径100m程度の竪穴住居10軒から20軒程度の遺構のまとまりが、少なくとも3単位認められる（第1図）。

　一方、北島遺跡ではどうだろうか。発掘区の中央に大溝と、さらに居住域を区画する小溝が認められる（第2図、吉田2003）。前中西遺跡と同様に、一つの居住域単位の規模は直径100m程度と推定され、一つの単位の竪穴住居数も前中西遺跡と同程度である。

　このように、前中西遺跡と北島遺跡には、直径100m程度の範囲をおおよその単位とする複数の遺構のまとまり（単位遺構）が確認でき、その単位がやや密に集合している。信州の松原遺跡や西一本柳遺跡等の集落遺跡も複数の遺構のまとまり（単位遺構）で構成され（馬場2008a）、前中西遺跡と北島遺跡と共通する。

　ただし、信州では、単位遺構が比較的密に集合し、さらに溝に代表される人為的な造成で集落内を区画する「集住する集落」と、区画が認められず、単位遺構がゆるやかに集合する「集合する集落」の二者が認められる（馬場2013）。現段階では、集住の程度の違いはあるが、少なくとも北島遺跡は「集住する集落」に相当することがわかる。しかし、発掘区が限られる前中西遺跡については不明瞭な点もあり、ここでは即断を控えたい。弥生中期後半の信州の千曲川流域と関東北西部の集落構成に共通点や相違点があるのか、今後検討に値しよう。

　さて、前中西・北島両遺跡以前の熊谷市界隈の集落様相はどうか。池上・小敷田遺跡では、環溝で区画される居住域と、それ以外のやや小規模な居住域の単位が約1kmの範囲に複数集合しているように見える。石川日出志の居住域の変遷案に従えば、第3図の①の環溝を伴う居住域が池上式古段階に形成され、続けて②・③・④が池上式新段階以降に形成されるという（石川2001）。①から④の居住域は少なくとも池上式新段階には同時併存し、また①と④の居住域近辺には方形周溝墓が造られる。集落内を流れる河川が集落を分かつ境界になり得た可能性を考慮しなければならないが、居住域の単位

信州から前中西遺跡を見る

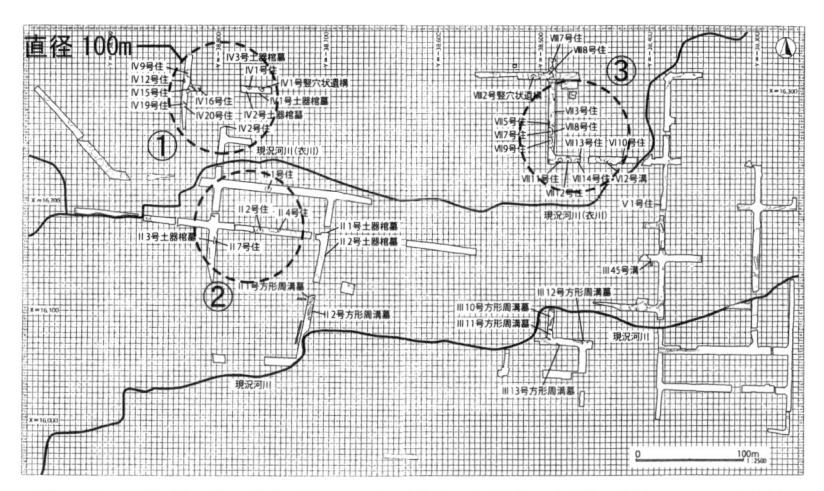

第1図　前西中遺跡（北島式期）の遺構分布と居住域の単位（松田 2013 に加筆）

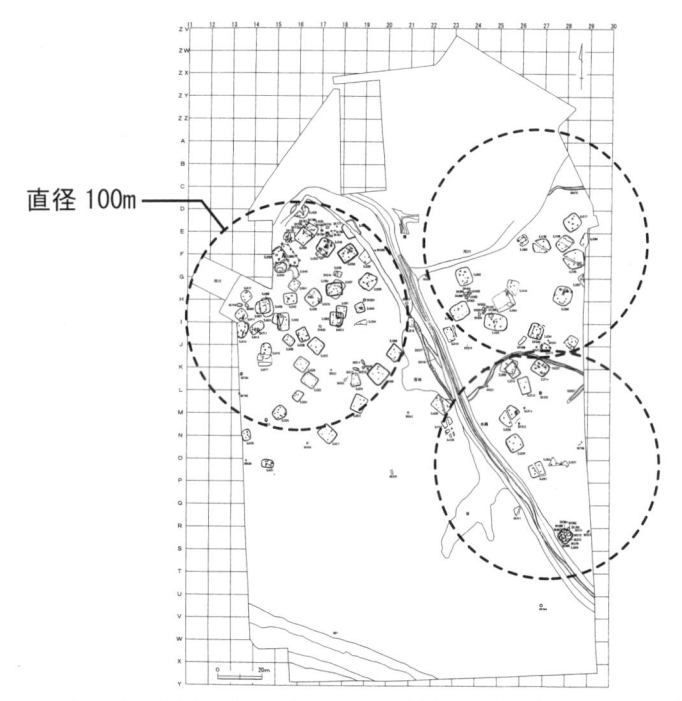

第2図　北島遺跡（北島式期）の遺構分布と居住域の単位（吉田 2003 に加筆）

が造墓の単位にもなっていることは少なくとも言えそうである。つまり、居住域の単位は竪穴住居5軒から10軒程度で構成され、またそれは造墓の主体にもなりうる単位であったといえる。

このように、複数の単位遺構が集合する、ないしは集住するという北島遺跡と前中西遺跡の集落構成のあり方は、既に池上式から次の小敷田式の段階には成立していたものと思われる。そうした集落の動態からは、単位遺構の集合と、またその分散を繰り返していることを予測させる。

さて、熊谷市界隈で注目したいのは、弥生中期の北島式期において、2km内に前中西遺跡と北島遺跡の2つの大規模集落が併在することである。対照的に、栗林式期の大規模集落は「一極集中」的であり、長野市松原遺跡や佐久市西一本柳遺跡等の湯川右岸遺跡群が示すように、弥生中期の栗林式期に、居住域の一角を環溝で囲繞する大規模集落が2kmという至近距離に複数存在することは、これまで確認できない。熊谷市界隈でのあり方が、地形的な制約によるものなのか、地域的特徴を示すものなのか、今後検討に値しよう。

また松田により、礫床木棺墓3基の検出と、そのうち1基から管玉が100点以上出土したことが報告された。未報告であるため言及は避けるが、礫床木棺墓の時期とその系譜、そして前中西遺跡の土器棺墓、土坑墓、方形周溝墓との関係が気にかかるところである。なお、礫床木棺墓の時期は、出土した管玉の法量や玉類のセット関係から、ある程度時期の絞り込みは可能である。

2 前中西遺跡から出土した栗林式系土器

前中西遺跡から出土した栗林式系土器については、『発表要旨資料集』（以下、『資料集』と省略）の中で石川日出志が多くを触れているため（石川2013：10頁）、ここでは石川が触れていない栗林式系土器を取り上げる。なお、栗林式土器の編年は筆者の論文に準拠する（馬場2008b）。

松田哲が北島式期とした前中西遺跡Ⅳ-19号住居跡出土の土器は、筆者が栗林2式中段階資料とする佐久市五里田遺跡土坑25（三石1999）と対比できる（第4図）。五里田遺跡例は栗林式壺の最大径が胴部中位にあるものが一定

信州から前中西遺跡を見る

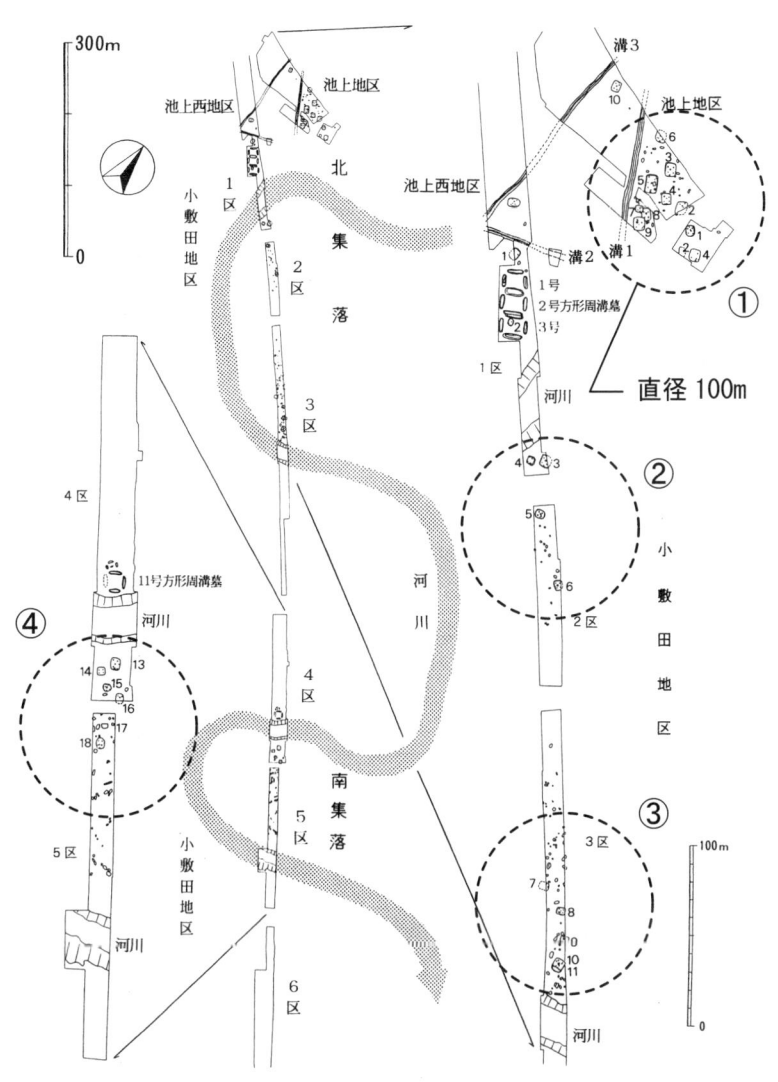

第3図 池上・小敷田遺跡の遺構分布と居住域の単位（石川2001に加筆）

第Ⅳ部　前中西遺跡の研究

量あり、装飾帯は［2・0・0・0］類型が過半数を占める。しかしながら、［2・3・4・5］類型の壺（第4図1）の5装飾帯の重三角に、縄文帯・無文帯の簡略化が見られず、単位文様が明瞭である。Ⅳ-19号住居跡の9のおそらく台付甕（『資料集』：93頁）は、「波状文＋縦スリット」を胴部文様とする五里田遺跡25号土坑の台付甕（第4図10）と同類である。

続いて、同じく北島式期の前中西遺跡Ⅶ-9号住居跡の25の胴部「コの字」重ね文台付甕（『資料集』：125頁）は、「コの字」の地文に縄文施文があり、胴部の張りも口縁部径より小さい古手の台付甕である。一方でⅦ-9号住居跡には、18のような胴部に櫛描の斜格子を施文する、より新式の甕が組成し、24・26のような「コの字」の地紋から縄文が欠落し胴部に最大径がある栗林2式新段階の甕が組成する。

このように、北島式（石川の北島式中段階）は、栗林2式中段階（石川2002の栗林2式新段階の古相）と栗林2式新段階（石川2002の栗林2式新段階の新相）に接点があると考えられる。

次に、松田が前中西式期とした遺構出土の栗林式系土器は、全体的に壺の［2・0・0・0］類型への集中が特徴だが、縦走羽状文の崩れが顕著ではない前中西遺跡Ⅶ-10号住居跡出土の8の甕（『資料集』：129頁）、Ⅷ-5号住居跡出土の4の甕（『資料集』：145頁）、「波状文＋縦スリット」施文のあるⅧ-9号住居跡出土の13の甕（『資料集』：150頁）の存在から、栗林2式新段階とするのが妥当ではないだろうか。

そして、松田が「中期末（用土・平）」とした遺構出土の栗林式は、概して甕の施文が前段階に比べ雑である。Ⅶ-2号住居跡の7・8・9（『資料集』：119頁）が該当する。本段階が栗林3式と併行することは間違いないであろう。ただし、前中西遺跡Ⅵ-1号方形周溝墓出土の栗林式系壺（『資料集』：112頁）を含めたとしても、用土・平遺跡出土の用土・平式(段階)土器と、前中西遺跡で「中期末（用土・平）」とした土器を同じ型式と見るのにはやや躊躇する。用土・平遺跡出土の壺には、1号住居跡出土品のように、口縁部・頸部・胴部への櫛描文施文が一定量認められ、後期初頭の岩鼻式に連続する属性が明瞭な壺がある。頸部への単帯2段以上、あるいは複帯の櫛描文

信州から前中西遺跡を見る

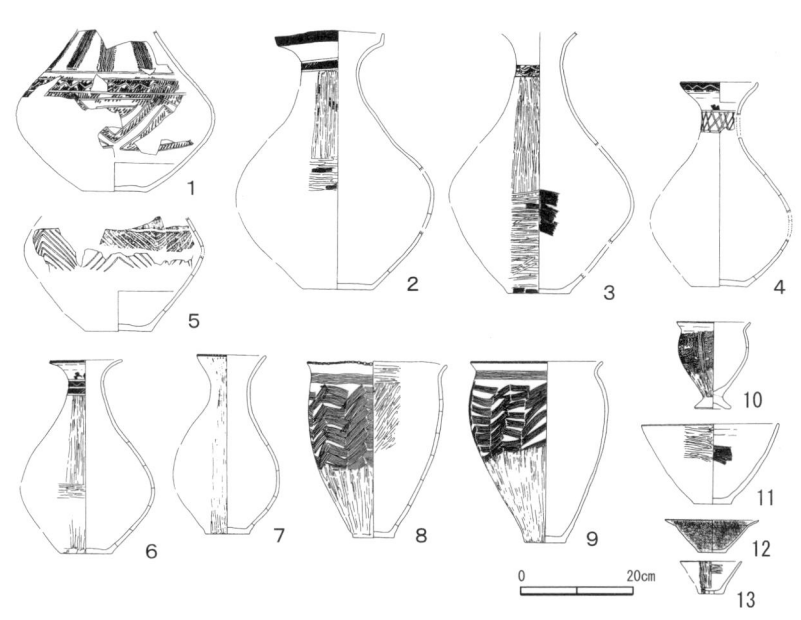

第4図　佐久市五里田遺跡第25号土坑出土土器（三石1999）

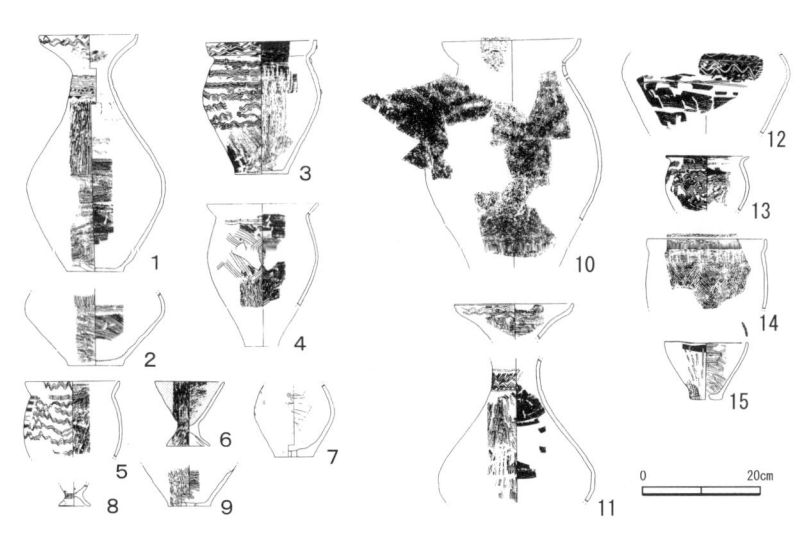

第5図　円正坊H2・H3住居跡出土土器（冨沢1997）

285

施文が顕在化することが、用土・平遺跡出土土器の特徴である。一方で、前中西遺跡出土土器にはそういった壺が見られない。

比較検討の一材料として信州の佐久盆地を取り上げると、栗林3式には、より古相に位置付けられる円正坊遺跡H2・H3住居跡出土土器（第5図、冨沢1997）と、より新相に位置付けられる直路遺跡H1住居跡出土土器（第6図、森泉2003）がある（馬場2006）。佐久盆地の直路遺跡H1号住居跡出土の栗林式の壺は、[2・0・0・0] 類型と [2・2a・0・0・0] 類型が多数で、頸部への単帯2段以上の櫛描文施文率が非常に高い。先の用土・平遺跡1号住の壺の特徴と一致する。現段階では、用土・平遺跡出土の土器は栗林3式古相・新相にまたがる土器と理解し、佐久盆地での古相・新相のあり方を基準にすれば、前中西遺跡の「中期末」は栗林3式の古段階に限られるとしておく。今後、栗林3式と用土・平式との関係は避けて通れない課題になろう。

以上、雑駁ではあるが、当日シンポジウムの議論テーマの中で、信州に関わりのある点を述べた。本稿で比較検討の母体とした栗林式文化・社会をやや強引にまとめるのであるならば、①水田稲作農耕を主たる生業とする時期で、中央高地に限定されない日本海側から関東平野にかけて広域に物流ネットワークを形成する、②単なる集合状態ではなく、環溝で区画された「集住」する大規模集落を、特定箇所に単発的に形成している、③集団の移住が頻繁で、集団規模は可変的であり、また集団関係は等質集団による構成を基本とし、青銅祭器やその模倣品である武器形石製品のシンボル性により、集団統合がなされていたことを諸特徴として挙げることができる。栗林式系統の土器・石器が関東北西部に散見される中、前中西遺跡は、栗林式との集落構造や集団関係の異同、そして北島式との相互影響関係にまで踏み込める材料を提供してくれる。そういった点で、今後注視していかなければならない遺跡と考えている。

参考・引用文献

石川日出志 2001「関東地方弥生中期中葉の社会変動」『駿台史学』第113号 pp. 57-94

信州から前中西遺跡を見る

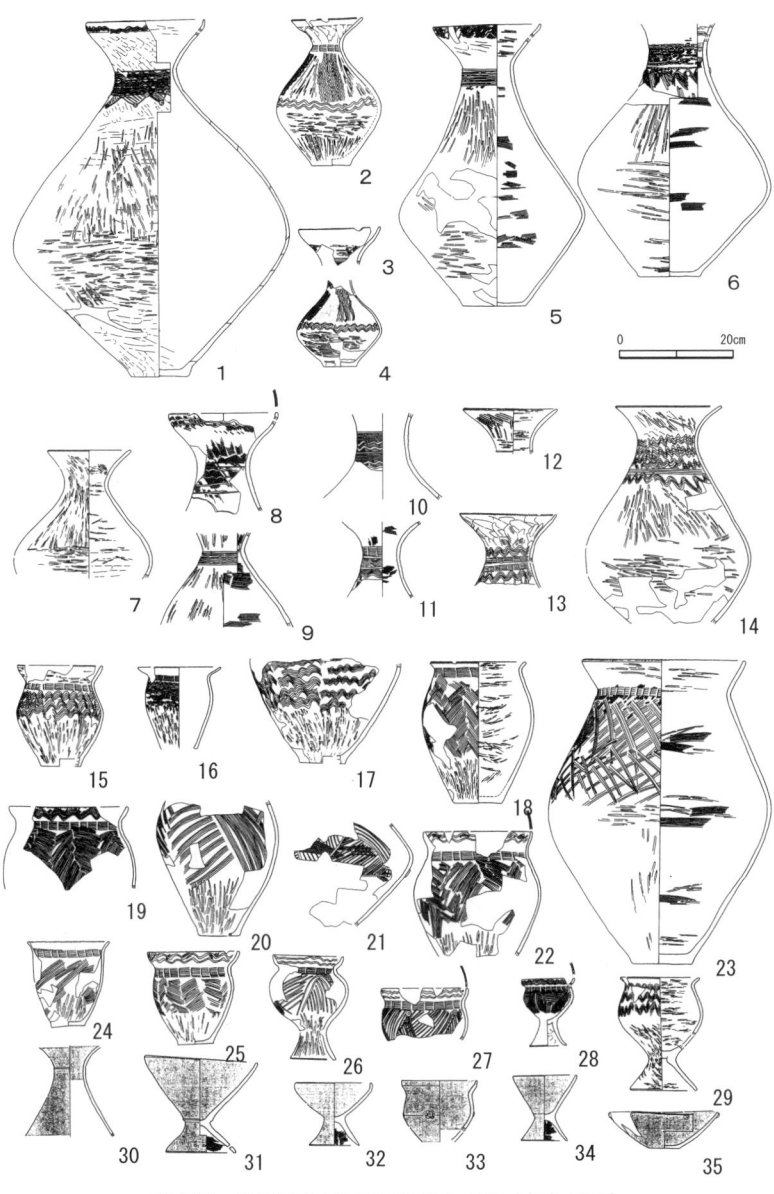

第6図 直路遺跡 H1 住居跡出土土器 （森泉 2003）

第Ⅳ部　前中西遺跡の研究

石川日出志 2002「栗林式土器の形成過程」『長野県考古学会誌』99・100 号 pp. 54-80

石川日出志 2013「弥生時代研究と前中西遺跡」『シンポジウム熊谷市前中西遺跡を語る―弥生時代の大規模集落―』pp. 1-12

北島シンポジウム準備委員会 2004「シンポジウム『北島式土器とその時代―弥生時代の新展開―』の記録」『埼玉考古』第 39 号 pp. 107-122

冨沢一明 1997『円正坊遺跡Ⅱ』　佐久市教育委員会

馬場伸一郎 2006「佐久盆地における栗林式土器の編年と弥生中期集落」『長野県考古学会誌』112 号 pp. 33-55

馬場伸一郎 2008a「長野盆地松原遺跡」『弥生時代の考古学第 8 巻　集落から読む弥生社会』pp. 148-162　同成社

馬場伸一郎 2008b「弥生中期栗林式土器編年の再構築と分布論的研究―弥生交易論の可能性を視野に入れて―」『国立歴史民俗博物館研究報告』第 145 集 pp. 101-174

馬場伸一郎 2013「弥生集落と地域社会―中部高地から」『日本考古学協会 2013 年度長野大会研究発表資料集』pp. 314-321

松田　哲 2013「熊谷市前中西遺跡の調査」『シンポジウム熊谷市前中西遺跡を語る―弥生時代の大規模集落―』pp. 13-54

三石宗一 1999『五里田遺跡』佐久市教育委員会

森泉かよ子ほか 2003『佐久駅周辺土地区画整理事業埋蔵文化財発掘調査報告書』　佐久市教育委員会

吉田　稔 2003『北島遺跡Ⅵ』　埼玉県埋蔵文化財調査事業団

若林邦彦 2001「弥生時代大規模集落の評価―大阪平野の弥生時代中期遺跡群を中心に―」『日本考古学』第 12 号 pp. 35-54

おわりに

　今回、熊谷市前中西遺跡に注目してシンポジウムを開こうとしたのには、①「前中西式」の土器の設定、②集落の豊富な遺構の内容と遺物の研究、③他地域、特に中部高地方面との交流を探る、ということであった。これらについては、本書の各所で触れられているように、①については全員の同意を得るまでには至らなかった。②については豊富な遺構と遺物の存在は認めるものの、踏み込んだ議論まではできなかった。③については議論の前提となるであろう編年に異論がでてくるなど、端緒で止まってしまった。と書くと何も成果がなかったように見えるが、実際には問題点の確認と提起がなされたとして、今後の研究の指針となる大きな成果があがったと考えるべきであろう。さらに第Ⅲ部・第Ⅳ部で執筆された方々の多くは、これからの研究を担う若手が多いことに大きな光明を見いだすのは私だけではないであろう。

　今回のシンポジウムの開催にあたっては、埼玉の一遺跡に関して東京で開くことにはいろいろな意見があった。しかし、私たちは埼玉の一遺跡という捉え方ではなく、その遺跡が関東の弥生時代を代表するものの一つと考えたから東京で、と思ったからである。また、前中西遺跡はそのような価値をもつと考えたのである。

　前中西遺跡の研究はこれからも続く。このような大遺跡が長期に継続して存在するのはなぜか、環濠がないのはなぜか、集落構造はどのようなものなのか、など疑問は多く湧いてくる。これからの研究の進展・深化を望みたい。筆者も多くの方々の末席に連なって研究の寄与できれば、と考える次第である。

　シンポジウムの開催及び本書をまとめるにあたり多くの方々にお世話になった。文末であるがお礼を申し上げる。

平成 26 年 8 月

小　出　輝　雄

執筆者一覧（執筆順、発刊時の所属）

石川日出志　明治大学文学部
松田　　哲　熊谷市教育委員会
柿沼　幹夫　国士舘大学文学部
宅間　清公　（株）東京航業研究所
鈴木　正博　日本考古学協会員
菊池　健一　千葉市教育委員会
杉山　浩平　東京大学総合文化研究科
轟　　直行　八千代市教育委員会
大木紳一郎　（公財）群馬県埋蔵文化財調査事業団
吉田　　稔　（公財）埼玉県埋蔵文化財調査事業団
小坂　延仁　川口市教育委員会
白石　哲也　清泉女子大学
杉山　祐一　印西市
小林　　嵩　千葉大学大学院
小山　岳夫　御代田町
馬場伸一郎　下呂市教育委員会

（事務局）
小出　輝雄　大成エンジニアリング㈱

考古学リーダー 23
熊谷市前中西遺跡を語る ―弥生時代の大規模集落―

2014 年 8 月 10 日　初版発行

編　　　者	関東弥生文化研究会　埼玉弥生土器観会
発 行 者	八木　環一
発 行 所	株式会社　六一書房

　　　　　　〒 101-0051　東京都千代田区神田神保町 2-2-22
　　　　　　電話 03-5213-6161　FAX 03-5213-6160　振替 00160-7-35346
　　　　　　http://www.book61.co.jp　Email　info@book61.co.jp

印刷・製本　藤原印刷株式会社

ISBN 978-4-86445-046-1　C3321　　©2014　　　　　　　　　Printed in Japan

考古学リーダー22

古墳から寺院へ
~関東の7世紀を考える~

小林三郎・佐々木憲一　編

A5判／206頁／本体3000円＋税

―― 目　次 ――

はじめに　　　　　　　　　　　　　　　　　　　　　　　菊池　徹夫
例　言

古墳から寺院へ―序にかえて―　　　　　　　　　　　　　佐々木　憲一

第Ⅰ部　課題研究
　1　関東における古墳の終焉　　　　　　　　　　　　　　小林　三郎
　2　関東の後期・終末期古墳　　　　　　　　　　　　　　白井　久美子
　3　横穴式石室から見た古墳の終焉　　　　　　　　　　　土生田　純之
　4　古代王権と仏教・寺院　　　　　　　　　　　　　　　川尻　秋生

第Ⅱ部　地域研究
　1　上野国における寺院建立の開始　　　　　　　　　　　高井　佳弘
　2　武蔵国の終末期古墳と地域の編成　　　　　　　　　　田中　広明
　3　「下毛野」と「那須」の古墳から寺院・官衙へ　　　　　眞保　昌弘
　4　常陸国の7世紀―古墳を中心に―　　　　　　　　　　稲田　健一・佐々木　憲一
　5　龍角寺の創建　　　　　　　　　　　　　　　　　　　山路　直充

第Ⅲ部　シンポジウム
　　古墳から寺院へ―関東の7世紀を考える―

あとがき　　　　　　　　　　　　　　　　　　　　　　　佐々木　憲一

推薦します

関東地方の豊かな古代へのアプローチ

　古墳の終焉と仏教寺院の成立は，各地の7世紀を考える上で重要な鍵となっている。とりわけ関東地方では，後期・終末期の古墳が発達し，地域的な違いも保ちつつ，それぞれが新たな時代に向け展開していった。古墳と寺院の接続についても多様なあり方が把握されている。この転換の背景には，在地勢力の消長があり，さらには国家の地方政策や宗教政策があった。この課題に取り組むために，本書では第Ⅰ部の課題研究において，大局的な見地から古墳の終焉が論じられ，文献史学から寺院の成立についても位置づけがおこなわれている。そして，地域の実像に迫るため，第Ⅱ部において各地の重要な事例がまとめられ，さらに第Ⅲ部のシンポジウムを通して，共通性や違いが把握されている。本書を通読することにより，たいへん豊かな関東地方の7世紀史が浮かび上がってくるばかりでなく，日本列島における7世紀の転換を探る重要な糸口がこの地域の歴史にあることが明瞭となる。

京都府立大学教授　**菱田　哲郎**

Archaeological L & Reader Vol. 22

六一書房

考古学リーダー 21

縄文社会研究の新地平（続々）
～縄文集落調査の現在・過去・未来～

小林謙一・黒尾和久・セツルメント研究会　編
A5判／242頁／本体3500円＋税

―― 目　次 ――

序―縄文集落研究の新地平の15年を巡って― ……… 小林　謙一
調査史年表 ……………………………………………… 小林・中山・黒尾

1部　報告「縄文集落研究の新地平の15年」
縄文時代住居調査学史 ………………………………… 小林　謙一
武蔵野台地における縄文中期集落調査の事例から …… 中山　真治
多摩における縄文中期集落調査の展望 ………………… 黒尾　和久
調査例個別報告その1　東海地方からの視点 ………… 纐纈　　茂
調査例個別報告その2　犬島貝塚の調査から ………… 遠部　　慎
調査例個別報告その3　山梨県の調査例 ……………… 櫛原　功一
調査例個別報告その4　福島県井出上ノ原遺跡の調査実践 … 大網　信良
調査例個別報告その5　北関東から―栃木県の事例― … 武川　夏樹
調査例個別報告その6　北海道での調査実践 ………… 村本　周三

2部　討論の記録
縄文集落研究の新地平の15年

3部　補論と展望
縄文集落研究の15年と新地平グループの指針 ……… 宇佐美哲也
「縄文集落研究の新地平の15年」公開研究会参加記
　―いわゆる新地平グループのこだわり― ………… 山本　典幸
戦後集落調査の系譜 …………………………………… 小林　謙一
型式組列原理再考 ……………………………………… 五十嵐　彰
結～縄文集落研究の足場 ……………………………… 黒尾　和久

推薦します

縄文集落研究グループ15年の軌跡

　1970年代・80年代の考古学界において集落構造論，廃棄パターン論など縄文集落をめぐる議論はわれわれの憧れであった。しかし，魅力的ではあったものの解釈モデルを提示したに過ぎなかった縄文集落論は，調査事例が急増する中で硬直化していった。これに対し，90年代半ばに全点ドットや接合資料を武器に，徹底したデータ主義と帰納的方法で従来の縄文集落論に反旗を翻したのが縄文集落研究グループである。本書は同グループによる『縄文集落研究の新地平の15年』と題するシンポジウムの記録集であり，ここでは自分史を含めた同グループ15年の歩みを再確認しながら，遺物出土状態の記録化をめぐる葛藤や複雑で理解し難いと批判されてきた彼らがめざす縄文集落研究の姿が熱く語られている。

尚美学園大学教授　**櫻井　準也**

Archaeological L & Reader Vol. 21

六一書房

考古学リーダー
Archaeological L & Reader Vol.1〜20

1　弥生時代のヒトの移動　〜相模湾から考える〜
　　　　　　　　西相模考古学研究会 編　209頁〔本体 2,800＋税〕

2　戦国の終焉　〜よみがえる天正の世のいくさびと〜
　　　　千田嘉博 監修　木舟城シンポジウム実行委員会 編　197頁〔本体 2,500＋税〕

3　近現代考古学の射程　〜今なぜ近現代を語るのか〜
　　　　　　　　メタ・アーケオロジー研究会 編　247頁〔本体 3,000＋税〕

4　東日本における古墳の出現
　　　　　　　　東北・関東前方後円墳研究会 編　312頁〔本体 3,500＋税〕

5　南関東の弥生土器
　　　　シンポジウム南関東の弥生土器実行委員会 編　240頁〔本体 3,000＋税〕

6　縄文研究の新地平　〜勝坂から曽利へ〜
　　　　　　小林謙一 監修　セツルメント研究会 編　160頁〔本体 2,500＋税〕

7　十三湊遺跡　〜国史跡指定記念フォーラム〜
　　　　前川要　十三湊フォーラム実行委員会 編　292頁〔本体 3,300＋税〕

8　黄泉之国再見　〜西山古墳街道〜
　　　　　　　広瀬和雄 監修　栗山雅夫 編　185頁〔本体 2,800＋税〕

9　土器研究の新視点　〜縄文から弥生時代を中心とした土器生産・焼成と食・調理〜
　　　　　　　　　大手前大学史学研究所 編　340頁〔本体 3,800＋税〕

10　墓制から弥生社会を考える
　　　　　　　　　　　　近畿弥生の会 編　288頁〔本体 3,500＋税〕

11　野川流域の旧石器時代
　　「野川流域の旧石器時代」フォーラム記録集刊行委員会（調布市教育委員会・三鷹市教育委員会・
　　　　明治大学校地内遺跡調査団）監修　172頁〔本体 2,800＋税〕

12　関東の後期古墳群
　　　　　　　　　　　　　佐々木憲一 編　240頁〔本体 3,000＋税〕

13　埴輪の風景　〜構造と機能〜
　　　　　　　　東北・関東前方後円墳研究会 編　238頁〔本体 3,300＋税〕

14　後期旧石器時代の成立と古環境復元
　　　　　　　　比田井民子　伊藤健　西井幸雄 編　205頁〔本体 3,000＋税〕

15　縄文研究の新地平（続）　〜竪穴住居・集落調査のリサーチデザイン〜
　　　　　　　　　小林謙一　セツルメント研究会 編　240頁〔本体 3,500＋税〕

16　南関東の弥生土器2　〜後期土器を考える〜
　　　関東弥生時代研究会　埼玉弥生土器観会　八千代栗谷遺跡研究会 編　273頁〔本体 3,500＋税〕

17　伊場木簡と日本古代史
　　　　　　　伊場木簡から日本古代史を探る会 編　249頁〔本体 2,900＋税〕

18　縄文海進の考古学　〜早期末葉・埼玉県打越遺跡とその時代〜
　　　　　　　　打越式シンポジウム実行委員会 編　208頁〔本体 3,200＋税〕

19　先史・原史時代の琉球列島　〜ヒトと景観〜
　　　　　　　　　　高宮広土　伊藤慎二 編　306頁〔本体 3,800＋税〕

20　縄文人の石神　〜大形石棒にみる祭儀行為〜
　　　　　　　　　　　　　谷口康浩 編　239頁〔本体 3,500＋税〕

六一書房刊